KB070405

영유아 발달

전정민 · 진경희 · 강순미 · 이찬숙 · 공수연 공저

학지사

머리말

영유아기는 0세에서 5세까지로 신체적, 인지적, 사회 · 정서적 영역에 매우 중요한 발달적 변화가 일어나는 시기이다. 영유아발달은 영유아를 대상으로 보육학, 아동학, 유아교육학, 교육학, 심리학 등의 인접 학문에서 학습자들이 영유아를 이해하는 데 기초를 마련하는 교과목이다. 이에 이 책은 예비교사를 비롯한 현직교사, 아동상담사, 발달연구가, 부모에게 영유아의 발달영역별 특징을 소개하며, 영유아발달에 영향을 미치는 생태학적 맥락을 제공하는 데 목적을 두었다.

한 권의 책에 영유아기 발달과 관련된 모든 내용을 제시하기에는 역부족이지만, 이 책에서는 가능한 한 영유아발달에 대한 기초적인 개념과 최근 현장에서 이슈화되고 있는 패러다임을 모두 설명하기 위해 애썼다. 또한 이론과 실제를 다루면서 현장에서 영유아발달을 적용하고자 하는 예비교사나 현직교사들을 돕고자 하였다.

이에 따라 이 책은 대학 및 양성기관에서 한 학기 동안 다룰 수 있도록 이론과 실제로 구성되어 있으며, 이론 부분은 총 4부 13개 장으로 나뉘어 있다. 실제편에서는 누리과정의 5개 영역(신체운동 · 건강, 의사소통, 사회관계, 예술경험, 자연탐구)에 맞춰 유아교육 현장에서 수업을 진행할 수 있도록 제시하였다. 구체적으로, 이론편 1부에서는 영유아발달에 대한 기초적인 개념 및 이론을 통해 발달에 대한 기본적 원리와 중요하게 다루어지는 주요이론에 대해 학습할 수 있게 하였다. 2부에서는 영유아기의 발달을 신체,

감각 및 지각, 인지, 언어, 정서, 사회성 영역으로 세분화하여 살펴보았다. 3부에서는 최근 사회적 관심사로 떠오르고 있는 창의성발달과 이상발달에 대해 고찰하였다. 4부에서는 영유아를 둘러싼 생태학적 맥락인 가족, 또래, 대중매체, 국가 교육과정을 다루었다. 각 장의 상세한 내용은 다음과 같다.

제1장에서는 영유아발달에 대한 전반적 이해를 위하여 발달의 개념과 구분, 원리를 정리하고, 주요 논쟁점과 연구법에 대하여 살펴보았다.

제2장에서는 영유아기 전반적 발달의 기초가 되는 다양한 이론적 관점에 대하여 통합적으로 고찰하였다.

제3장에서는 점차 정교화되는 영유아기 신체발달의 특징과 뇌의 성장, 운동능력의 발달을 다루면서 신체와 운동능력이 발달에 어떻게 적용되는지에 대하여 탐색하였다.

제4장에서는 영아의 다양한 감각과 지각발달의 특징을 구체적으로 서술하였다.

제5장에서는 대표적 인지발달이론가인 피아제와 비고츠키의 이론을 비교하면서 전반적인 영유아기 사고발달의 특징을 서술하였다.

제6장에서는 동물과 사람을 구별시켜 주는 특별한 도구인 언어에 대한 개념과 이론을 살펴보고, 영유아기 언어발달의 특징에 대하여 구체적으로 정리하였다.

제7장에서는 건강하고 전인적인 발달의 필수적 요인으로서 영유아기 정서에 관하여 살펴보았다. 정서는 영유아가 점차 성장하면서 다양한 욕구와 결부된 경험을 하고, 부모, 교사, 또래와 관계를 맺는 데 중요한 역할을 하기 때문에 중요하다.

제8장에서는 영유아기 사회교육의 의미와 중요성, 사회성발달의 영역과 지도법을 제공함으로써 교사, 부모의 역할에 중점을 두고 살펴보았다.

최근 이슈가 되고 있는 창의성은 지능과 관련하여 네 가지 집단 단계로 나눌 수 있다. 제9장에서는 이에 따른 창의성의 개념 및 지능의 다양한 쟁점에 대해 살펴보았다.

제10장에서는 영유아기 이상발달에 대해 알아보았다. 문제행동의 개념과 진단법, 이상발달(발달장애)에 대해 살펴보고, 이상발달을 지원하기 위한 긍정적 행동지원 모형을 제시하였다.

제11장에서는 영유아기에 가장 먼저 접하는 생태학적 맥락인 가족에 대해 살펴보았다. 점차 다양해지고 있는 가족의 형태를 살펴보고, 부모들은 어떠한 양육태도를 보이는가에 대해 비교·분석하였으며, 형제관계가 영유아발달에 미치는 영향에 대해서도

논의하였다.

영유아가 성장함에 따라 가족들과 맺었던 관계의 범위가 또래로 확대된다. 제12장에서는 영유아기 또래의 특성과 역할, 또래수용 유형을 비교하고, 대중매체로부터 어떠한 영향을 주고받는지에 대해 논의하였다.

마지막으로, 제13장에서는 국가의 교육과정인 표준보육과정과 누리과정의 기본 개념, 목적, 방향, 영역을 살펴보았다.

1장, 3장, 10장은 이찬숙 교수가, 2장, 11장은 진경희 교수가, 4장, 5장, 9장은 전정민 교수가, 6장, 7장, 8장은 강순미 교수가 맡아서 집필하였고, 12장, 13장은 공수연 교수가 맡아서 수고를 하였다. 그리고 실제편은 담당 영역별로 모든 교수가 참여하여 집필하였다. 이러한 차례 구성과 함께 각 장 뒤에는 학습한 내용을 확인해 볼 수 있게 요약과 연습문제를 제시하였고, 부록에는 영유아발달의 NCS 강의계획서를 수록하여 NCS 교과를 활용 · 운영하는 데 도움이 되도록 하였다.

지식의 '나눔'과 '실천'을 목적으로 교재 집필에 여러 전문가가 참여하면서 다수의 회의를 거쳐 교재의 구성과 내용에 대한 열띤 토론과 검토 작업이 이루어졌다. 전문가적 입장에서의 지도와 교육자의 입장뿐만 아니라, 이 책을 사용할 예비교사, 현직교사들과의 동반자적 관계에서 이론과 현장 적용의 연계에 대해서도 고민하였다. 그러나 한 권의 책에 사회적, 학문적, 실천적 요구를 모두 제시하기에는 미비한 점이 많다. 부족한 부분은 앞으로 보완해 나갈 것을 약속드린다.

이 책이 나오기까지 출판에 힘을 실어 주셨던 학지사의 김진환 사장님과 원고 교정 및 삽화 작업 등을 꼼꼼하게 도와주신 편집부에 감사의 마음을 전한다. 예비교사나 현직교사, 그리고 이 책으로 강의하게 될 전문가들이 영유아발달의 이론과 실제를 이해하고 교육하는 데 도움이 되기를 바란다.

2017년 3월
저자 일동

차례

제1부 영유아발달의 이해

제1장 영유아발달의 기초 / 17

제2장 영유아발달 이론의 이해 / 31

이론편

제1부

영유아발달의 이해

제1장

영유아발달의 기초

☀ **학습목표**

1. 영유아발달의 개념과 발달원리를 설명할 수 있다.
2. 영유아발달의 논쟁점을 구분하고 비교할 수 있다.
3. 영유아발달 연구법에 대해 정리하고 적용할 수 있다.

☀ **주요용어**

발달, 발달원리, 유전과 환경, 연구법

우리나라 「아동복지법」에서는 아동을 18세 미만으로 정의하고 있다. 이 시기는 인간의 발달에서 시작과 기초를 이루는 시기라는 점에서 가장 중요하면서도 발달의 속도 또한 가장 빠른 시기이다. 영유아기는 인간의 뇌발달의 80% 이상이 완성되는 시기이며, 신체적, 인지적, 사회·정서적 발달이 서로 유기적이고 통합적으로 형성되는 시기이다. 무엇보다도 영유아기의 발달은 이후 학령기 및 청소년기 등의 발달로 이어지고, 그 후에도 지속적인 영향을 미친다는 점에서 중요성이 더욱 강조된다. 이에 이 장에서는, 첫째, 영유아발달의 개념과 구분, 발달원리에 대해 살펴본다. 둘째, 발달에 대한 학자들 간의 주요 논쟁점을 살펴본다. 그리고 마지막으로, 영유아발달 연구법에 대해 정리해 본다.

1. 영유아발달의 개념 및 발달원리

1) 발달의 개념

영유아발달은 아동발달의 한부분이다. 따라서 영유아발달의 개념을 살펴보기 전에 먼저 발달과 아동의 개념에 대한 정리가 필요하다. 발달(development)이란 수정에서

수정부터 죽을 때까지 연령의 증가와 함께 나타나는 변화

[그림 1-1] **발달의 개념**

죽을 때까지 연령의 증가와 함께 나타나는 변화를 의미한다. 아동발달은 수정에서 아동기까지의 발달을 다루는 것이며, 아동발달을 구분하면 태내발달, 영아발달, 유아발달, 학령기발달로 나눌 수 있다.

발달의 시작점이 출생이 아니라 수정이라는 것은 발달이 이미 수정된 순간부터 엄마의 뱃속에서 시작되고 있다는 의미이다. 난자와 정자의 결합인 수정란은 수정된 순간부터 세포분열을 하며 나팔관을 거쳐 자궁에 착상하게 된다. 수정 후 8주 안에 신체 주요한 부분의 발달이 이루어지게 된다. 따라서 출생 후 심각한 장애는 수정 후 8주 안에 생긴 문제가 원인인 경우가 많다.

영유아발달에서는 영아기와 유아기의 성장과 발달을 다루며 그러한 발달에 영향을 주는 요인들을 밝히고자 한다.

2) 발달의 구분

(1) 연령에 따른 발달 구분

수정에서 죽을 때까지 연령의 증가와 함께 나타나는 변화를 발달의 정의라고 한다면 발달을 구분하는 가장 큰 기준은 연령이다. 연령에 따라 아동발달을 세분화해 보면 다음과 같이 나눌 수 있다.

〈표 1-1〉 연령에 따른 발달의 구분

연령에 따른 아동발달 구분		
아동기 (0~18세 미만)	태내기	수정에서 출생까지
	영아기	0~2세
	유아기	3~5세
	아동기	초등학교 시기
	청소년기	중·고등학교 시기

태내기(prenatal period)는 수정에서 출생까지 엄마 뱃속에 있는 시기를 말한다. 이 시기는 신체의 주요기관이 만들어지는 임신 초기를 포함한 약 9개월의 기간이다.

영아기(infancy)는 출생에서 2세까지의 시기를 말한다. 태내기를 제외하고 가장 급속한 신체발달이 일어나는 시기로 1년 사이 신장은 출생의 두 배 이상, 체중은 세 배 이상 성장하기도 한다. 신체 전반적으로 근육이 생기기도 하고, 양육자와 애착을 형성하며 인지발달을 위해 감각과 운동을 통해 사물에 대한 정보를 습득하는 시기이기도 하다.

유아기(early childhood)는 3세에서 5세까지의 시기로 취학 전 연령을 말한다. 이 시기 유아는 언어발달을 통한 상징적 사고를 하며, 직관적 사고를 한다. 운동기술과 체력이 발달하고 소근육이 정교화되는 시기이며 무엇보다도 창의성과 상상력이 발달하는 시기이다. 사고와 언어가 놀랄 만한 속도로 발달하며 또래와의 놀이가 확장되는 시기이다.

아동기(middle and late childhood)는 초등학교에 다니는 시기로 6세에서 11, 12세까지를 말한다. 생활의 중심이 학교로 이동되는 시기라고 할 수 있다. 이 시기는 논리적 사고가 가능한 시기이며 읽기, 쓰기, 셈하기 등 학업 성취가 중요시되는 시기이다.

청소년기(adolescence)는 중고등학교 시기로 아동기에서 성인으로 성장해 가는 시기이다. 청소년기는 신체적으로 2차 급속한 성장이 이루어지는 시기이며 특히 남성은 변성기나 몽정, 여성은 가슴의 발달과 생리가 나타나는 시기이다. 또한 심리적으로도 자아정체성을 확립해 가는 중요한 시기이다.

(2) 발달영역에 따른 발달구분

연령과 함께 발달을 구분할 때 중요한 기준이 되는 것은 발달영역이라고 할 수 있다. 1세 영아가 문장으로 말하지 못하는 것을 우리는 문제 삼지 않지만, 5세 유아가 아직도 "엄마 맘마" 정도의 언어만을 구사한다면 우리는 문제가 있다고 본다. 이때 기준이 되는 것이 연령이고, 이럴 때 우리는 언어영역에서 문제가 있다고 생각한다. 마찬가지로 영아들이 혼자놀이를 하는 것은 자연스러운 현상으로 보지만, 초등학교에 들어가서도 여전히 친구들과 어울리지 못하고 혼자놀이만을 한다면 우리는 사회성에 문제가 있다

〈표 1-2〉 발달영역에 따른 발달구분

발달영역				
신체발달	언어발달	인지발달	정서발달	사회성발달

고 본다. 이처럼 영유아들의 발달을 설명할 때 발달영역으로 구분해서 설명할 수 있다. 발달영역을 나눌 때 기본적으로 다섯 개 영역으로 구분할 수 있다.

신체발달은 키가 크고 몸무게가 늘고 근육이 탄탄해지는 것처럼, 신체 크기, 비율, 외형, 신체 구조의 기능과 감각운동능력, 신체건강에서의 변화 등을 볼 수 있는 영역이다.

언어발달은 듣기, 말하기, 읽기, 쓰기와 같이 언어능력과 관련된 영역이다. 영아들은 태어날 때 다양한 소리를 낼 수 있는 발성체계를 가지고 있지만 어떤 모국어에 반복적으로 노출되는가에 따라 낼 수 있는 소리도 제한받게 된다. 쿠잉, 옹알이 단계를 거쳐 한 단어, 두 단어, 문장 등을 구사해 가는데 이러한 영역이 언어발달영역이다.

영아는 6개월 정도가 되면 낯을 가린다. 즉, 익숙한 얼굴과 그렇지 않은 얼굴을 구분할 수 있게 되는 것이다. 이것은 어떤 대상을 구분하고 기억할 수 있는 능력이 있다는 것을 의미한다. 인지발달은 이처럼 주의, 기억력, 학문적인 것과 일상적인 지식을 포함한 문제해결력, 창의성 등과 같은 부분을 다루는 영역이다.

정서발달은 기쁨, 슬픔과 같은 감정, 애착과 같은 정서적 유대감과 소통 등에 대한 영역이며, 사회성발달은 이를 바탕으로 타인에 대한 지식, 인간관계기술 등 다른 사람과의 관계성을 의미한다.

3) 발달원리

발달에는 모든 영유아에게 보편적으로 나타나는 기본원리들이 있다. 기본원리들을 살펴보면 다음과 같이 구분해 볼 수 있다.

(1) 순서성과 누적성

발달은 일정한 순서가 있으며 누적적이다. 즉, 발달은 일정한 순서대로 일어나며 또한 기존의 발달이 일어난 후에 다음 발달이 진행될 때 선행발달이 누적되어 정교화되고 확장된다. 신체발달에서 목을 가누기 전에 앉을 수 없고, 뒤집기가 일어나기 전에 일어나 걸을 수 없다. 언어발달의 경우도 쿠잉, 옹알이, 한 단어, 문장의 순서로 발달이 일어난다.

(2) 방향성

발달에는 일정한 방향이 있다. 발달의 진행방향을 살펴보면 크게 세 부분으로 구분해 볼 수 있다.

첫째, 발달은 머리에서 다리 쪽으로 진행된다. 영아는 먼저 목을 가눈 후에 어깨에 힘이 생긴다. 그리고 몸통을 움직이며 무게중심을 이동시킴에 따라 뒤집기가 가능해진다. 엉덩이를 들어올리며 기기 위한 준비를 하고 마침내 일어나 걷게 된다.

둘째, 발달은 중심부에서 말초 방향으로 진행된다. 몸통 전체를 사용하는 뒤집기를 한 후 팔을 사용하고, 팔을 사용한 후 손목, 손, 손가락을 사용한다.

셋째, 발달은 일반적인 것에서 특수한 것으로 발달한다. 영아기 초에 보이는 몸 전체를 사용하는 미분화된 발달 행동이 점차 분화되고 정밀한 행동으로 바뀐다. 영아가 과자를 집을 때 처음에는 손바닥 전체로 집지만 점차 소근육을 사용하면서 손가락으로 과자를 집을 수 있게 된다.

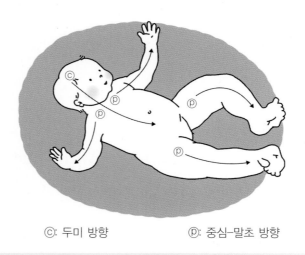

ⓒ: 두미 방향   ⓟ: 중심-말초 방향

[그림 1-2] 발달의 진행 방향

(3) 발달속도의 불일치성

발달은 수정된 순간부터 지속적으로 이루어지지만 그 발달속도는 연령과 영역에 따라 일정하지 않다.

신체발달은 영아기와 사춘기에 급속하게 이루어진다. 시간의 연속성상에서 크게 S자발달을 보이는 성장급등시기라고 할 수 있다. 언어발달은 영아기에 빠르게 일어나고 유아기에 어휘력이 현저하게 증가한다. 생식기관은 사춘기 전에는 발달이 매우 느리다가 사춘기에 급속도로 발달한다. 청년기에는 논리적인 문제해결력이 크게 향상되는 특징을 보인다.

(4) 발달의 개인차

모든 영유아는 보편적이고 일정한 발달의 패턴을 보이지만, 발달속도, 발달결과들은 개인마다 차이가 나타난다. 말을 빨리 하는 아이가 있는가 하면 늦게 하는 아이가 있고, 또래보다 키가 작거나 체중이 적게 나가는 아이도 있다. 걷는 시기도 아이에 따라 차이가 있다. 낯가림이 심한 영아도 있고 낯가림을 전혀 하지 않는 영아도 있다. 같은 일란성 쌍생아라 하더라도 발달에서 차이를 보이기도 한다.

(5) 발달영역의 연관성

앞서 발달영역은 신체, 인지, 언어, 정서, 사회성으로 구분된다고 정리했다. 그러나 이러한 발달영역은 각기 분리되어 발달하는 것이 아니고, 상호 연관성을 갖고 총체적으로 발달해 간다. 영양 공급이 좋지 않으면 영아의 두뇌발달에 영향을 미치고 신체발달에도 영향을 미치게 될 것이다. 또한 언어발달이 지체되면 또래들과 관계를 맺는 데도 어려움이 있고, 이것은 다시 사회성이나 정서에도 영향을 주게 된다. 따라서 각 영역은 유기적으로 연결되어 있다고 할 수 있다.

2. 영유아발달의 논쟁점

발달을 연구하거나 공부하는 사람들은 발달을 설명하는 여러 이론을 접하게 되며, 그 이론들이 설명하는 다양한 관점을 직면하게 된다. 그러나 한 가지 이론으로 인간의 모든 부분을 설명하는 이론은 없다. 인간의 본질에 대한 서로 다른 가정과 주장은 철학자나 교육학자들이 몇 세기 동안 논쟁을 해 온 쟁점들이라고 할 수 있다.

발달에 대한 대표적인 논쟁점은, 첫째, 발달은 유전의 영향인가 환경의 영향인가 하는 것이다. 둘째, 발달의 주체인 유아는 능동적인 존재인가 수동적인 존재인가 하는 것이다. 셋째, 발달의 과정은 연속적인가 비연속적인가 하는 것으로, 다시 말해 양적인 변화인가 질적인 변화인가에 대한 것이다.

1) 유전과 환경

인간의 발달에 무엇이 영향을 주는가 하는 관점에서 가장 중요한 요인은 유전과 환경이다. 유전적 요소라는 관점이 의미하는 것은 우리 몸에 내재되어 있는 생물학적 변화, 부모로부터 물려받은 유전적 정보이다. 우리의 혈액형이나 남녀라는 성차도 우리가 결정하는 것이 아니라 부모로부터 유전인자를 물려받아 보이는 특성이며, 걷기나 말하기 등 영유아들이 보이는 신체적 · 보편적 발달특성도 이미 선천적으로 영유아 내부에 입력된 정보가 시간의 흐름에 따라 표출되는 것임을 의미하는 것이다.

환경의 영향을 강조하는 관점의 학자들은 영유아들이 경험하고 학습하게 되는 물리적 · 사회적 환경의 영향이 발달에 영향을 준다고 본다. 영유아들이 만나는 사람, 받게 되는 교육, 생활하면서 접하게 되는 다양한 경험이 발달에 영향을 미친다는 것이다. 지능에서 개인차를 보이는 것은 부모에게 물려받은 유전적 요소보다 영유아가 받는 인지적 자극과 환경에서의 경험, 학습에서의 차이라고 보는 관점이다.

2) 수동성과 능동성

수동성과 능동성에 대한 논쟁은 영유아가 주변의 환경이나 경험을 수동적으로 받아들이는 존재인가 아니면 능동적으로 경험을 구조화하고 창조하는 존재인가에 대한 논쟁이다.

영유아가 수동적이라는 것은 환경이 제공하는 지식과 내용이 어떠하든지 그것을 그대로 받아들인다는 것을 의미한다. 스펀지와 같이 그대로 흡수하는 존재라는 것이다. 이러한 주장에 의하면, 영유아는 환경이 제공하는 외적 강화와 벌에 민감하고, 스스로 통제하기 어려운 외적 요구나 보상에 의해 영향을 받게 된다. 이와 같은 아동관에 따른 교육법은 지시적이며 단계적으로 구조화된 교수법이다. 이들은 한 과제를 여러 단계로 세분화하여 차례차례 단계에 맞춰 가르치며 반드시 앞의 단계를 숙달해야 다음 단계로 진행한다.

이와는 반대로 영유아는 주변세계를 능동적으로 탐색하고, 흥미나 호기심을 통해 세상과 상호작용하며, 학습자료나 과제를 스스로 선택할 수 있을 때 가장 잘 배울 수 있다고 주장하는 관점이 능동적 아동관이다. 이와 같은 접근은 주변세계에 대한 호기심, 환경을 탐색하려는 자발적 시도, 경험한 것을 자신의 정신적 구조 안에서 재조직하는 능력을 주장한다.

따라서 교사에 의한 구조화된 일방적 교육환경은 영유아의 흥미를 자극하지 못하고 영유아의 학습 형태에 적합하지 않다고 생각한다. 다양한 자극과 탐색의 기회를 줄 수 있는 비교적 덜 구조화된 교육적 환경과 영유아 스스로 발견해 갈 수 있는 교육적 환경을 제공하는 것이 영유아들의 발달을 촉진하는 데 바람직하다고 보는 것이다.

3) 연속성과 비연속성

발달은 씨앗에서 싹이 나고 줄기가 생기고 점점 자라 큰 나무가 되는 것처럼 크기나 양적인 변화인가? 아니면 번데기에서 나비가 되는 것처럼 전혀 본질적으로 다른 차원의 존재적 변화인가?

발달에서 연속성 대 비연속성의 논쟁은 이와 같이 발달이 점진적으로 일어나는가 아니면 질적으로 새로운 형태의 행동을 보이는 단계로 나타나는가에 대한 것이다. 영아의 신체적 변화에서 대부분의 아기는 생후 6개월경이면 기는 행동을 보이기 시작한다. 처음에는 무게중심을 옮겨 가며 몸을 단순히 뒤집다가 다음에는 손과 무릎을 움직이고, 엉덩이를 위아래로 들어올리며 마침내 기기 시작한다. 이러한 변화는 연속적이며 점진적인 발달특성을 보여 주는 것이다. 그러나 대부분의 학자는 신체발달 외에 영유아의 인지발달과 사회정서적 발달은 비연속적이며 서로 질적으로 다른 차원의 단계를 따라 이루어진다고 주장한다. 즉, 더 높은 단계에 도달하면 영유아들은 완전히 새롭게 생각하는 다른 방법을 터득하게 되며, 점차 이전의 방법이 새로운 방법으로 대체된다는 것이다.

3. 발달의 연구방법론

발달연구는 교육적이며 과학적인 방법이다. 발달의 다양성을 고려한 다양한 연구방법과 연구설계를 살펴보면 다음과 같다.

1) 연구방법

(1) 관찰법

관찰법은 영유아들을 위한 연구뿐 아니라 교육현장에서 영유아들을 지도하는 교사들도 가장 많이 사용하는 방법이다. 특별한 준비 없이도 하루일과 속에서 영유아들의 가장 자연스러운 행동을 자연스러운 상태에서 관찰할 수 있는 연구방법이다. 그러나 이 관찰법은 낯선 관찰자가 있으므로 영유아들이 평소와는 다른 행동을 보일 수 있고, 영유아를 관찰하는 관찰자 역시 자기가 기대하는 행동만 보고 기록하는 관찰자 편견이 발생할 수 있다는 단점이 있다.

관찰법에는 여러 가지 기법이 있다. 현장에서 가장 많이 사용하는 관찰법은 일화기록법이다. 특정 사건이나 행동을 있는 그대로 묘사하는 관찰법이다. 표본적 기록법은 캠코더 등을 이용하여 시간의 경과에 따른 모든 행동을 관찰하여 가장 구체적이고 많은 정보를 얻을 수 있는 관찰법이다. 또한 특정 행동의 유무를 체크하기 위한 행동목록법, 자주 발생하는 특정행동을 관찰하기 위해 시간을 나누어 여러 번 반복적으로 관찰하는 시간표집법 등이 있다. 또한 문제행동지도에서 문제의 원인과 문제행동, 그에 대한 결과까지 체크하는 ABC(Antecedent-Behavior-Consequence)분석, 즉 사건표집법을 많이 사용한다.

(2) 상관연구

상관연구(correlation study)는 변인과 변인의 관련성을 살펴보는 연구이다. 예를 들어, 부모의 공격성와 자녀의 공격성 간에 관련성이 있는지를 살펴보는 연구에서는 부모의 공격성 변인과 자녀의 공격성 변인의 상호관련성을 보고자 하는 것이다. 이러한 상관연구는 특별한 실험 절차 없이도 있는 그대로의 여러 가지 변인을 동시에 검사할 수 있다는 장점이 있다.

(3) 실험연구

실험연구는 프로그램이나 어떤 실험적 처치의 효과를 검증하기 위한 연구방법이다. 일반적으로 실험집단과 통제집단으로 나누어 두 집단 모두에게 동일한 사전검사를 실시하고, 일정 기간 동안 실험집단에는 프로그램, 즉 처치(treatment)를 실시하고, 통제집단에는 아무런 프로그램을 실시하지 않거나 다른 유형의 프로그램을 실시한다. 그리고 처치가 끝나면 다시 두 집단에게 동일한 사후 검사를 실시하여 어느 집단에 더 많은 프로그램 혹은 처치의 효과가 있었는지를 통계적 분석을 통해 검증하는 것이다.

(4) 사례연구

사례연구(case study)는 한두 명의 영유아를 대상으로 심도 있게 행동을 관찰하거나 분석하는 연구방법이다. 심리학이나 교육학에서 사례연구는 일찍부터 사용되어 온 연구법 중의 하나로 관찰, 실험, 면접 등 다양한 기법을 동시에 사용하여 개인의 발달과정을 면밀히 분석해 낼 수 있다는 장점이 있다. 또한 많은 수의 피험자를 구할 수 없고 각각의 특성이 다른 연구나, 장애를 가진 영유아, 다문화 영유아들을 대상으로 하는 연구와 같이 소수의 특성을 깊이 있게 사례별로 연구할 때 적용할 수 있다는 장점이 있다.

(5) 자기보고법

자기보고법은 연구자나 타인이 알 수 없는 개인의 내적 특성을 진단해 낼 수 있는 장점이 있는 연구방법이다. 그러나 자신에 대한 주관적 판단이 작용하기 쉬우며, 편향된 판단을 할 수 있는 문제점도 있다. 특히 내적 성찰이나 말하기와 쓰기가 어려운 영유아들에게는 적용하기 어려운 단점이 있다. 영유아에게 직접 질문을 하여 적는 경우라도 그 자료의 타당성을 높이기 위해 부모, 또래, 교사의 보고나 다른 검사들을 통해 보완하고 종합적으로 자료를 수집하는 것이 좋다.

2) 연구설계

(1) 횡단적 설계

연구설계에서 횡단적 설계는 수평적 의미로 한 해에 여러 연령집단을 선정하여 그 집단 간의 특성의 차이를 한꺼번에 비교하는 것이다. 즉, 유아의 인지적 능력이 어떻게 변화해 가는지 혹은 평균 신장이 어느 정도 성장하는지 알고 싶을 때 3세, 4세, 5세에 해당되는 실험대상자인 유아를 선정하여 한 해 동안 그 변화를 함께 추적해 연구하는 것이다. 시간과 경비를 절약할 수 있는 장점이 있지만 동일한 피험자가 아니라는 한계점을 갖고 있다.

(2) 종단적 설계

종단적 설계는 수직적 연구설계로, 한 실험대상이나 집단을 상대로 4년이나 10년 또는 그 이상의 오랜 기간 그들의 발달을 연구하는 방법이다. 진정한 발달연구는 이러한 종단적 설계에 의한 연구라고 할 수 있다. 그러나 이러한 설계는 그 연구 기간이 길어 시간과 경비가 많이 들고 이사나 다른 이유에 따른 피험자 탈락, 반복 연습 효과와 같은 문제가 생길 수 있다.

(3) 종단적 연속설계

횡단적 연구와 종단적 연구의 장점을 받아들이고, 단점을 보완하기 위한 방법으로 종단적 연속설계는 횡단적으로 비교한 연령집단들을 다시 일정 기간 종단적으로 연구하는 연구방법이다.

1. 아동발달은 태내기에서 18세 미만의 발달과정을 의미하며 영아발달은 0세에서 2세, 유아발달은 3세에서 5세까지의 발달을 의미한다. 발달구분은 연령과 발달영역으로 나누어 볼 수 있으며 연령은 태내기, 2세까지의 영아기, 취학 전까지의 유아기, 초등학교 시기인 아동기, 중고등학교 시기인 청소년기로 나누어 볼 수 있다. 발달영역은 신체발달, 인지발달, 언어발달, 정서발달, 사회성발달 영역으로 나눌 수 있다. 발달원리의 방향은 머리에서 다리로, 중심에서 말초로, 전체에서 부분으로 발달해 간다.

2. 발달연구에는 학자들이 오랫동안 논쟁해 온 이슈들이 있다. 가장 큰 논쟁점은 발달이 유전에 의한 것인가 환경에 의한 것인가 하는 점이다. 최근에는 대립되는 두 관점의 주장이 모두 수용되어 유전과 환경이 상호적으로 발달에 영향을 미친다고 본다. 둘째로, 수용성과 능동성에 대한 관점은 영유아가 주변의 환경과 경험을 수동적으로 받아들이는 것이 아니라 능동적으로 구조화한다는 것이다. 따라서 교사는 비교적 덜 구조화된 교육적 환경을 제공하는 것이 바람직하다. 셋째로, 연속성과 불연속성의 논쟁은 발달의 과정에 관한 것이다. 발달은 질적인 변화를 보이면서도 끊임없이 양적인 변화가 진행된다는 점에서 최근 두 입장의 주장이 모두 수용되고 있다.

3. 영유아발달연구의 목적은 영유아발달의 특성을 기술하고 설명하며, 예측하고 통제 및 적용하기 위함이다. 현장에서 가장 많이 사용하는 연구방법은 관찰법이다. 과학적 발달연구는 이론, 개념, 변인 그리고 가설 등의 중요 요소들을 포함하며, 여러 방법을 통해 자료를 수집할 수 있다. 영유아발달연구는 목적과 특성에 맞는 연구 설계 방법을 선택하고 윤리적으로 진행되어야 한다.

1. 다음의 발달영역 중 인지발달과 관련성이 밀접하며 쿠잉, 옹알이 단계를 거치는 것은?

① 신체발달   ② 정서발달

③ 언어발달   ④ 사회성발달

해설   발달영역은 다섯 개 영역으로 구분되는데 언어발달은 쿠잉, 옹알이, 한 단어 등의 단계를 거쳐 발달하게 된다. 언어발달영역은 인지발달영역과 관련성이 높다.

2. 발달원리에 해당되지 않는 것은?

① 발달은 머리에서 다리 쪽으로 발달해 간다.

② 발달은 동시적으로 일어난다.

③ 발달은 중심에서 말초 방향으로 진행된다.

④ 발달은 전체에서 부분으로 진행된다.

해설   발달은 머리에서 다리 쪽으로, 중심에서 말초 방향으로, 전체에서 부분으로 진행된다.

3. 다음 중 연구방법에 대한 설명으로 올바르지 못한 것은?

① 관찰법은 특정한 상황에서 특정한 경험을 하는 소수의 인원을 깊게 조사하는 것으로 개인의 환경과 적응, 발달적 문제 등을 고찰하고 문제의 해결 방안을 모색할 수 있다.

② 질문지법은 연구자가 연구 목적을 바탕으로 구성한 질문 문항들에 응답자가 스스로 반응을 하는 방법으로 폐쇄형과 개방형 질문 문항들을 포함한다.

③ 검사법은 표준화된 검사지를 통해 피검사자의 자료를 수집하는 방법으로 조사 내용에 따라 지능검사, 성격검사, 적성검사 등으로 다양하게 나뉜다.

④ 면접법은 면접자가 피면접자와 일대일로 대화를 하며 정보를 수집하는 방법으로 비구조화된 면접과 구조화된 면접으로 구분된다.

해설   특정한 소수의 인원을 깊게 조사하는 방법은 사례연구이며, 관찰법은 대상을 있는 그대로 관찰하여 이를 객관적으로 기록하는 자료수집 방법이다.

정답 1. ③, 2. ②, 3. ①

제2장

영유아발달 이론의 이해

☁ 학습목표

1. 정신분석이론과 심리사회적 발달이론을 파악할 수 있다.
2. 다양한 학습이론을 설명할 수 있다.
3. 인지이론의 발달단계를 열거할 수 있다.
4. 동물행동학이론을 비교분석할 수 있다.
5. 생태학적 체계이론을 정의할 수 있다.

☁ 주요용어

심리성적 발달, 심리사회적 발달, 학습이론, 인지발달단계, 각인, 애착,
생태학적 체계이론

발 달은 인간의 전 생애에 걸쳐 일어나는 질적 · 양적 변화를 의미한다. 영유아
기는 전 생애 발달을 이루는 중요한 초석이 되는 시기로 이후 학령기 및 청소년기 발달
에 지속적인 영향을 미치는 바탕이 된다. 이 장에서는 영유아들의 발달을 이해하기 위
해 체계적으로 정립된 다양한 이론을 살펴본다. 20세기 중반 이후 영유아발달에 대한
연구결과들을 토대로 한 주요 이론들을 비교 · 분석함으로써 영유아발달을 통합적으
로 고찰하고자 한다.

[그림 2-1] **영유아발달 이론의 흐름**

1. 정신분석이론

1) 프로이트의 심리성적 이론

정신분석이론(psychoanalytic theory)은 프로이트(Freud)에 의해 1890년에서 1939년
사이에 정립되었고, 이후 에릭슨(Erikson), 융(Jung), 아들러(Adler) 등에 의해 발전되었
다. 정신분석이론에서는 인간의 성격, 감정, 욕구 등의 심층적 내면을 설명하는 데 초
점을 두고, 무의식을 개념화함으로써 외현적 행동 이면에 있는 심리적 동기를 분석한
다. 특히 최면요법 및 자유연상 등의 방법을 통해 영유아기 경험의 중요성을 보여 주기
도 하였다. 프로이트는 의과대학에서 신경학을 전공하면서 임상 현장에서 신경질환을

심리학적 관점에서 분석하기 시작하여, 환자들의 어린 시절 경험이 무의식에 결정적인 영향을 미친다는 것을 밝혔다. 이를 토대로 성격의 구조와 발달단계를 정교화하였다.

　　프로이트의 공헌점은 인간의 무의식 속에 비이성적인 욕망이 존재한다는 것을 밝힌 데 있다. 뇌성마비를 연구한 초기 신경병 학자이기도 했던 프로이트는 20세기 말 심리학 분야가 발전하면서 가장 위대한 사상가로 중요한 위치를 차지했다.

(1) 성격의 구조

　　프로이트는 인간의 성격 구조를 원초아(id), 자아(ego), 초자아(superego)로 구분한다. 사람이 처음 태어날 때 가지고 태어나는 것은 원초아인데, 원초아는 무의식 영역에 속한다. 즉, 생물학적 본능이나 선천적인 욕구가 이에 해당된다. 때문에 원초아는 쾌락원리에 의해 좌우된다. 이처럼 쾌락을 추구하는 원초아를 현실에서는 조절할 필요가 있는데, 그 역할을 하는 것이 바로 자아이다. 자아는 원초적 욕구를 자제하고, 현실을 고려하는 일종의 실행기관으로서의 중재 역할을 한다. 하지만 자아는 일찍부터 생성되는 것이 아니라 원초아에서 분화되어 나온 것으로 아동이 성장하면서 점차 획득된다. 건강한 자아를 가진 사람은 내적 욕구와 외적 스트레스를 효과적으로 조절하는 능력이 높은 반면, 자아가 약한 사람들은 병리적으로 문제해결 방법을 사용하기 때문에 다양한 정신과적 문제를 경험한다.

원초아　　자아

초자아

[그림 2-2] **초자아의 예**

가장 늦게 발달되는 초자아는 무의식 영역에 속하며, 원초아와 자아 사이에서 일종의 검역자 역할을 한다. 양심, 죄책감, 도덕성 등이 이에 해당되는데, 초자아는 부모와 주요 타자의 훈육을 통해 학습한 사회 가치와 규범을 내면화한다. 예를 들어, 쓰레기를 길에다 버리고 싶지만, 버리지 않고 집으로 가져오는 아동이 있다고 하면, 그 아동은 지저분한 쓰레기를 버리고 싶은 원초아와 쓰레기는 쓰레기통에 버려야 한다는 현실적인 자아 사이에 갈등을 경험하게 되며, 결국 길에다 쓰레기를 버리면 안 된다는 도덕성, 즉 초자아로 인해 쓰레기를 버리지 않게 되는 것이다([그림 2-2] 참고). 때문에 초자아는 원초아의 쾌락추구와 상반되는 개념이며 양심의 원리가 작동하기 때문에 초자아와 원초아는 갈등이 발생한다.

이 세 가지 성격 구조가 적절히 조절될 때 인간은 사회적으로 잘 기능할 수 있게 된다. 원초아가 너무 강하면 반사회적 범죄를 저지를 수 있는 가능성이 있는 반면, 초자아가 너무 강하면 융통성이 없고 경직된 사람처럼 느껴질 수 있다. 이에 원초아와 초자아 간의 충돌을 해소할 수 있는 자아의 역할이 중요하다. 자아의 기능이 제대로 수행되지 못하면 불안을 야기한다. 인간은 이러한 불안을 극복하고, 압도되지 않도록 하기 위해 합리화, 부정, 퇴행, 억압, 전이, 동일시, 투사 등의 '방어기제'를 사용한다. 중증 환자의 경우 자신이 시한부 인생이라는 것을 초반에는 인정하지 못한다. 이것은 전형적인 부정

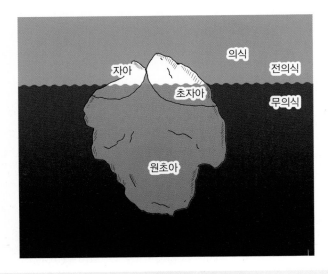

[그림 2-3] **프로이트의 성격의 구조**

의 예이다. 또한 대소변을 잘 가리던 아이가 동생이 태어나자 갑자기 대소변을 옷에다 보거나 아이와 같은 행동을 하는 것은 퇴행의 일종이며, 이는 방어기제의 한 종류이다.

한편, 프로이트는 성격의 구조를 빙산에 비유하였다. 의식은 마음 중 얇은 표면 위에 해당되고, 수면의 찰랑이는 부분이 전의식이며, 대부분은 수면 아래 무의식으로 존재한다고 여겼다. 구체적으로, 의식은 일생에서 우리가 무언가 보고 듣고 느끼는 등 현재 관심을 기울이고 있는 것을 의미하고, 전의식은 의식화되고 있는 부분, 무의식은 자신이 지각하지 못하는 정신활동을 의미한다. 그에 따르면, 인간의 모든 현상은 의식에 의한 것이 아니라 무의식에 의해 작동된다.

(2) 성격의 발달단계

프로이트는 생애 초기 6년 동안의 생활이 인간의 성격발달에 중요한 영향을 미친다고 보았다. 특히 프로이트는 삶의 본능이 성본능과 동일하다고 여기면서 리비도(libido)의 개념으로 설명하였다. 리비도는 심리적 에너지로서 삶을 살아가는 데 동기를 유발하고 촉진하는 역할을 하며, 원초아, 자아, 초자아가 각각의 기능을 수행할 수 있도록 하는 정신적인 에너지가 된다. 프로이트는 리비도가 일생을 통해 특정한 신체부위에 일정한 순서에 따라 집중된다고 주장했다. 리비도의 이동에 따른 성격의 발달단계는 다음과 같다.

① 구강기

출생에서 생후 1년까지를 구강기(oral stage)라고 하는데, 영아는 입, 혀, 입술 등의 구강을 통해 성적 욕구를 충족한다. 즉, 리비도가 구강에 몰리게 되기 때문에 영아들은 물고, 빨고, 핥고, 씹는 행동을 통해 쾌락을 추구한다. 일상생활에서 영아들이 어떤 물건이든 입으로 가져가 물고 빠는 것을 본 경험이 있을 것이다. 프로이트에 따르면 이 시기 영아가 이러한 행동을 보이는 것은 구강이 성감대로 작용하기 때문이다. 만약, 구강기의 욕구가 충족되지 못하고 욕구불만이 생기거나 지나치게 몰두하게 되면 고착이 된다. 고착이 되면 성인이 된 이후에도 손가락 빨기, 손톱 깨물기, 과식, 과음 등

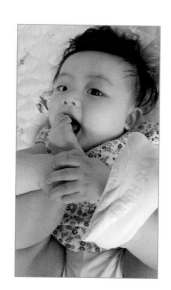

과 같은 구강기적 특성을 나타내며, 구강기적 성격은 의존적이며 유아적이다.

② 항문기

항문기(anal stage)는 1세에서 3세경까지의 시기로 리비도가 입에서 항문으로 이동하면서 배뇨와 배변이 주요한 본능적 욕구가된다. 이 시기 영유아는 자신의 신체를 통제하고 조절할 수 있게 되면서 배설물을 보유하다가 방출하는 것에 쾌감을 느낀다. 하지만 늘 성공적이지는 못하기 때문에 좌절을 경험하기도 한다. 때문에 배변훈련을 너무 조급하거나 억압적으로 시키면 결벽증이나 인색함을 보일 수 있고, 낭비하고 무절제한 성격이 나타날 수도 있다. 이에 부모는 영유아가 항문기 고착이 되지 않도록 자연스럽게 배변활동을 할 수 있도록 환경을 조성해야 한다.

③ 남근기

남근기(phallic stage)는 3세에서 6세경까지의 시기로 리비도가 성기에 집중되기 때문에 성기기라고도 불린다. 이때 유아는 성기가 주된 관심의 대상이 되면서 성기의 자극을 통해 쾌감을 느낀다. 남아들은 자신의 성기를 힘과 우월성의 상징으로 여기고, 여아들은 그것이 없다는 것을 알게 되면서 남근선망을 하게 된다. 이로 인해 남아는 오이

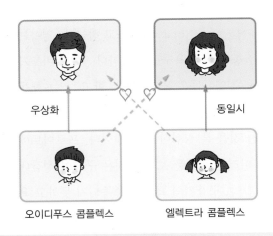

[그림 2-4] 남근기 콤플렉스

디푸스 콤플렉스, 여아들은 엘렉트라 콤플렉스를 경험하게 되는 것이다.

구체적으로 남아는 어머니에 대해 성적 관심을 독차지하려 하며, 아버지에 대해 적대감을 가짐과 동시에 아버지가 자신의 성기를 절단할지 모른다는 거세불안을 경험한다. 하지만 결국 남아는 아버지와 대적하기보다 아버지를 우상화함으로써 거세불안을 감소시킨다. 반면, 여아는 아버지를 사랑하고 어머니를 라이벌로 여긴다. 하지만 점차 이러한 욕망과 적대감에 대해 죄책감을 느끼고, 이를 애정으로 바꿔 어머니의 여성적인 성역할을 학습한다.

④ 잠재기

잠재기(latency stage) 혹은 잠복기는 6세에서 12세경까지의 초등학교 시기를 지칭하며, 리비도의 활동이 다른 단계에 비해 평온한 시기이다. 이 시기 아동들은 이성에 대한 관심이 줄고 동성과 어울리기를 좋아한다. 성적인 내적 욕구가 격렬하지 않고, 지적인 탐색이 활발해지기 때문에 지적인 활동에 에너지를 집중한다. 이때 학교에서는 사회적·도덕적인 규범을 배우고 학업과 같은 에너지를 사용하는 반면, 가정에서는 부모와의 애정을 발달시킨다.

⑤ 생식기

12~13세 이후 사춘기가 시작되면서 마지막 단계인 생식기(genital stage)로 접어든다. 사춘기가 되면 앞 단계에서 잠복되어 있던 리비도가 다시 분출되어 무의식에서 의식 세계로 나온다. 이 시기 청소년들은 신체적·생리적으로 성적 욕구를 실현할 수 있는 능력을 갖추게 된다. 이때 이성 애착이 순조롭게 발달하는 청소년들은 이타적이고 원숙한 반면, 그렇지 못한 청소년들은 권위에 반항하게 되고, 반사회적인 비행을 하기도 한다.

2) 에릭슨의 심리사회적 이론

에릭슨(Erikson)은 1902년 덴마크계 혈통의 혼인 외 출생자로 태어났으며, 어머니가 유태인 소아과 의사와 재혼하면서 유태계 계부 밑에서 성장하게 된다. 유태인 또래들과 어울리지만 덴마크계 혈통을 닮아 성장하는 동안 이방인으로 놀림을 받았다. 이러한 아동기 경험은 자아정체감에 관심을 갖게 하는 배경이 되었다.

에릭슨은 프로이트의 딸인 안나 프로이트(Anna Freud)가 운영하던 학교에서 정신분석학을 공부하면서 프로이트 이론을 바탕으로 새로운 이론을 발전시켰다. 프로이트 이론이 내적인 성적 본능을 강조했다면, 에릭슨 이론은 내적 본능과 사회문화적 요구가 상호작용한 결과라 할 수 있다. 에릭슨은 이를 심리사회적 이론(psychosocial theory)이란 이름으로 개념을 정립하였다. 그는 자아를 중요시하였는데, 발달은 전 생애에 걸쳐 진행된다고 보고 8단계로 나누어 제시하였다.

(1) 1단계: 신뢰감 대 불신감(Trust vs. Mistrust)

1단계는 출생에서 1세까지의 시기로 프로이트의 성격발달 단계 중 구강기에 해당한다. 심리사회적 이론에 따르면 각 단계마다 발달과업이 있는데, 이 시기 영아는 자신과 타인, 세상에 대한 기본적인 신뢰감을 형성하는 것이 기본 과업이다. 주 양육자가 배고플 때 먹여 주고, 기저귀를 갈아 주며, 졸릴 때 재워 주는 등 신체적·심리적 욕구에 민감하고 일관되게 반응할 경우, 영아들은 '나는 사랑받고 있구나.' '아! 세상은 살 만한 곳이구나!'라는 신뢰감을 얻게 된다. 이렇게 형성된 신뢰감은 이후 타인에 대한 신뢰감으로 확장될 수 있는 반면, 주 양육자가 비일관적이고 둔감한 경우 영아는 양육자와 세상에 대해 불신감을 갖게 된다. 즉, 신뢰감 형성의 과업을 수행하지 못한 경우 불신의 태도가 발달된다. 영아기 때 형성되는 신뢰감은 이후 맺게 되는 사회관계와 밀접한 관계가 있다.

(2) 2단계: 자율성 대 수치심 및 회의감(Autonomy vs. Shame and doubt)

프로이트의 항문기에 해당하는 2단계는 1세에서 3세까지의 시기를 말한다. 이 시기 영유아는 근육이 발달하기 시작하면서 대소변을 조절할 수 있게 되고, 자기 발로 서서 걷는 경험을 한다. 즉, 자신의 의지를 적극적으로 나타내며 자율성을 획득하려고 노력한다. 예를 들어, "내 거야." "안 해." 등의 표현을 자주하게 된다. 이때 부모들은 영유아에게 사회적으로 적합한 행동을 하도록 훈련시키며, 때와 장소를 가려 자기 의사표현을 할 수 있도록 격려한다. 하지만 신체적 통제나 자조기술이 미숙하기 때문에 배변, 걷기, 뛰기 등을 원활히 수행하지 못하는 경우가 있다. 이때 영유아는 수치심과 자기능력에 대한 회의감을 경험한다.

(3) 3단계: 주도성 대 죄책감(Initiative vs. Guilt)

프로이트의 남근기에 해당하는 3단계는 3세에서 6세까지의 시기를 말한다. 이 시기 성취해야 하는 과업은 주도성이다. 주도성은 유아 자신이 주도적인 입장에서 자기세계를 구성하는 것이라고 할 수 있다. 유아는 앞선 2단계를 거치며 자기를 더욱 강화하고 적극적으로 표현하기 시작하면서 자신의 것에 대한 관심과 책임을 갖는다. 이때 부모가 자녀의 호기심을 인식하고, 자녀를 격려하면 주도성은 더욱 발달하게 된다. 이 시기 유아는 목표를 설정하고 그것을 달성하고자 한다. 예를 들어, 자신의 키만큼 블록을 쌓는다는 목표를 설정하고 점차 높이 블록을 쌓아 간다. 교사나 부모에게 끊임없이 질문하면서 인지적 탐색을 즐기는 반면, 활동이 다소 공격적이어서 자신의 주도적 행동이 억압받거나 처벌받게 되면 위축될 수 있다. 이 경우 유아는 자신이 잘못했다는 죄책감을 가지면서 체념과 무가치감을 내면화함으로써 용기가 부족하게 된다.

(4) 4단계: 근면성 대 열등감(Industry vs. Inferiority)

4단계는 프로이트의 잠복기에 해당되는 시기로 6세부터 12세경까지를 말한다. 이때

아동은 학교를 통해 형식교육을 받기 시작하면서 읽고, 쓰고, 셈하는 등의 기초적인 인지기술을 학습하게 되며, 또래들과 사회적 기술을 익혀 나간다. 이 시기 아동은 이렇게 지식과 기술을 습득하면서 근면성을 기르고 이로 인해 자신감과 만족감을 얻는 것이 주요 과업이다. 하지만 이 시기에는 또래와 경쟁적 구조에 놓이게 되고 능력을 비교하는 과정에서 자신이 무능력하다고 느끼게 되면 열등감을 갖게 된다. 이때 아동은 성취 동기가 강하기 때문에 부모는 칭찬과 격려를 해 줌으로써 아동의 근면성을 발달시킬 수 있도록 도와야 할 것이다. 부모로부터 또래와 비교하는 말을 듣게 되면 열등감에 빠질 수 있다.

(5) 5단계: 정체감 대 정체감 혼미(Identity vs. Identity confusion)

5단계는 프로이트가 말하는 생식기에 해당된다. 12세에서 18세경을 포괄하는 청소년기로 에릭슨은 이 시기가 생애발달에서 가장 중요한 자아정체감 형성에 기본이 되는 단계라고 주장했다. 이 시기의 청소년은 어른도 아니면서 아동도 아닌 역할의 변화를 겪으면서 혼란에 빠져든다. 신체적 성장, 호르몬 변화, 새로운 사회적 요구와 역할 변화 등을 경험하게 되면서 "나는 누구인가, 무엇을 하고 살아야 하나?"라는 질문을 스스로 끊임없이 하게 된다. 이 시기 긍정적인 과업은 자아정체감을 형성하는 것인데, 자신의 능력, 역할 등에 대해 현실을 파악하고, 적절한 선택과 결정을 하면서 자아정체감을 획득한다. 하지만 이 과정에서 오는 고민, 방황, 갈등 등은 자아정체감을 혼란스럽게 만든다. 혼란스러운 과정이 지속되면 정체감 혼미에 빠져들게 되고 무력감, 허무감 등을 경험하게 된다.

(6) 6단계: 친밀감 대 고립감(Intimacy vs. Isolation)

20대 초기에 해당하는 6단계는 공식적으로 성인기에 접어드는 시기이다. 이전 단계에서는 '자신'에 대해 몰입하는 단계였다면 6단계에서부터는 나와 타인의 상호작용, 즉 타인과의 친밀감 형성이 가장 큰 과업이다. 친밀감이 형성되기 위해서는 자신의 자아정체감 발달이 선행되어야 한다. 만일 자아정체감 발달이 제대로 이루어지지 않는다면 친밀감 형성에 실패하거나 공허감, 소외감, 자기몰두에 빠질 수 있다. 일반적으로 친밀감은 동거나 결혼의 형태로 나타날 수 있다.

(7) 7단계: 생산성 대 침체성(Generativity vs. Stagnation)

7단계는 중반의 성인기에 해당하는 시기로 긍정적 과업은 생산성이다. 생산성은 협의의 의미에서는 자녀를 출산하고 양육하는 것을 의미하고, 광의의 의미에서는 타인과 인류의 복지를 위한 사회적 행동까지도 포괄한다. 한편, 직장에서 자신이 수행하고 있는 일에 능력을 발휘하여 성취하는 것도 일종의 생산성 획득이라고 볼 수 있다. 간혹

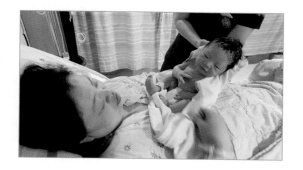

'중년의 위기'라는 말을 들어 본 적이 있을 것이다. 이것은 생산성 과업을 성취하지 못하고, 자기도취의 상태에 빠지는 것을 의미한다. 이때는 인생무상을 느끼면서 권태롭고, 무기력하며, 현재 상황에 대해 불만을 갖는다. 이것이 침체성의 전형적인 상태라 할 수 있다.

(8) 8단계: 통합감 대 절망감(Integrity vs. Despair)

8단계는 노년기에 해당하는 시기로 지금까지의 인생을 돌이켜 보고, 반추해 본다.

또한 신체적으로 쇠약해지며, 경제적 빈곤을 겪을 확률이 높고, 배우자나 친구 등 주변의 주요 타인들이 죽음을 맞이하는 것을 목격하면서 죽음에 대한 준비와 자신의 삶에 대해 자아통합의 과업을 성취해야 한다. 하지만 자아통합이 이루어지지 못하면, 경제적 빈곤, 죽음에 대한 두려움, 삶에 대한 후회, 슬픔, 고독감 등으로 절망감을 경험할 수도 있다. 이러한 절망감은 노인자살로 이어지기도 한다.

〈표 2-1〉 심리성적 이론과 심리사회적 이론의 비교

프로이트의 심리성적 발달단계	에릭슨의 심리사회적 발달단계	대략적 시기
구강기	1단계: 신뢰감 대 불신감	출생~1세
항문기	2단계: 자율성 대 수치심 및 회의감	1~3세
남근기	3단계: 주도성 대 죄책감	3~6세
잠재기	4단계: 근면성 대 열등감	6~12세
생식기	5단계: 정체감 대 정체감 혼미	12~18세
	6단계: 친밀감 대 고립감	초기 성인기/청년기
	7단계: 생산성 대 침체성	성인기
	8단계: 통합감 대 절망감	노년기

2. 학습이론

학습이론은 발달이 정해진 순서에 따라 이루어진다는 프로이트, 에릭슨, 피아제의 발달단계와는 달리 어떤 행동은 갑자기 나타나는 것이 아니라 경험과 훈련을 통해 점진적으로 발전한다는 데 기본 가정을 둔다. 즉, 아동은 백지 상태로 태어났기 때문에 생물학적보다는 환경적 요인이 발달에 중요하다는 것이다. 때문에 학습이론의 행동주의자들은 눈에 보이지 않는 정신분석이론을 반대하고, 정서와 같은 심리적 특성보다 측정 가능한 외현적 행동에 중점을 둔다. 여기에서는 파블로프의 고전적 조건형성이론, 스키너의 조작적 조건형성이론, 반두라의 인지적 사회학습이론에 대해 고찰해 보기로 한다.

1) 파블로프의 고전적 조건형성이론

파블로프(Pavlov)는 노벨 생리학·의학상을 수상한 러시아의 생리학자이다. 그는 침샘에 대한 연구를 하다가 사육사의 발소리를 듣고 개가 침을 흘리는 것을 우연히 발견하고 이를 학습이론에 적용함으로써 고전적 조건형성이론을 구축하였다.

고전적 조건형성이론은 개에게 음식을 줄 때마다 종을 울려서 음식과 종을 연결시키도록 하는 것이다. 즉, 처음에는 종을 보고 아무런 반응을 하지 않던 개가 음식이라는 무조건 자극이 주어지면 침을 흘리게 된다. 여기서 파블로프는 음식을 줄 때마다 종을 울리는 조건을 준다. 결과적으로 개는 종소리가 들리면 음식이 없어도 침을 흘리게 된다. 예를 들어, 애완견을 키우는 사람이 애완견에게 밥을 줄 때 밥그릇을 친다든지의 행동을 일관적으로 한다면, 나중에 밥그릇을 치기만 해도 애완견은 음식을 주는 줄 알

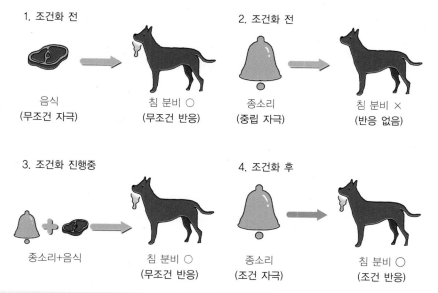

1. 조건화 전
음식
(무조건 자극)
침 분비 ○
(무조건 반응)

2. 조건화 전
종소리
(중립 자극)
침 분비 ×
(반응 없음)

3. 조건화 진행중
종소리+음식
침 분비 ○
(무조건 반응)

4. 조건화 후
종소리
(조건 자극)
침 분비 ○
(조건 반응)

[그림 2-5] 파블로프의 고전적 조건형성

고 꼬리를 흔들 것이다. 이것이 바로 고전적 조건형성의 원리이다.

이와 같이 동물의 행동들이 인간에게도 적용된다고 믿은 학자는 왓슨(Watson)이다. 그는 아동에게 고전적 조건형성을 적용해 보기 위해 11개월 된 자신의 아들 앨버트에게 쥐를 보여 주었다. 처음 앨버트는 쥐를 무서워하지 않았으나, 앨버트가 쥐를 만지려고 할 때 큰 징을 울려 공포반응을 유발시켰다. 이 실험을 반복하자 앨버트는 쥐만 보고도 공포반응을 일으켰다. 여기서 징은 무조건 자극이며 쥐는 조건 자극, 공포 반응은 무조건 반응이라고 할 수 있다. 이 실험을 통해 극단적 학습론자들은 인간의 모든 행동은 학습되었고, 학습될 수 있다고 보았으며, 행동주의라는 용어를 처음 사용하였다.

2) 스키너의 조작적 조건형성이론

스키너(Skinner)는 미국의 급진적 행동주의 심리학자이다. 은퇴할 때까지 하버드 대학교 심리학과에서 교수로 재직하면서 20세기 가장 영향력 있는 심리학적 연구로 인정받고 있다. 그는 어떤 반응에 보상을 줌으로써 그 반응이 일어날 확률을 증가시키거나 감소시키는 방법인 조작적 조건화이론을 구축하였다. 예를 들어, 계속 울고 있는 유아에게 유아가 좋아하는 사탕을 보상으로 줄 테니 울지 말라고 한다면 그 유아는 울음을 멈출 것이다. 즉, 적절한 보상이 주어짐에 따라 울음을 멈추는 결과를 얻은 것이다. 이처럼 유아가 특정 행동을 할 때 칭찬을 받으면 그 행동을 반복할 것이고, 벌을 받으면 유아는 그 행동을 다시 재발할 확률을 낮춘다. 이와 같이 스키너는 유기체가 스스로 외부자극에 대해 자발적이고 능동적으로 반응한다고 여겼다.

스키너는 빈 상자 안에 지렛대 하나를 설치하고, 지렛대를 먹이통과 연결한다. 배가 고픈 쥐는 상자 안을 돌아다니다가 우연히 지렛대를 누른다. 지렛대를 누르자 먹이가 나오고, 그 후 쥐는 배가 고플 때 지렛대를 누르게 된다. 이러한 결과는 지렛대를 누르면 먹이가 나온다는 것을 쥐가 학습했기 때문이다. 동물농장에서 토끼들이 통 안의 빨대를 통해 물을 먹는 장면을 본 적이 있을 것이다. 만일 그 통에 물이 아니라 쓴 액체가 들어 있어도 토끼가 통 안 빨대의 액체를 먹으려고 했을까? 토끼에게 그 액체가 맛있는 것, 좋은 것이기 때문에 빨대를 빨아 물을 먹는 행동을 반복한 것이다. 이것이 일상생활 속에서 확인할 수 있는 스키너의 조작적 조건형성이론이다. 이처럼 스키너는 발달

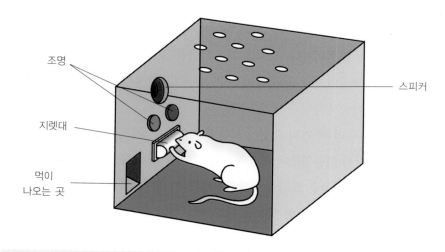

조명

스피커

지렛대

먹이
나오는 곳

[그림 2-6] 스키너 상자

이 본능이나 생물학적 성숙과 같은 내적인 요인보다는 외부 자극인 강화물이나 처벌 등에 의해 형성된다고 주장했다.

스키너의 핵심 개념인 강화는 정적 강화와 부적 강화로 나눌 수 있다. 정적 강화는 긍정적인 것을 증가시키는 것을 말하며, 선물, 칭찬, 상 등이 정적 강화물이다. 반면, 부적 강화는 특정 행동을 했을 때 싫어하는 것을 제거해 주는 것을 의미한다. 좋은 행동을 하면 숙제를 감면해 주는 것이 부적 강화의 예라고 할 수 있다. 부적 강화는 처벌과는 구분된다. 처벌은 어떤 행동이 발생할 확률을 감소시키는 것인 반면, 부적 강화는 특정 행동에서 불쾌한 상태를 감소시키는 것이다.

3) 반두라의 인지적 사회학습이론

반두라(Bandura)는 캐나다의 심리학자로 인지적 사회학습의 대표적 이론가이다. 그는 발달이 개인과 환경 간의 상호작용에 의해 결정되기 때문에 관찰학습의 중요성을 강조하였다. 관찰학습의 중요성을 단적으로 보여 주는 것은 보보실험이다. 보보실험은 유아를 실험집단과 통제집단으로 나누어 실험집단에게는 성인이 보보인형에게 공격적인 행동을 하는 것을 보여 주고, 통제집단에게는 그 장면을 보여 주지 않았다. 어떻게 되었을까? 실험집단의 유아들은 성인들이 했었던 것과 같이 보보인형에게 공격적인 행동을 보였다. 이와 같은 결과는 다른 사람의 행동을 관찰하고 그 행동을 모델로 삼으며 학습한다는 것을 의미한다. 공격적 프로그램을 많이 본 유아는 실제로 그렇지 않은 유아에 비해 공격적인 행동을 많이 보인다. 이처럼 반두라가 주장한 모델링 효과 는 이후 행동수정 분야에서 주목을 받게 된다.

관찰학습에서는 다음의 세 가지 요인이 모델링에 영향을 준다고 본다. 첫째, 자신과 유사하다고 믿는 사람의 행동일수록 모방할 가능성이 높다. 둘째, 자존감에 영향을 받 는다. 자존감이 낮은 사람들은 모델을 모방할 가능성이 높다. 셋째, 보상 결과는 모델 링 효과에 영향을 준다. 즉, 어떠한 행동을 했을 때 보상이나 처벌을 받는 결과를 보고 모델링의 여부를 판단하게 된다. 이처럼 인간은 인지적 사고과정을 거치기 때문에 자 극과 반응, 강화, 소거 등의 조건형성만으로는 인간의 복잡한 행동을 규정할 수 없다. 이에 부모들은 자녀의 특성을 고려해 긍정적인 모델링을 줄 수 있어야 한다.

3. 인지이론

스위스 인지이론가인 피아제(piaget)는 유아의 발달이 강화나 벌과 같은 요인에 의 해 이루어지는 것이 아니라, 유아 스스로 세상을 조작하고 탐색하면서 적극적으로 지 식을 구성한다고 보았다.

피아제 이론의 핵심은 생물학의 개념인 적응(adaptation)이다. 그는 우리 신체의 구 조가 환경에 잘 맞도록 적응해 나가듯, 정신구조 역시 외부세계에 더 맞도록 발달하거 나 표상된다고 보았다. 피아제에 따르면, 영아기나 유아기 아동은 성인과는 다른 방식 으로 세상을 이해한다. 예를 들면, 영아는 가지고 놀던 놀잇감이 시야에서 사라지면 더 이상 세상에 존재하지 않는다고 생각하며, 유아는 다른 모양의 컵에 같은 양의 물을 부 어도 물의 양이 같지 않다고 생각한다.

피아제는 유아가 자신의 내적구조와 매일매일 접하는 일상생활의 정보들 사이의 균 형, 즉 평형화(equilibrium)를 이루기 위하여 노력하며 잘못된 생각을 수정해 나간다고 설명한다.

피아제 이론에 따르면, 유아는 두뇌가 발달하고 경험이 확장되면서 질적으로 독특

〈표 2-2〉 **피아제의 인지발달 단계 및 특성**

단계	발달 시기	특성
감각운동기	출생~2세	영아는 자신의 눈, 귀, 손, 입으로 이 세상을 탐색하고 사고한다. 그 결과 감각운동으로 문제해결 방식을 찾아내는데, 예를 들어 음악상자의 노래를 듣기 위하여 손잡이를 잡아당기거나 숨겨진 놀잇감을 찾고자 상자 속에 물건을 집어넣고 꺼내기 등을 한다.
전조작기	2~7세	유아는 감각운동기에서 발견한 것을 표현하기 위해 상징적 표상을 한다. 언어발달, 가상놀이가 이루어지나 유아의 사고는 아직 직관적이어서 논리가 부족하다.
구체적 조작기	7~11세	아동의 사고는 더욱 논리적이고 조직화된다. 취학 연령의 이들은 '레모네이드의 양'이나 밀가루 반죽의 모양이 바뀌었다 해도 원래의 양과 같다는 것을 이해하며, 분류나 하위영역들의 위계를 세울 수 있다. 그러나 아동의 사고는 아직 성인의 인지능력에는 미치지 못한다. 즉, 아직 추상적이지 않다.
형식적 조작기	11세 이후	이 시기 청소년들은 문제에 직면했을 때 가설을 가지고 추상적·체계적 사고가 가능하다. 실험 가능한 추론에 연역하고 변수를 분리하거나 결합할 수 있으며, 실제 상황에 직면하지 않고 언어로만 설명된 논리도 평가하고 추론할 수 있다.

출처: Berk(2013), p. 20.

하고 다르게 사고하는 네 개의 발달단계를 거친다. 그는 이 단계를 감각운동기, 전조작기, 구체적 조작기, 형식적 조작기로 정의하면서 각 단계별 연령과 특성을 설명하였다. 구체적 내용은 〈표 2-2〉와 같다.

4. 동물행동학이론

동물행동학이론은 진화론에 근거를 둔다. 유전적·생물학적 역할이 인간발달에 영향을 미친다고 전제한다. 동물행동학이론에서는 종의 보존과 생존이 중요한 의미를 지니며, 종 특유의 생물학적 프로그램이 있다고 여긴다. 사회생물학자들은 인간의 사회적 행위는 유전과 환경의 상호작용이지만 유전이 모든 측면을 통제한다고 본다. 여기에서는 대표적 학자인 로렌츠(Lorenz)와 볼비(Bowlby)의 이론에 대해 살펴본다.

1) 로렌츠의 각인이론

로렌츠(Lorenz)는 현대의 동물행동학의 아버지로 불린다. 그는 1930년대 초 동물의 선천적 행동 패턴에서 진화의 흔적을 찾기 시작하면서 동물행동학으로 자신의 연구분야를 개척해 나갔다. 로렌츠 하면 가장 먼저 떠오르는 것이 청둥오리이다. 그는 청둥오리가 부화 13~16시간 후 처음으로 목격한 대상을 어미로 인식한다는 사실을 발견했다. 즉, 청둥오리에게 어미로 인식하는 결정적 시기를 발견하였고, 이를 각인이라고 명명하였다. 각인은 생후 초기 처음 노출된 대상에 애착하게 되는 것을 말한다. 연구에서 청둥오리들은 로렌츠를 어미로 생각하고 추종행동을 보였다. 만일 결정적 시기에 각인이 되지 않았다면 이후 추종행동들은 습득할 수 없게 된다. 이와 같은 이론은 인간발달 분야에서도 적용되었다. 영유아 역시 주 양육자와의 '결정적 시기'가 있기 때문에 적합한 환경이 지원되어야 한다는 시사점을 주었다. 하지만 각인이론은 인간발달에 있어 학습과 경험의 역할을 무시한다는 비판도 받고 있다.

[그림 2-7] 각인현상

2) 볼비의 애착이론

프로이트가 정신분석학적 관점에서 어머니와 영유아의 관계를 분석했다면, 볼비 (Bowlby)는 동물행동학적 관점에서 어머니와 영유아의 관계를 분석하였다. 볼비는 영국에서 의학을 전공한 심리분석가이자 심리치료사이다. 그는 인간관계의 근본 원인을 '애착'이란 용어로 설명했다. 애착이란 주 양육자(주로 어머니)와 영아가 정서적 유대를 맺는 것을 말한다. 그는 영아가 주 양육자와 상호작용하는 패턴인 미소, 옹알이, 울기 등이 생물학적으로 프로그램되어 있는 애착행동이라고 주장했다. 영아는 선천적으로 부모와 상호작용하기 위한 신호를 갖고 태어나며, 이것은 부모로 하여금 보살핌을 유도한다는 것이다.

볼비는 제2차 세계대전 직후 전쟁고아, 부랑아들을 관찰하면서 이와 같은 애착이론의 토대를 마련했다. 그는 영아가 생애 초기 어머니와 애착을 형성하지 못하면 이후 성인이 되어서도 타인들과 친밀한 관계를 맺지 못한다고 하였다. 볼비의 애착이론을 토대로 에인스워스는 '낯선상황실험'을 통해 어머니와의 애착유형을 안정애착, 불안정-회피애착, 불안정-저항애착, 불안정-혼란애착의 네 가지 유형으로 개념화하였다.

5. 생태학적 체계이론

생태학적 체계이론은 사람들이 자신의 환경과 어떻게 상호작용하는가에 초점을 맞춘 이론이다. 대표적인 학자는 브론펜브레너(Bronfenbrenner)인데, 그는 발달심리학자로서 코넬 대학교에서 인간발달과 가족학을 가르치며 연구하였다.

생태학적 체계이론에서 가장 중요한 관점은 상호작용이다. 브론펜브레너는 아동이 가족, 학교, 지역사회, 국가 등 여러 환경 속에서 발달한다는 것에 주목하였다. 그는 여러 환경을 미시체계, 중간체계, 외체계, 거시체계, 시간체계로 구분하여 설명하였다. 우선 미시체계는 아동에게 직접적으로 영향을 미치는 부모, 친구, 이웃과의 상호작용이라 할 수 있으며, 중간체계는 미시체계 간의 상호작용을 의미한다. 외체계는 좀 더 확장된 개념으로 아동과 직접적으로 연계는 없으나 간접적으로 영향을 받을 수 있는 부모의 직장스트레스, 근무환경 등이 될 수 있다. 거시체계는 아동이 속한 사회의 문화, 가치관, 관습, 법 등을 들 수 있다. 시간체계는 전 생애에 걸쳐 일어나는 역사적 사건, 사회적 변화와 같은 환경을 의미한다.

생태학적 체계이론은 인간이 환경의 영향을 받는 수동적 존재가 아니라 환경과 상호작용하며, 이를 재구성하는 능동적 존재라는 것을 밝혀냈다는 데 의의가 있다.

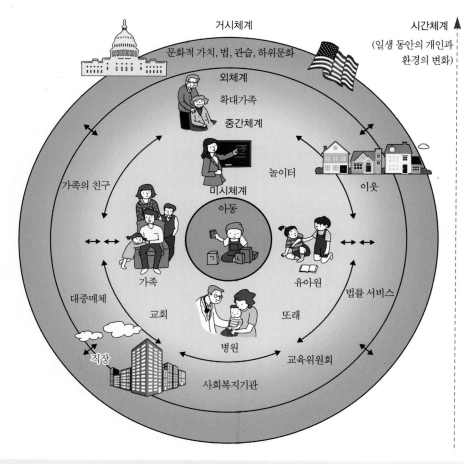

[그림 2-8] 브론펜브레너의 생태학적 체계이론

요 약

1. 인간의 성격, 감정, 욕구 등의 심층적 내면을 설명하는 데 초점을 두고 있는 정신분석이론은 무의식을 개념화함으로써 외현적 행동 이면에 심리적 동기가 있다고 가정한 반면, 심리사회적 이론에서는 발달이 전 생애에 걸쳐 진행되며, 개인과 사회적 환경과의 상호작용 결과 발달이 이루어진다고 주장했다.

2. 학습이론은 행동주의 심리학에 기반을 둔다. 대표적으로 파블로프의 고전적 조건형성이론, 스키너의 조작적 조건형성이론, 반두라의 인지적 사회학습이론을 들 수 있다. 파블로프의 고전적 조건형성이론은 무조건 자극(개-음식)에 대해 인간은 본능적인 반응을 한다는 것에 주목하였고, 스키너는 어떠한 행동의 유발은 강화를 통해 이루어질 수 있다고 믿었다. 즉, 인간의 행동을 조성하고 학습시키는 것이 가능하다고 주장했다. 한편, 반두라는 개인과 환경 간의 상호작용에 의해 인간의 발달이 결정된다고 주장했다. 때문에 바람직한 행동을 반복적으로 보여 주면 행동수정이 가능하다고 여겼다.

3. 인지이론에서는 인간의 지적행동을 환경에 대한 순응이라고 본다. 신체의 구조가 환경에 잘 맞춰 적응하듯이 정신구조도 외부세계에 맞게 발달하거나 표상된다고 보는 것이다. 유아는 일상에서 접하는 정보들과의 상호작용을 통해 발달하며, 감각운동기-전조작기-구체적 조작기-형식적 조작기의 단계를 거친다.

4. 동물행동학적 이론은 진화론에 근거를 둔다. 생후 초기 어떤 대상에 노출됨으로써 그 대상에 애착을 보이는 행동을 각인이란 개념으로 설명하였다. 로렌츠에 따르면 각인은 생후 초기 제한된 기간 내에만 일어나는 결정적 시기가 있다고 주장했다. 한편, 볼비는 생애 초기 어머니와의 안정적인 애착을 형성하지 못하면 이후 대인관계를 친밀하게 맺지 못하는 결과를 초래할 수 있다고 주장하였다.

5. 생태학적 체계이론은 인간과 환경과의 상호작용에 초점을 두고, 다양한 수준의 체계를 제시한다. 개인에게 직간접적으로 영향을 주는 다섯 가지 수준의 미시체계-중간체계-외체계-거시체계-시간체계는 영유아가 복잡한 체계 속에서 발달한다는 것을 보여 준다.

1. 에릭슨의 심리사회적 발달단계를 옳게 짝지은 것은?

① 3~6세: 주도성 대 죄책감   ② 6~12세: 정체감 대 친밀감

③ 12~18세: 자율성 대 수치심   ④ 출생~1세: 근면성 대 열등감

해설 에릭슨의 연령에 따른 심리사회적 발달단계는 다음과 같다.

1단계(출생~1세): 신뢰감 대 불신감

2단계(1~3세): 자율성 대 수치심 및 회의감

3단계(3~6세): 주도성 대 죄책감

4단계(6~12세): 근면성 대 열등감

5단계(12~18세): 정체감 대 정체감 혼미

6단계(초기 성인기/청년기): 친밀감 대 고립감

7단계(성인기): 생산성 대 침체성

8단계(노년기): 통합감 대 절망감

2. 다음은 학습이론에 대한 설명이다. (   ) 안에 들어갈 말을 순서대로 바르게 짝지은 것은?

> 스키너는 특정 행동이 (가)을/를 받게 되면 재발할 확률이 증가하고, (나)을/를 받게 되면 재발할 확률이 감소한다고 주장하였다.

① 처벌-감소   ② 강화-처벌

③ 부적 강화-정적 강화   ④ 강화-정적 강화

해설 스키너는 특정 행동이 강화를 받게 되면 재발할 확률이 증가하고, 처벌을 받게 되면 재발할 확률이 감소한다고 주장하였다.

3. 다음은 인지발달 단계에 대한 설명이다. 어느 단계를 설명한 것인가?

> − 자신의 눈, 귀, 손, 입으로 이 세상을 탐색한다.
> − 감각운동으로 문제해결 방식을 찾아낸다.

① 전조작기   ② 감각운동기

③ 구체적 조작기   ④ 형식적 조작기

해설 인지발달단계는 '감각운동기-전조작기-구체적 조작기-형식적 조작기'의 단계를 거쳐 발달하는데, 자신의 눈, 귀, 손, 입의 감각의 통해 세상을 탐색하며, 문제해결 방식을 찾아내는 단계는 감각운동기이다.

4. 생후 초기 어떤 대상에 노출됨으로써 그 대상에 애착을 보이고 추종행동을 하게 되는 것을 무엇이라고 하는가?

① 각인 　　　　　　　　　② 애착

③ 조건반응 　　　　　　　④ 무조건반응

해설 생후 초기에 어떤 대상에 노출됨으로써 그 대상에 애착을 보이고 추종행동을 하게 되는 것을 각인이라고 한다.

5. 영유아에게 직접적으로 영향을 미치는 체계로 부모, 친구, 이웃과 상호작용하는 환경맥락을 무엇이라고 하는가?

① 외체계 　　　　　　　　② 시간체계

③ 미시체계 　　　　　　　④ 거시체계

해설 미시체계: 아동에게 직접적으로 영향을 미치는 부모, 친구, 이웃과의 상호작용

중간체계: 미시체계 간의 상호작용

외체계: 아동과 직접적으로 연계는 없으나 간접적으로 영향을 받을 수 있는 환경

거시체계: 아동이 속한 사회의 문화, 가치관, 관습, 법 등

시간체계: 전 생애에 걸쳐 일어나는 역사적 사건, 사회적 변화와 같은 환경

정답 1. ①, 2. ②, 3. ②, 4. ①, 5. ③

제2부

영유아기 발달 1

제3장

영유아기 신체발달

학습목표

1. 태내기발달에 대해 설명할 수 있다.
2. 영아기 신체발달과 운동발달에 대해 설명할 수 있다.
3. 유아기 신체발달과 운동발달에 대해 설명할 수 있다.

주요용어

태내기, 신체발달, 운동발달

영유아기의 신체발달은 신비롭고 빠르게 진행되며 운동발달은 정교화된다. 기기, 걷기, 달리기, 기어오르기, 뛰뛰기, 다양한 기구 사용하기 등 새로운 운동 기능에 성취감을 느끼게 된다. 또한 호기심과 탐색 활동이 왕성하여 각종 매체를 통해 성인의 위험한 행동을 모방하기도 한다. 이러한 신체적 움직임의 즐거움과 모방능력은 영유아의 활동 범위를 넓히지만 안전사고의 위험성 또한 커지게 된다. 영유아는 성장하면서 실외에서의 활동이 빈번해짐에 따라 다양한 위험에 노출될 확률이 많아지고, 주변 환경을 전체적으로 바라보는 능력보다 자신이 하고 있는 활동에만 주의집중하게 되므로 안전사고의 가능성은 더욱 증가하게 된다.

1. 태내기발달

1) 수정과 태내발달 단계

생명의 시작은 정자와 난자가 만나 수정란을 이루는 순간부터 시작된다. 즉, 정자의 23개 염색체와 난자의 23개 염색체가 만나 46개의 염색체를 가진 생명체가 되는 것이다. 태내기는 수정된 순간 시작되어 출산으로 끝나게 되며, 태내발달의 평균 기간은 36주(9개월)이다. 수정에서 출생에 이르기까지 태내기의 발달은 배란기, 배아기, 태아기의 세 단계로 구분할 수 있다.

(1) 배란기

배란기는 수정에서 수정란이 자궁벽에 착상되는 2주까지의 시기를 말한다. 수정란은 자궁까지 세포분열을 하며 이동한다. 수정 후 1주가 되면 100개에서 150개의 세포가 되며, 세포는 두 개의 층으로 나뉘어 발달하는데 세포의 안쪽 층인 낭포는 배아로 발달하게 되고, 세포의 바깥층인 영양포는 배아를 보호하고 영양을 공급해 주는 역할을 하게 된다.

(2) 배아기

수정란이 자궁벽에 착상한 2주 이후부터 8주까지의 시기를 배아기라고 한다. 이 시기는 신체 주요 기관과 조직이 만들어지는 시기이며 태내 환경의 영향을 가장 많이 받는 시기이다. 2주가 지나면 내배엽과 외배엽의 두 개 층으로 분열되며 3주에는 중배엽이 만들어진다. 외배엽은 피부와 감각기관 및 신경조직, 머리, 손, 손톱 등으로 발달된다. 중배엽은 근육, 심장, 골격, 순환계, 배설기관 및 생식기관으로 발달되며, 내배엽은 소화기관과 간 내장 등의 기관으로 발달한다.

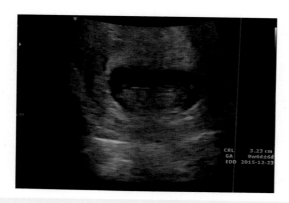

[그림 3-1] 배아기

(3) 태아기

배아기 이후 출생까지의 시기를 태아기라고 한다. 태아의 성장으로 임신 9주에 6g이던 체중이 출산 시기에는 약 3kg에서 3.5kg가 된다. 임신 기간 중에는 신장의 성장이 먼저 일어나 20주경에 최대 증가 속도를 나타내며, 체중의 증가 속도는 33주에 최대가 된다. 태아의 최초 운동은 약 15주경에 다리를 차는 형태로 나타난다. 초기에는 감지하기 어렵지만 9개월경이면 산모는 태아의 발길질을 금방 느낄 수 있다.

태반은 임신 5개월 무렵에 완성되므로 이전에는 유산의 위험이 좀 더 크다. 태아는 양수에 의해 외부세계로부터 보호를 받고, 태반을 통해 모체로부터 필요한 영양분과 산소를 공급받는다. 또한 탄산가스와 노폐물을 배출한다. 이 시기의 불균형한 태아 영양은 사산 및 미숙아 출산을 초래하기 때문에 태아는 성장을 위해 균형 있고 더 많은 영양을 필요로 한다.

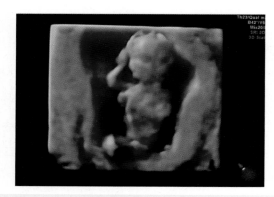

[그림 3-2] 태아기

2. 영아기 신체발달과 운동발달

1) 영아기 신체발달

(1) 신생아기 신체적 특징

① 피부

출생 후 처음 한 달 동안의 영아를 신생아라고 한다. 이 시기는 탯줄이 끊어진 후부터 배꼽이 아물 때까지이며, 산모에게서 초유가 나오는 시기이다. 신생아의 피부는 얇고 주름지고, 탄력이 부족하며, 몸 전체가 끈적끈적한 태지와 솜털로 쌓여 있다.

② 신장과 체중

우리나라 신생아의 평균 신장은 남아가 51.4cm, 여아가 50.5cm이며, 평균 체중은 남아가 3.4kg, 여아가 3.2kg이다. 신체 성장에는 유전인자의 영향이 가장 크나 영양이나 건강 상태 등과 같은 환경적인 요소도 중요하다.

신생아의 신체 비율은 머리가 키의 1/4 정도 되는 4등신으로서 키에 비해 머리 부분이 상당히 크다. 머리둘레는 약 34cm이고 가슴둘레는 약 33cm이다. 신체 비율을 보면 신생아일 때 머리가 신체의 1/4이었던 것이 2세경에는 1/5이 되며, 가슴도 출생 시에는 머리보다 작으나 생후 1년경이 되면 머리보다 더 커진다.

③ 골격

신생아의 머리 모양은 출산 시 어머니의 산도를 통과하기 쉽도록 변형되기 때문에 길쭉하거나 일그러져 보기 흉할 수 있다. 출생 시 신생아는 가슴이 둥글고 어깨가 높으며 목이 짧은데, 성장하면서 가슴이 퍼지고 갈비뼈가 구부러지기 시작하며 목이 길어지면서 어깨가 아래로 내려가게 된다.

④ 치아

유치는 태아기 때부터 턱 속에 형성되어 있다가 출생 후 약 6개월경부터 나오기 시작하는데 맨 처음에는 아래쪽 가운데 앞니 2개가 나오며 3~4개월 뒤에 윗니 4개가 나온다. 영아가 두 돌 반경이 되면 20개의 유치가 모두 나온다. 유치는 조직이 연하며 뿌리가 얕기 때문에 충치가 되기 쉽다.

(2) 영아기 생리적 특징과 반사운동

① 수유

신생아는 출생 직후부터 영양 섭취를 위한 강한 빨기반사와 삼키기반사 행동을 할 수 있을 뿐 아니라 젖을 소화하기 위한 위 분비액도 갖고 있다. 그러나 소화기관이 수직으로 형성되어 섭취물을 잘 게우기도 한다. 생후 첫 6개월 동안은 모유를 먹이는 것이 바람직한데 모유에는 여러 면역물질이 포함되어 있으며 신생아에게 필요한 영양분을 체내에서 소화되기 쉬운 농도로 유지해 준다. 특히 모유수유는 어머니와 영아 간의 빈번한 신체 접촉과 눈 맞춤을 통해서 서로에게 애정을 갖는 심리적 애착을 형성하게 해 준다. 모유수유는 아기뿐 아니라 산모에게도 이로운데 산모의 자궁수축을 도와주고 유방암도 예방해 준다.

② 이유

모유가 영아에게 가장 이상적인 음식이지만 영아가 어느 정도 성장을 하면 모유가

제공하는 영양분 이상의 음식을 공급해야 한다. 일반적으로 영아의 이유식은 특별한 경우를 제외하고 생후 약 4개월에서 6개월 사이에 시작하는 것이 좋다. 이 시기부터 유동식으로 음식을 시작하여 영아가 12개월경이 되면 고형음식으로 바꾸어 공급한다.

③ 배변

신생아의 배설은 출생 후 8~24시간 후 보게 되는 태변으로 시작한다. 태변은 장내에서 형성된 노폐물로 끈적끈적하고 냄새가 없으며 암록색 또는 암갈색이다. 일반적으로 6개월 무렵까지는 하루 2번 대변을 보고 그 이후에는 하루에 한 번씩 본다. 이에 비해 소변의 경우 생후 1년까지는 평균 2시간 간격으로 잦은 배설을 하는데 이것은 배설이 자율적 통제에 의한 것이 아니라 직장과 방광이 꽉 차면 괄약근이 자동적으로 열려 배설을 하기 때문이다.

모유를 먹으면 난황색의 풀과 같이 부드러운 변을 1일 2~4회 배변한다. 분유를 먹으면 엷은 노란색의 단단한 변을 1일 1~2회 배변한다. 아기가 점차 자라서 이유식을 하게 되면 변의 색깔도 섭취하는 음식에 따라 달라진다. 신생아의 소변은 색깔도 엷고, 냄새도 많이 나지 않는다. 출생 후 24시간 이내에 30~40g 정도의 적은 양을 배설하며, 생후 2일부터 하루 10~20회 정도 소변을 본다. 아기의 월령이 증가할수록 소변의 양은 증가하고 횟수는 줄어든다.

대변은 소변보다 빠른 15개월경부터 통제가 이루어질 수 있고, 소변은 20개월경이 되어야 통제를 할 수 있다. 대소변 훈련은 생후 18개월에서 24개월 사이에 시작되는 것이 좋다.

④ 수면

신생아는 대부분의 시간을 수면으로 보낸다. 하루의 80%가 되는 20시간 정도를 잔다. 그러나 성장하면서 잠자는 시간이 줄어들 뿐 아니라 점점 밤에 자는 시간이 길어지고 낮에 자는 시간이 짧아지게 된다. 신생아의 수면 중 50%는 REM(Rapid Eye

Movement) 수면이다. REM 수면이란 수면 동안 눈동자가 빨리 움직이고 각성 시와 같은 뇌파를 나타내며, 근육운동과 사지운동을 수반하는 불규칙적인 수면을 말한다.

영아가 성장하면서 수면 시간뿐 아니라 수면의 질에도 변화가 오는데 신생아기 전체 수면의 1/2이 되던 REM 수면이 6개월경에는 전체 수면의 약 1/3로 줄어들게 된다. 신생아 때부터 영아기에 REM 수면이 많은 이유는 REM 상태가 뇌중추에 자극을 제공하여 중추신경계의 발달을 자극하기 때문이다.

⑤ 반사운동

출생 시 대부분의 영아는 여러 가지 반사운동을 선천적으로 가지고 태어난다. 신생아의 반사운동은 신생아의 생존에 필요한 생존반사와 생존에 필수적인 능력은 아니지만 이후 의식적인 운동으로 발전하게 되는 특수반사로 나눌 수 있다.

■ 생존반사기능

신생아가 가지고 있는, 생존과 관계 있는 반사기능으로는 젖 먹기에 관련된 것, 생리적 기능을 유지하는 데 유용한 것, 위험으로부터 보호하는 것에 관련된 것들로 구분해 볼 수 있다. 신생아가 젖을 먹을 수 있도록 하는 데 필요한 반사기능으로는 신생아 볼에 가볍게 닿는 물질을 향해 머리를 돌리는 반응방향반사, 어떠한 물질이든 입술을 자극하면 빠는 빨기반사, 삼키는 반사가 있다.

생리적 기능을 유지하는 데 유용한 반사로는 기침, 재채기, 하품 등이 있다. 기침과 재채기는 호흡회로를 맑게 해 주며, 하품은 산소가 갑자기 많이 필요한 경우 다량의 산소를 제공해 준다. 위험으로부터 보호하게 해 주는 반사로는 위축반사, 동공반사, 눈을 깜박이는 반사 등이 있다.

■ 특수반사기능

생존과는 무관한 특수반사로는 바빈스키반사(Babinski reflex), 모로반사(Moro

〈표 3-1〉 **영아의 주요 반사행동**

반사 종류	내용	소실 시기
모로반사 (moro reflex)	신생아를 갑자기 치거나 자극적인 소리를 듣게 하면 깜짝 놀라 팔과 다리를 벌렸다가 오므린다.	2~4개월
파악반사 (palmar reflex)	손바닥을 건드리면 꽉 쥔다. 손에 힘이 생겨 잘 쥐게 되면 사라진다.	2~3개월
긴장성목반사 (asymmetry tonic neck reflex)	머리를 한쪽으로 돌려놓으면 마치 펜싱을 하듯 얼굴이 향하는 쪽의 팔을 쭉 뻗으면서 반대쪽 팔을 구부린다.	4~6개월
젖찾기반사 (rooting reflex)	영아의 뺨에 무언가를 갖다 대면 머리를 돌려 입을 열고 빨기를 준비한다.	3~4개월
빨기반사 (sucking reflex)	배고픈 영아의 입가에 무엇을 갖다 대면 재빨리 물고 빤다.	3~4개월
바빈스키반사 (Babinske reflex)	발바닥을 긁으면 발가락을 부채처럼 폈다가 다시 오므린다.	4~6개월
걷기반사 (stepping reflex)	영아를 세워서 발바닥이 땅에 닿게 하면 걷는 듯한 운동 반응을 보인다.	1개월
수영반사 (swimming reflex)	영아를 물속에 넣으면 숨을 멈추고 팔다리를 움직인다.	4~6개월
삼키기반사 (swallowing reflex)	입 속에 음식물이 들어오면 삼킨다.	지속
하품반사 (yawn reflex)	갑작스럽게 요구되는 산소를 공급하는 역할을 한다.	지속
기침반사 (coughing reflex)	기도를 깨끗하게 하는 역할을 한다.	지속
재채기반사 (sneezing reflex)	기침반사처럼 기도를 깨끗하게 하는 역할을 한다.	지속
동공반사 (pupillary reflex)	눈에 들어오는 빛의 양을 조절한다.	지속
눈깜박임반사 (blinkingh reflex)	눈에 강한 빛이 비치거나 물체가 급히 다가오면 눈을 감거나 깜박여 눈을 보호한다.	지속
철회반사 (withdrawal reflex)	손발에 고통스럽거나 혐오적인 자극이 가해질 때 손발을 오므리고 발을 움츠리는 반응을 보인다.	지속

reflex), 파악반사(Palmer grasp reflex), 긴장성목반사(asymmetry tonic neck reflex) 등이 있다. 이들은 진화의 흔적만을 나타내어 원시적 반사라고도 한다.

바빈스키가 발견한 바빈스키반사는 신생아의 발바닥을 긁으면 성인과 같이 발가락을 안쪽으로 오므리는 것이 아니라 순간적으로 쫙 폈다가 다시 오므리는 현상이다.

모로반사는 갑작스럽게 큰 소리가 나거나 머리의 위치가 변하면 깜짝 놀라면서 팔다리를 쫙 폈다가 다시 활처럼 구부려 오므리는 반응이다. 이 반사는 모로가 발견한 것으로 태내 90주에 출현하며, 생후 2~4개월경에 억제되어 서서히 없어진다.

쥐기반사는 파악반사라고도 하는데 신생아가 무엇이든 손에 닿으면 손을 오므려 꽉 쥐는 현상이다.

긴장성목반사는 영아의 머리를 한쪽으로 돌려놓으면 얼굴이 향하는 쪽의 팔을 쭉 뻗으면서 반대쪽 팔을 구부리는 것을 말하며, 신생아를 맨발로 세워 놓고 붙잡아 주면 마치 걷는 것처럼 다리를 움직이는 걷기반사(stepping reflex)도 있다.

특수반사 기능은 태내에서 출현하여 생후 6개월이나 최대 12개월 이후에는 억제되어 나타나지 않게 되고 대뇌피질이 발달하면서 자발적이며 의식적인 운동능력이 발달해 가게 된다.

2) 영아기 운동발달

영아의 운동발달 영역은 크게 소근육 운동(fine motor movement)과 대근육 운동(gross motor movement)으로 구분된다.

대근육 운동은 자세의 유지 및 이동을 위한 목 가누기, 뒤집기, 앉기, 기기, 서기, 걷기 등을 말하며, 영아의 행동 반경을 넓혀 주어 경험세계를 확대시킨다.

소근육 운동은 손과 팔의 사용을 조절하는 운동으로 영아의 지각능력 및 모방 기능과 관련이 있다. 소근육 운동은 눈과 손의 협응, 두 손의 협응, 사물의 조작력, 손가락의 민첩성 등을 통하여 영아가 사물을 다양하게 탐색하도록 돕는다.

(1) 대근육 발달

① 목 가누기

영아는 출생 후 머리를 가누는 능력부터 갖추게 되는데, 영아의 첫 대근육 운동발달 과제는 목 가누기라고 할 수 있다. 2~3개월경이 되면 수직으로 머리를 들 수 있게 된다.

3개월이 지나면 좌우에서 머리를 고정할 수 있어 머리를 좌우로 돌리면서 놀기 시작하고 4개월이 지나면 목을 잘 가누게 되어 손을 잡아 일으켰을 때 머리가 처지지 않는다.

② 뒤집기

영아가 목을 가눌 수 있고 몸통과 다리를 통제할 수 있게 되면 습득하는 것이 뒤집기이다. 뒤집기는 다리를 들기 시작하는 3~4개월경에 몸통과 다리를 좌우로 움직여 측면으로 눕는 행동으로 시작되고, 뒤집는 방향은 5개월경에 누운 상태에서 엎드린 상태로 뒤집는 것이 먼저 나타나며, 6~7개월경에는 반대로 엎드린 상태에서 누운 상태로 뒤집게 된다.

③ 앉기

엎치거나 뒤집기를 통해 목과 어깨의 근육이 발달하고 상체를 잘 통제할 수 있게 되면 영아는 자연스럽게 혼자 앉기 시작한다. 대부분의 영아는 생후 백일쯤 뒤에 방석이나 베개를 받쳐 주면 잠깐 동안 앉는 자세를 취할 수 있다. 영아가 혼자 앉을 수 있는 것은 6개월경이며 앉기는 영아의 시야를 확장하고 사물을 조작하는 기회를 확대시켜 준다.

④ 기기

7~9개월 사이에 영아는 팔과 팔꿈치 그리고 발의 힘을 이용하여 기기 시작하는데

영아가 손을 독립적으로 뻗는 것은 기기 발달에 있어 중요하다. 기는 행동에 있어 어떤 영아는 무릎으로 기기 전에 배로 기고, 어떤 영아는 배로 기는 단계를 뛰어넘고 바로 무릎으로 기기도 하는 등 영아들의 기기 행동은 동일한 순서로만 발달하지는 않는다.

⑤ 두 발로 서서 걷기

대부분의 영아는 8~10개월경에 손을 붙잡아 주면 설 수 있으며, 혼자서 가구 등을 붙잡고 서 있는 상태를 유지할 수도 있다. 10개월 무렵이 되면 도움 없이 혼자 설 수 있다.

걷기는 영아에게 주위환경을 탐색하게 하고 손을 자유로이 사용할 수 있게 해 주는 중요한 운동기술이라고 할 수 있다. 영아의 걸음걸이를 보면 처음에는 자연스럽지 않은 모습이다. 균형을 잡는 데 어려움이 있기 때문에 영아는 넘어지지 않기 위해 한 발은 땅에 심어 두고 다른 발은 로봇 같은 걸음으로 앞쪽으로 툭 떨어지듯이 내밀며 걷는다.

18개월 이후가 되면 영아의 움직임은 충분히 안정적이 되어 혼자 걷기를 선호하며, 걷는 동작에서 뛰는 동작으로 쉽게 변화시킬 수 있다.

⑥ 던지기와 차기

14~15개월경이 되면 많은 영아가 팔을 뻗어 머리 너머로 공을 던질 수 있으며, 차기의 경우 16개월경이 되어서야 도움을 받지 않고 공을 앞으로 찰 수 있다.

⑦ 점프하기와 기어오르기

영아의 신체 이동능력의 발달은 기기, 걷기, 달리기, 점프하기 등의 유형으로 나타나며, 이 중에서 점프하기의 발달이 다소 늦게 나타난다.

영아는 일어서기 위해 사람이나 사물을 붙잡기 시작하는 것과 동시에 기어오르는 행동을 하기 시작한다. 생후 12~18개월경의 영아들은 줄에 매달린 장난감을 잡아당길 수 있고, 손과 다리를 이용해서 계단을 올라갈 수 있게 된다. 한 발을 계단에 올린 다음 다른 발을 그 옆에 붙이는 형식으로 올라간다.

⑧ 세발자전거 타기

세발자전거 타기는 영아발달에 있어 이동과 함께 독립을 경험하게 하는 중요한 역할을 한다. 세발자전거를 타고 집에서 혹은 양육자에게서 조금씩 멀어짐에 따라 영아는 가족으로부터 독립을 경험하고 또래들과 동일시를 증가시켜 나가게 된다. 2세 영아의 50%, 그리고 3세 영아의 90%가 세발자전거를 탈 수 있다.

(2) 소근육 발달

① 팔 뻗기

영아가 손을 움직여 사물을 잡는 소근육 운동을 할 수 있기 위해서는 팔운동이 이루어져야 한다. 영아의 팔운동도 손운동과 마찬가지로 생후 4개월까지는 모로반사, 팔을 마음대로 움직이기, 손을 입으로 가져가기 등의 반사행동이 대부분을 이루고 있다.

② 잡기

영아는 2개월까지는 누워 있는 자세에서 파악반사를 보인다. 3~4개월이면 누워 있는 자세에서 물체를 양손으로 잡을 수 있게 된다. 그러나 생후 4개월까지는 감각기능의 발달이 완전하지 않기 때문에 자신이 직접 물체를 잡지 못하고 자의
적인 잡기는 생후 5개월경부터 나타나기 시작한다.

처음에는 손바닥 전체로 물체를 잡는 형태가 나타나며, 5개월 이후에 신체 중심과 가까운 손목, 손바닥, 손가락으로 발달이 순차적으로 진행되면서 엄지와 검지손가락을 사용한 잡기가 가능해진다.

③ 그리기

그리기 발달에 대한 켈로그(Kellogg, 1970)의 연구에 의하면 영유아의 그리기 과정은 끄적거리기, 도형 그리기, 도안의 단계, 그림의 단계로 발달해 간다. 끄적거리기 단계는 2세경에 나타나는데 영아는 대부분 직선을 선택적으로 사용하여 반복적으로 그린다. 3세경부터 시작되는 도형 그리기 단계에서는 원, 사각형, 삼각형 같은 간단한 도형을 그리기 시작한다. 도안의 단계에서 영아들은 물리적 사물을 대략적으로 그릴 수 있게 된다. 마지막 그림의 단계에 도달하면 유아는 그림을 제법 잘 그리게 된다.

3. 유아기 신체발달과 운동발달

1) 유아기 신체발달

유아기의 신체 성장속도는 영아기에 비해 느린 편이지만 기능 면에서는 운동능력의 비약적인 발달이 이루어지며 정교화된다. 출생 시 평균 50cm인 신장은 매년 3~7cm 정도씩 성장하며, 체중은 2~3kg씩 증가한다. 유아기에도 영아기와 같이 머리가 몸에 비해 상대적으로 크다.

출생 시의 키와 성인이 되었을 때의 키의 상관관계에 대한 통계는 거의 없지만, 유아기의 키와는 상관관계가 있어 유아기 때의 키가 성인의 키를 예측할 수 있는 지표로 사용될 수 있다. 신체성 장애는 유전인자의 영향이 가장 크지만 영양이나 건강 상태와 같은 환경적 요인도 매우 중요하다. 발달의 모든 면과 같이 신체발달도 개인차가 나타난다. 유아기 동안 남아는 여아보다 키가 크고 몸무게도 더 나가며, 이러한 차이는 사춘기까지 지속되고 성인기에도 영향을 주게 된다.

치아의 경우, 태아기 때부터 턱 속에 형성되어 있다가 개인차는 있지만 6개월경이 되면 가운데 앞니 아래쪽 2개가 먼저 나오기 시작한다. 2세 반에서 3세가 되면 유치 20개가 모두 나와 무엇이든 마음대로 씹을 수 있게 된다. 유치는 조직이 연하고 뿌리가 얕기 때문에 충치가 되기 쉽다. 6세 정도면 유치는 빠지고 영구치가 새로 나게 된다. 부모들 중에는 유치는 빠지고 영구치가 나기 때문에 유치에 대해 신경을 쓰지 않는 경우가 있는데, 유치의 상태가 영구치에 그대로 영향을 주기 때문에 충치 예방을 위해서도 양치질하는 습관을 길러 주고 유치부터 잘 관리해 주는 것이 필요하다.

2) 연령별 유아 신체발달 특징

(1) 3세의 신체발달

3세가 되면 세발자전거를 탈 수 있으며 수레를 밀거나 정글짐에 오르기를 할 수 있게 된다. 달리기를 할 때도 영아기와 달리 자신의 신체를 통제할 수 있게 되어 출발과 멈출 때 다른 사람이나 사물에 부딪히지 않게 조절할 수 있게 된다.

〈표 3-2〉 3세아 대근육과 소근육발달

대근육발달	소근육발달
• 대근육을 사용한 놀이를 즐기며 몸의 균형이 증가된다. • 반듯한 선을 따라 걸을 수 있다. • 발을 바꾸어 가며 계단 오르내리기를 할 수 있다. • 얕은 평균대를 걸을 수 있다. • 앞, 옆, 뒤로 걸을 수 있다. • 한 발을 들고 서서 몇 초 동안 균형을 잡을 수 있다. • 발끝으로 걸을 수 있다. • 세발자전거를 탈 수 있다. • 혼자 옷을 벗을 수 있다.	• 손과 눈의 협응력이 발달하여 한 눈을 감고 물건을 집을 수 있다. • 간단한 모양을 쉽게 그릴 수 있다. • 연필을 잘 잡는다. • 원을 그리며 글자를 보고 그릴 수 있다. • 사람을 그릴 때 머리와 몸통 두 부분으로 나누어 그린다.

간혹 놀이에 열중하다 화장실 가는 것을 잊어버리는 경우가 있어 교사나 부모의 지도가 필요하다. 배설욕구를 적절히 조절하지 못하여 실수를 하게 되고, 옷을 입고 벗는 기본생활을 위한 신체적 기술이 아직은 부족한 특징이 있다. 양손 사용이 보다 익숙해지고 유능해져서 감각과 눈, 운동 협응력이 필요한 끈 매기, 가위질하기 등의 활동도 혼자서 할 수 있게 된다.

(2) 4세의 신체발달

4세가 되면 영아기적 특징에서 벗어나 유아기적 특성이 전체 발달에서 나타나게 된다. 특히 놀이에서 또래와의 상호작용이 활발해지며 호기심을 가지고 탐색하려는 욕구가 증가하는 시기이다. 대근육활동이 더욱 활발해지고 소근육은 더욱 정교해지는 특징을 보인다.

〈표 3-3〉 4세아 대근육과 소근육발달

대근육발달	소근육발달
• 도와주면 발을 교대로 바꾸면서 긴 계단을 내려올 수 있다. • 친구와 공을 주고받을 수 있다. • 음악에 맞추어 춤을 출 수 있다. • 5초간 한 발로 서 있기를 할 수 있다. • 미끄럼 타기, 기어오르기 등 대근육의 기본적인 운동기능이 모두 가능하다. • 물컵에 물을 받아 흘리지 않고 운반할 수 있다.	• 옷 입고 벗기, 단추 끼우기, 지퍼 올리고 내리기, 혼자 먹기 등 자조기술이 발달한다. • 선을 따라 가위질을 할 수 있다. • 실을 끼워 바느질을 할 수 있다. • 사각형, 삼각형 등을 그리고 간단한 단어도 쓸 수 있다. • 사람을 머리, 몸통, 팔, 다리로 구분하여 그릴 수 있다. • 상을 차리고 치울 수 있다.

(3) 5세의 신체발달

5세는 대근육의 발달로 뛰기, 달리기, 균형 유지하기가 가능하며 두발자전거를 탈 수 있다. 소근육 조절도 보다 자유롭게 되어 작은 크기의 퍼즐 조각을 다룰 수 있으며, 주사위 던지기, 게임판 사용, 쓰기 등을 할 수 있게 된다.

〈표 3-4〉 5세아 대근육과 소근육발달

대근육발달	소근육발달
• 8~10초간 한 발로 서 있을 수 있다. • 두발자전거, 인라인 스케이트를 탈 수 있다. • 효과적으로 출발, 회전, 멈추기를 자유롭게 할 수 있다. • 발을 교대로 바꾸면서 도움 없이 긴 계단을 내려올 수 있다.	• 글쓰기와 그림 그리기가 세련되어진다. • 가위질이 능숙해지고 네모를 자른다. • 종이를 접어 봉투에 넣을 수 있다. • 사람의 머리, 몸통, 팔, 다리와 얼굴을 세밀하게 그릴 수 있다. • 사선을 능숙하게 그릴 수 있다.

3) 뇌의 성장

(1) 뇌의 구조

뇌에서 뇌 무게의 80% 이상을 차지하는 대뇌피질은 고등정신기능을 다루는 부분으로 언어, 학습, 지각, 사고와 같은 지적인 기능에 영향을 준다. 대뇌피질은 자발적인 운

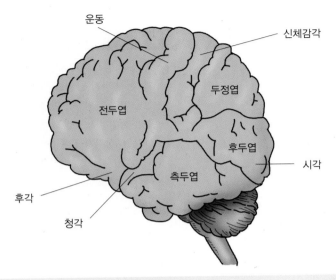

[그림 3-3] 뇌의 구조

동과 사고와 관련된 전두엽, 시각을 통제하는 후두엽, 청각기능과 복잡한 지각작용을
처리하는 측두엽, 공간적인 지각과 신체감각에 대한 정보를 처리하는 두정엽으로 나
뉜다.

유아기의 두뇌발달(brain development)은 이후 신체, 인지, 정서발달의 기초가 된다.
3세경에는 뇌의 무게가 성인의 90%에 이르게 되고 뇌의 크기는 6세경에 거의 성인과
비슷한 수준으로 발달하며 각 부분의 기능적인 발달과 성장은 성인기까지 지속된다.

대뇌피질은 연령이 높아짐에 따라 회백질이 영역별로 밀도가 달라지게 된다. 회백
질의 밀도는 유아기에는 증가하지만 사춘기 전후에는 회백질의 밀도가 감소하게 된다.
뉴런과 뉴런이 연결되어 시냅스를 이루고 시냅스는 자극을 받지 못하거나 이용하지 않
는 것을 없앰으로써 기능을 정교화시키는 가지치기를 통해 신경회로의 정교화가 이루
어지고 회백질의 밀도도 감소하게 되는 것이다.

(2) 뇌의 편측성

뇌는 두 개의 반구체(hemisphere)로 나뉘어 있는데 모양은 서로 비슷하지만 각기 다
른 기능을 수행하며 신체의 다른 영역을 통제한다. 이를 뇌의 편측성(lateraliation)이라
고 하며, 각기 다른 기능을 하는 뇌의 편측성은 유아기에 이미 나타난다.

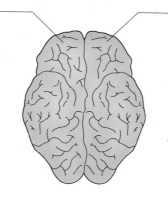

왼쪽 뇌가 잘하는 일	오른쪽 뇌가 잘하는 일

왼쪽 뇌가 잘하는 일

말하는 일
읽기, 쓰기
계산
소리나 음의 인식

오른쪽 뇌가 잘하는 일

그림 구성
음악
풍부한 표현
표정을 읽는 일

좌뇌

언어적 사고와 판단
많은 정보에서 체계적 추리
이성, 지성
논리적
분석적
합리성
규범, 억압
유교적
의식

우뇌

시각적, 이미지적 사고와 판단
하나의 정보로 전체를 파악
감성
직감적, 감각적
공간적, 도형적
비합리성, 신비성
무규범, 자유로움
무교적
무의식

[그림 3-4] 우반구와 좌반구

좌반구는 신체의 오른쪽을 통제하며 언어, 과학, 수학과 같은 논리적이고 분석적인 정보와 말하기, 읽기, 쓰기 등의 언어능력에 기초를 두고 추론, 논리적 사고를 선호한다. 또한 긍정적인 감정의 표현을 담당한다. 신체 왼쪽을 통제하는 우반구는 음악과 미술, 공간지각, 촉각, 창의력에 관한 정보를 처리하며, 부정적 감정의 표현을 담당하는 중추를 가지고 있다. 좌뇌는 3~6세에 성장속도가 빠르다가 6세 이후에는 안정상태로 발달하며 우뇌는 8~10세경에 급성장이 일어나고 이후에는 완만히 성숙하게 된다.

뇌량은 두 개의 반구를 연결하는 구조를 말하는데, 각각의 기능을 통합하는 역할을 한다. 2~8세 사이에 뇌량의 수초화가 이루어지면 두 개의 반구 간에 정보의 교환과 협응이 원활해진다(Yakovlev & Lecours, 1967). 좌반구와 우반구 간의 협응은 여러 가지 정교한 운동기술을 증가시킨다.

〈표 3-5〉 우뇌와 좌뇌의 기능적 특성

우뇌(right hemisphere)	좌뇌(left hemisphere)
• 시각적 · 공간적인 정보를 선호 • 이미지 기억, 사진 기억에 강함 • 전체적인 윤곽부터 바라봄 • 언어 이해 • 유사성을 찾음 • 추측 • 정서를 자유롭게 표출 • 자발적-유동적 • 감정경험 지향적 • 스포츠(흐름과 리듬) • 예술(이미지, 정서, 흐름, 동작) • 음악(열정, 리듬, 이미지)	• 논리적이며 분석적으로 정보처리 • 언어에 기초를 둔 사고 • 명료하고 논리적인 사고 선호 • 부분부터 바라봄 • 구문론과 의미론 • 차이를 찾음 • 글자와 문장, 수 • 분석-직관적 • 감정을 조절 • 계획적, 구조적 • 언어지향적, 미래지향적 • 스포츠(손, 눈, 발의 위치) • 예술(재료, 도구사용, 방법) • 음악(음표, 박자, 속도)

출처: 신명숙(2012).

4. 유아기 운동능력 발달

운동능력은 몸을 움직일 때 사용하는 근육의 크기에 따라 대근육과 소근육운동으로 구분하기도 하고, 형태와 관련된 움직임과 능력과 관계된 운동으로 구분하기도 한다. 신경작용에 따라 감각운동과 지각운동으로 구분할 수도 있다.

1) 대근육운동 발달

대근육운동은 몸통이나 팔다리를 움직이는 운동으로 유아기는 신경계통이 점차적으로 성숙해지고, 대근육과 소근육이 발달함으로써 몸을 움직일 수 있는 이동운동과 조작기능이 발달하게 된다. 유아기 후반에는 몸을 움직이는 것이 거의 성인과 비슷할 정도로 자유롭게 된다.

(1) 걷기와 달리기

유아에 따라 개인차가 있지만 대부분 성인의 도움 없이 12개월에서 14개월경에는 걸을 수 있고, 2~3세 사이에 달리기(running)를 시작한다. 초기 걷기(walking) 단계에서는 팔을 올리고 발바닥으로 터벅거리며 걷기 시작하다가 점차 보폭이 길어지고 팔 흔들림이 적어지며 발뒤꿈치가 지면에 먼저 닿게 된다. 3세경에는 달릴 때 균형이 없고 불안정하지만 5세쯤 되면 성인의 동작과 비슷하게 달릴 수 있고, 달리다가 갑자기 멈추는 등의 속도 조절도 조금씩 가능해지며 갑자기 멈춰도 넘어지지 않는다. 6세가 되면 더욱 탄력적으로 달리게 된다.

(2) 뛰기

뛰기(jumping)는 한발뛰기, 두발뛰기, 멀리뛰기, 높이뛰기, 뛰어내리기 등을 포함하며, 2세 전에는 한 발로 뛸 수 있고 2세에는 두 발로 뛸 수 있다. 3세에는 멀리뛰기를 해서 착지할 때 팔을 뒤로 흔들기 때문에 뒤로 넘어지기도 한다. 4세경에는 계단, 탁자, 난간 등에서 뛰어내리는 것이 가능하고, 5세경에는 90cm 정도의 멀리뛰기와 30cm 정도의 높이뛰기도 가능하다.

(3) 계단 오르내리기

유아기에는 계단을 오를 때 발을 번갈아 가며 올라갈 수 있다. 계단을 내려오는 것은 계단을 올라갈 때보다 균형을 잡기가 더 어렵기 때문에 4세 전에는 발을 번갈아 가면서 내려오지 못하지만, 균형을 잡고 5~8초 정도 한 발로 설 수 있고 양발을 교대로 계단을 내려올 수도 있다.

(4) 던지기와 받기

두 손을 사용하여 던지기를 하던 영아기와는 달리 유아기에는 공을 한 손으로 던질 수 있고 팔과 어깨를 이용해 공을 던지고 팔꿈치를 구부려 가슴으로 받을 수 있다. 던지기와 함께 던져진 물건을 받기 위해서는 이동운동능력과 안정운동능력뿐 아니라 눈과 손의 협응력과 조절력이 모두 필요하다. 2세경에는 공을 받기 위해 팔을 뻗지만 잘 받지 못한다. 3세경에는 팔꿈치를 구부려 받을 자세를 취하고 가슴으로 공을 받는다.

4~5세경에는 공의 움직임을 따라 받을 준비를 하며, 5~6세경에는 손바닥으로 공을 받을 수 있게 된다. 유아기의 운동능력은 자아개념의 형성과 또래와의 관계에 중요한 역할을 한다. 특히 남아의 경우 운동을 잘하면 자신감을 갖게 되고, 또래의 인정을 받으며, 적극적인 인간관계를 맺어 가는 원동력이 되기도 한다.

2) 소근육운동 발달

유아기의 소근육운동은 눈과 손의 협응에 의해서 발달하기 때문에 손의 사용이 점점 정교해진다. 그러나 유아기는 대근육운동 기술보다 소근육운동 기술을 습득하는 것이 더 어렵다. 소근육운동 기술은 여아가 앞서는 반면, 대근육운동 기술은 남아가 우세하다. 소근육운동 발달을 위해서는 눈과 손의 협응이 일어나는 다양한 조작활동을 체험할 수 있도록 지원하는 것이 필요하다.

(1) 그림 그리기

소근육 운동기술의 대표적인 예는 그림 그리기를 들 수 있다. 눈과 손의 협응이 되어 무언가를 잡을 수 있게 되면 크레파스나 연필 등의 도구를 사용하여 그림 그리기가 이루어진다. Kellogg(1969)는 유아의 그림발달단계를 4단계로 제시하였다.

① 끄적거리기 단계

1단계(1세 반~2세)는 뚜렷한 형태가 없는 점이나 선을 그리는 끄적거리기 단계 또는 낙서단계이다. 영아들은 크레파스나 사인펜을 잡고 손을 움직여 종이에 끄적거리기를 좋아한다. 손가락 전체로 혹은 손바닥으로 도구를 잡고 끄적거리기를 시작하는데, 이는 소근육발달에 도움을 주게 된다. 2~3세가 되면 엄지와 검지 및 중지를 사용하게 된다. 이후에 끄적거리기의 형태도 직선, 나선, 곡선, 원으로 발달한다.

② 도형단계

2단계(2~3세)에는 원, 삼각형, 사각형 등의 단순한 기하학적 형태를 그리는 단계로 발전한다.

③ 디자인 단계

3단계(3~4세)는 직선이나 곡선, 단순한 형태를 합하여 무늬를 그리는 단계이고, 두 가지 혹은 세 가지 도형을 조합하여 그림을 그리기 시작한다. 원 속에 삼각형이나 사각형을 그리거나 사각형 속에 뭔가 다른 도형을 그려 넣기도 한다.

④ 회화단계

4단계(5~7세)에는 사물, 동물, 자동차, 집 등 실제 사물을 표상하는 그림을 그리기 시작한다. 또한 사람의 눈, 코, 입 등 세부적인 부분도 자세히 묘사하여 표현하는 단계로 성숙된다.

(2) 글씨 쓰기

유아의 쓰기활동은 끄적거리기를 하면서 시작된다. 유아의 쓰기활동은 눈과 손의 협응력과 잡기 능력의 성숙도 영향을 미치지만 사회문화적 요소에 따른 영향력도 크다고 할 수 있다. 학습 분위기를 강조하는 가정과 문화권에서는 일찍부터 유아들의 쓰기활동이 시작된다. 3세경에 원이나 수직선, 수평선 등을 따라 그리고, 3~4세경에는 글자의 형태를 사각형, 삼각형, 원으로 그리며 자신의 이름 쓰기가 나타난다.

〈표 3-6〉 유아의 글쓰기 능력 발달

연령	수행과제
3세	수직선, 수평선, 원 그리기
4~5세	사각형, 대각선, 글자와 숫자, 자기 이름 따라 쓰기
5~6세	삼각형, 자기 이름 쓰기, 영어 대문자와 소문자 쓰기

요 약

1. 영아기는 반사행동이 점차 의도적인 행동으로 발달해 가며 유아기는 신체와 운동발달이 정
교화되는 시기이다. 3세는 영아기적 특징이 나타나지만 세발자전거를 탈 수 있고 자신의 신
체를 어느 정도 조절할 수 있게 된다. 4세는 또래간의 관계가 확장되며 소근육이 정교화되
어 가위질을 할 수 있고 그림도 좀 더 세밀하게 나타난다. 5세에는 두발자전거를 탈수 있고
자신의 신체를 세련되게 통제할 수 있게 된다.

2. 영유아기의 두뇌발달(brain development)은 이후의 신체적 · 인지적 · 정서적 발달의 기초
가 된다. 시냅스는 2세경까지 지속적으로 증가하다가 그 이후에 감소되기 시작한다. 3세경
에는 뇌의 무게가 성인의 90%에 이르게 되고 뇌의 크기는 6세경에 거의 성인과 비슷한 크
기로 발달하며 각 부분의 기능적인 발달과 성장은 성인기까지 계속된다. 영유아기에 뇌는
수초화와 시냅스 밀도가 증가함으로써 그 크기가 커져 정보 전달속도가 빨라지고 효율성이
높아진다.

3. 영아기는 신체발달의 속도가 가장 빠른시기이며, 감각발달의 자극이 중요한 시기이다. 영유
아기 운동발달은 대근육과 소근육으로 구분할 수 있다. 대근육은 걷기, 뛰기, 오르기, 던지
기와 받기 등 큰 근육을 사용한다. 소근육은 손과 눈의 협응력이 필요하며 그림 그리기, 쓰
기 등의 발달이 이루어진다.

1. 다음 중 두발자전거를 탈 수 있고 그림에서 머리, 몸통, 팔다리와 얼굴의 세밀한 부분이 묘사되는 연령은?

   ① 2세   ② 3세
   ③ 4세   ④ 5세

   해설 두발자전거를 탈 수 있고 그림에서 머리, 몸통, 팔다리와 얼굴의 세밀한 부분이 묘사되는 연령은 5세이다.

2. 대근육활동에 속하지 않는 것은?

   ① 미끄럼 타기   ② 달리기
   ③ 그림 그리기   ④ 걷기

   해설 그림 그리기는 소근육발달을 위한 활동이다.

3. 다음 중 뇌발달에서 두 개의 반구를 연결하는 것은?

   ① 뇌량   ② 전두엽
   ③ 편도   ④ 뇌피질

   해설 뇌발달에서 두 개의 반구를 연결하는 것은 뇌량이다.

정답 1. ④, 2. ③, 3. ①

제**4**장

감각 및 지각의 발달

☀️ **학습목표**

1. 영아 감각발달(시각, 청각, 미각, 후각, 촉각)에 대해서 학습하고 설명할 수 있다.
2. 영아 지각발달(시지각, 청지각)에 대해서 학습하고 설명할 수 있다.

☀️ **주요용어**

시지각발달, 형태지각, 깊이지각, 색채지각, 대상지각,
감각 간 지각, 청지각발달

인간이 귀, 눈, 혀, 코, 피부 등의 감각 기관을 통해 자극(빛, 소리, 접촉 등)을 받아들이는 과정을 감각(sensation)이라 한다. 그리고 감각 기관을 통해 들어온 물리적 자극이 부호화된 신경 신호를 선택하여 조직화된 정보를 해석하는 과정을 지각(perception)이라 한다.

감각 기관을 통해 들어온 정보를 처리하고 해석하는 지각 능력은 뇌 발달과 환경과의 상호작용 경험을 통해 생후 첫 몇 년 동안 급속히 발달한다. 영아의 감각은 제일 먼저 촉각, 그다음은 미각-후각-청각-시각 순으로 그 시기마다 꼭 필요로 한 만큼 발달한다. 영아의 감각 및 지각능력은 운동능력과 밀접하게 연결되어 자신을 둘러싼 세상을 탐색하고 학습하는 주요 수단이며, 다른 영역의 발달과 상호 관련되어 발달한다. 예컨대, 타인과의 촉각, 시각, 청각적인 상호작용 경험은 정서와 사회성발달의 기초를 형성하며, 증진된 청각적 민감성과 주의력은 모국어의 습득을 도와준다. 또한 여러 감각 양식으로 지각되고 습득된 물리적·사회적 지식은 인지발달의 토대를 구성해 준다.

1. 영아 감각발달

1) 시각

인간은 주변 환경을 탐색하기 위해서 여러 감각보다 주로 시각에 의존한다. 그럼에도 불구하고 영아의 시각은 여러 감각 중에서 가장 늦게 발달한다. 신생아는 성숙되지 않은 시각구조로 시력이 좋지 않고, 초점을 맞출 수 없어서 사물이 세밀하게 구별되지 않는다. 이유는 성인만큼 조밀하게 발달하지 못한 망막구조로 효과적으로 빛을 흡수하지 못하기 때문이다([그림 4-1] 참조).

시력 측정 결과, 생후 1개월 영아들은 시력이 매우 낮아서(20/400~20/600), 20피트(feet) 떨어진 거리에서 대상을 지각하게 되는데, 이것은 마치 성인이 600피트 거리에서 지각하는 것과 같다(Slater et al., 2010). 결과적으로 영아는 양육자 얼굴을 바로 앞

(a) 망막 구조

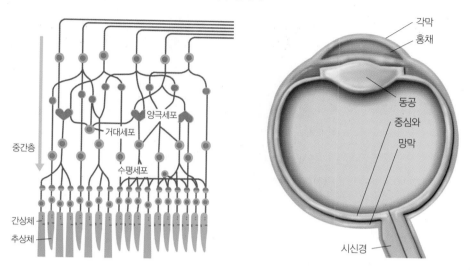

(b) 신생아, 성인의 추상체 세포 모양

성인의 추상체　　　　　　　　신생아의 추상체

(c) 신생아와 성인의 추상체 세포 배열 모양

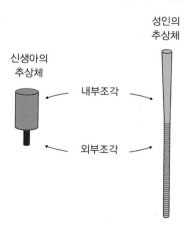

[그림 4-1]　**망막 구조와 신생아의 망막 추상체 세포의 구조와 배열**

출처: (a) Gazzaniga & Heatherton(2003), p. 134. (b), (c) Goldstein(1996): 정찬섭 외 공역(1999), p. 91에서 재인용.

(왼쪽부터 생후 1개월, 2개월, 3개월, 1년 때)

[그림 4-2] 생후 1년 동안 시각적 예민성의 증진

출처: Santrock(2011), p. 158: 이영 외(2015), p. 194에서 재인용.

에서 보더라도 흐릿하게 지각한다([그림 4-2] 참조). 또한 얼굴 표정은 거의 구분하지
못하다가 생후 3개월 정도가 되어야 얼굴 표정을 볼 수 있게 된다(LaBarbera, Izard,
Vietze, & Paris, 1976; Young-Brown et al., 1977).

생후 4개월 영아들은 분명한 색상들로 빨강, 파랑, 노랑 등의 색상들을 인식할 수
있다. 이 시기의 영아들은 스스로 안구의 움직임을 통제할 수 있어서 주변세계의 사물
을 보다 자세히 보고 스캐닝할 수 있게 된다. 결론적으로 자세히 보는 것은 지각이 향
상되어 색채지각, 깊이지각, 형태지각, 대상지각 등이 성숙된 결과라고 볼 수 있다.

2) 청각

영유아의 청각은 출생 이전부터 듣기(hearing) 감각이 발달하며, 소리 민감성은 생
후 첫 몇 개월에 걸쳐서 점점 향상된다. 출생 전에는 엄마의 양수를 통과한 소리를 듣
기 때문에 출생 후 지각하는 소리와는 다를 것이다(Mercer, 1998). 출생 직후에는 민감
성 향상으로 넓은 범위의 소리를 들을 수 있다(Tharpe & Ashmead, 2001).

출생 후 영아의 소리 반응성은 환경에 대한 탐색을 가능하게 한다. 출생 시 영아들은
특히 사람의 목소리와 같은 복잡한 소리를 선호하는데, 생후 2주경이면 사람의 목소리
와 다른 소리를 분별할 수 있게 되고, 3주경 신생아의 반응성은 낯선 사람이나 아버지
의 목소리보다 어머니(주 양육자)의 목소리에 더 민감하다. 그런데 신생아들이 지각하
는 가장 낮은 소리는 성인이 들을 수 있는 소리보다 좀 더 크게 들리기 때문에 신생아

에게 말을 걸 때는 낮은 말소리보다는 높은 소리로 말하는 것이 더 좋다. 특히 높은 음의 엄마 목소리을 선호하며, 엄마의 말에 특별하고 민감하게 반응한다. 그 이유는 엄마와의 유대감을 형성하여서 자신에게 더 말을 하도록 유도하기 원하기 때문이다.

한편, 영아들은 단어를 재인하는 방법을 터득하게 된다. 생후 4개월 반이 되면 자신의 이름을 부르는 소리 쪽으로 고개를 돌리며, 다른 이름을 부르는 소리에는 고개를 돌리지 않는다. 이는 신생아들이 자주 들었던 단어들을 생후 초기부터 인식하고 있다는 것을 의미한다(송길연, 장유경, 이지연, 정윤경, 2006).

생후 1년에 걸쳐서 모국어의 소리를 학습해 나가며, 생후 5개월 된 영아는 모국어 어절의 강세 패턴에 민감하게 반응한다(Weber, Hahne, Friedrich, & Friederici, 2004). 생후 6~8개월경에 이르면 모국어에서 사용되지 않는 소리들을 변별해 낼 수 있다(Anderson, Morgan, & White, 2003; Polka & Werker, 1994). 7~9개월에는 의미를 알아내는 민감성이 발달되며, 소리의 흐름을 단어와 같은 단위들로 쪼개기 시작한다(Saffran, Werker, & Werner, 2006). 언어구조를 지각하는 능력이 발달되어 말의 흐름에 대한 패턴을 분석할 수 있게 된 영아는 12개월 정도에 말 속의 정서적 정보를 파악하기 위해 청각과 시각 자극을 연합할 수 있게 된다(Saffran et al., 2006).

3) 미각

미각은 출생 이전부터 발달하여, 출생 시에는 다양한 맛을 구분하는 것이 가능하게 된다. 냄새와 맛에 대한 감각은 출생 시부터 이미 존재하는데, 그중 미각은 출생 이전에도 존재한다(Doty & Shah, 2008). 출산 직전 양수에 단맛을 내는 사카린을 첨가하게 되면서, 태아의 삼키기 반응이 증가한다(Windle, 1940). 이런 반응은 생존에 중요한 역할로 볼 수 있는데, 신생아는 단맛을 선호하고 시거나 쓴맛에는 얼굴을 찡그리거나 거부하는 반응을 나타낸다. 즉, 신생아 초기 성장에 필요한 모유가 단맛이기 때문에 단맛에 대해 긍정적인 평가를 하게 되고, 쓴맛은 거부함으로써 생존과 관련된 적응적 능력을 가진다. 생후 4개월에는 밋밋한 물맛보다 짠맛을 선호하게 되는데, 이 변화는 영아가 이제 이유식을 받아들일 준비가 되어 있음을 알려 준다(Mennella & Beuchamp, 1998).

한편, 특정한 입맛을 결정하는 요소가 나타나는데, 임신 기간 동안 또는 수유 동안 당근 맛을 접했던 영아들은 접해 보지 못한 영아들에 비해 당근이 첨가된 이유식을 훨씬 더 좋아한다(EBS 아기성장보고서, 2009). 따라서 다양한 미각발달을 위해 다양한 음식을 제공해야 한다.

4) 후각

인간의 후각은 다른 동물에 비해서는 덜 발달되어 있지만, 후각 역시 촉각만큼이나 출생 초기부터 먼저 발달되는 감각이다. 포유동물의 후각발달은 어미와 새끼를 서로 알아보게 해 주고 포식자로부터 자신의 새끼를 보호해 주는 중요한 역할을 한다. 인간 역시 생존을 위한 신생아의 냄새 구별 능력에서 이를 확인할 수 있다. 생후 며칠 이내에 좋은 냄새와 나쁜 냄새를 구별할 수 있는데, 예를 들어 영아는 바나나 혹은 딸기 냄새에는 기분 좋은 표정을 보이지만, 썩은 계란이나 상한 생선 냄새에는 얼굴을 찡그리고 바로 고개를 돌리면서 회피 반응을 보인다(Doty & Shah, 2008; Steiner, 1979). 모유

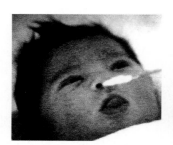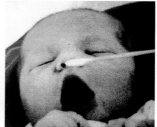

(a) 아니스를 섭취한 엄마의 신생아 반응

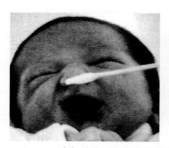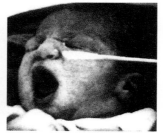

(b) 아니스를 섭취하지 않은 엄마의 신생아 반응

[그림 4-3] 임신 중 모체의 아니스 섭취 여부에 따른 아니스 향에 대한 신생아의 반응
출처: Berk(2013), p. 154.

수유를 하는 생후 4일 된 영아는 다른 여성의 젖 냄새보다 엄마의 모유 냄새를 선호한다(Cenroch & Porter, 1985).

또한 엄마가 임신기 동안 먹은 음식이 양수 냄새에 영향을 줄 수 있다. 예를 들어, 프랑스 알자스 지방의 경우 음식물의 풍미를 더하기 위해 아니스 향을 자주 사용하는데, 실험에서 보면, 이 지방의 신생아들은 아니스 냄새가 나는 쪽으로 고개를 돌리는 반면, 엄마가 아니스 향이 가미된 음식을 먹지 않았던 신생아들은 찡그린 얼굴 표정을 지으며 얼굴을 돌린다(Schaal, Marlier, & Soussignan, 2000).

5) 촉각

촉각은 초기부터 가장 먼저 발달되는 감각 중의 하나이며, 중요한 감각이기 때문에 임신 10주가 되면 피부신경이 나타난다. 임신 4개월경이면 촉각을 관여하는 뇌의 부분에서 촉감을 느낄 수 있게 된다. 촉각은 엄마와 태아의 가장 기본적인 상호작용 수단이 되며, 생후에 엄마들이 자연스럽게 신생아의 뺨이나 손을 쓰다듬어 주는 촉각적 자극은 아기의 신체적 성장을 촉진해 줄 뿐만 아니라, 영아가 살아가야 하는 세상에 대한 긍정적 정서 경험을 갖게 해 준다.

어린 원숭이는 음식물을 제공하는 것보다 신체적 접촉을 선호하였다는 할로우(Hariow, 1962)의 유명한 원숭이 실험 결과에서 볼 수 있듯이 엄마의 신체 접촉을 통한 자극은 영아의 생존과 전인발달에 큰 기여를 하게 된다.

출생 시 영아는 오로지 입을 사용하여 사물을 감지할 수 있다. 즉, 신생아의 손바닥, 발바닥, 입 주변의 접촉에 대한 반사 행동들은 촉각적 감수성을 보여 주는 것이다. 입 속에 퍼져 있는 촉각 신경은 손끝보다 두 배나 많기 때문에 영아는 입에 닿는 물체의 모든 질감과 크기 그리고 모양까지 알아낼 수 있으며, 뿐만 아니라 촉감, 온감, 냉감, 통감 등도 모두 느낄 수 있다. 입을 이용한 탐색은 생후 6개월에 최고조에 이르게 되고 이후 손을 사용하여 물체를 살피는 경험이 많아지면서 입을 사용한 탐색은 점점 사라지게 된다.

출생 시 신생아의 뇌는 미분화발달 상태여서, 영아가 통증을 못 느낀다고 생각하였는데, 최근 들어, 출생 시부터 고통에 매우 민감하다는 것이 알려졌다. 고통은 우리에

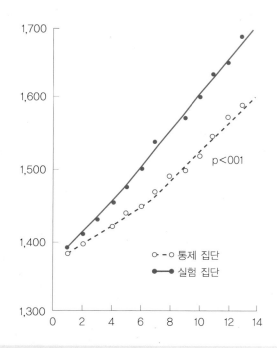

[그림 4-4] 촉각적 자극(마사지)이 영아의 체중 변화에 미치는 효과

출처: Field(1990): 박성연, 이영 공역(1997), p. 131에서 재인용.

게 해로운 활동을 중단시켜 주는 경고 체계를 만들어 주기 때문에 고통민감성은 생존에 유용하며 중요하다. 그러나 지나친 고통은 심리생리적 반응의 급격한 변화를 유발시킨다. 예를 들어, 마취 없이 할례를 받는 신생아들의 경우 고통으로 찢어질 듯한 고음 울음, 심장박동률과 혈압의 급격한 상승, 동공 확장 등의 반응을 보였다(Lehr et al., 2007; Warnock & Sandrin, 2004). 따라서 지나친 고통은 영아의 스트레스 호르몬과 관련된 신경계를 압도하여 도리어 일상적인 스트레스 통제 능력을 붕괴시킬 수 있다. 고통에 대하여 지나치게 민감하게 반응하게 되고, 수면장애, 수유상의 문제, 분노 조절 등의 어려움이 나타날 수 있다(Mitchell & Boss, 2002). 영아가 고통으로 보챌 때 엄마가 영아의 몸을 천천히 쓰다듬어 주거나 엄마 가슴에 꼭 안아서 토닥토닥 두드려 주는 편안한 보살핌이 필요하다.

모유 수유 시 영아를 부드럽게 안아 주는 것은 의학적 처치로 인한 고통을 덜어 주는 효과적 방안이 될 수 있다. 젖 냄새와 당 용액은 영아의 디스트레스 수준을 낮추면서 아기의 통증을 빠르게 감소시킨다(Nishitani et al., 2009, p. 195).

한편, 영아는 온도 변화에 대해서도 매우 민감하게 반응하며, 보통 체온보다 높은 온도 또는 낮은 온도에 상당히 민감하다. 평소와는 다르게 겨울에 문을 열어서 갑자기 방 안 온도가 낮아지거나, 영아의 옷을 갈아입힐 때 성급하게 옷을 다 벗겨 놓으면 울면서 고통을 호소하게 된다.

2. 영아 지각발달

1) 시지각발달

(1) 형태지각

　　형태지각(pattern perception)은 시각적 영상이 단순히 전달되는 것이 아니라, 감각 정보가 통과하면서 인간에게 의미가 있도록 지각적 추론을 한 결과라고 볼 수 있다. 대상의 시각적 형태(패턴)는 뇌가 정보 형태를 알 수 있는 가장 두드러진 표상의 단서이다.

　　신생아가 시각 자극의 형태를 지각할 수 있는지 여부를 알아보기 위해서 셀라파텍과 케슨(Salapatek & Kessen, 1966)은 영아들에게 시각 자극이 주어질 때, 영아의 안구 운동 기록을 통해서 도형 형태의 자극 반응을 알아보고자 하였다. 생후 1~2개월 된 영아들에게 삼각형과 사각형 등의 도형을 제시하였는데, 영아들은 대상의 전체 윤곽을 파악하지 못하고, 눈에 들어오는 일부의 윤곽 또는 모서리만을 주목하는 것으로 나타났다. 이런 결과를 통해 생후 1~2개월경 영아들은 전체 형태를 아직까지는 지각하지 못한다는 것을 알 수 있다. 생후 2~3개월경이 되면 이전보다는 좀 더 상세하게 볼 수 있고, 좀 더 체계적으로 탐색할 수 있다. 체계적 탐색은 전체적인 얼굴 형태뿐 아니라 주위에 친숙한 사람들의 얼굴 형태를 구별할 수 있는 것이다. 또한 훨씬 더 철저하게 대상의 형태를 훑어볼 줄 알고, 얼굴의 내부와 바깥 테두리를 골고루 주시할 수 있다. 이 무렵에 영아는 사람의 얼굴 중에서도 특히 눈을 가장 오래 응시한다. 이러한 영아의 시지각은 사회적 상호작용의 중요한 신호로 볼 수 있으며, 특히 사람의 얼굴과 눈에 대한 형태지각의 의미를 유아가 인식한다는 사실을 시사하고 있다.

한편, 지각발달 연구자들은 영아가 어떤 형태를 더 선호하는가에 많은 관심을 갖고 있다. 생애 초기 영아의 시력은 좋지 않지만 특정 형태(또는 패턴)는 지각할 수 있다는 데, 생후 2~3주 된 신생아들은 평범한 자극보다 패턴이 있는 자극을 선호한다(Fantz, 1961). 생후 3주 된 신생아는 사각형이 큰 흑백 바둑판무늬(a)를 더 오래 쳐다보며, 생후 8~14주 된 영아는 사각형이 조밀한 바둑판무늬(b)를 선호하는 것으로 나타났다 (Brennan, Ames, & Moore, 1966, [그림 4–5] 참조).

생후 3주 된 영아는 시지각의 미발달로 시력이 제한받기 때문에 [그림 4–5]에서 보는 바와 같이 조그마하고 복잡한 패턴을 지각할 수 없어 커다란 네모의 바둑판무늬(a)를 선호한다. 조밀한 세부적 패턴을 지각하려면 생후 2개월이 되어야 가능해지며, 이때는 복잡한 패턴(b, c)을 더 오래 쳐다보게 된다. 패턴의 대비에 대한 민감도는 영아기와 유아기 동안에 계속 발달된다(Gwiazda & Birch, 2001).

영아가 가장 자주 보게 되는 형태는 엄마의 얼굴인데, 엄마의 얼굴은 영아의 주의를 끄는 많은 특징(예: 대비, 복잡성, 곡선 등)으로 이루어져 있다. 신생아들은 부자연스러

그림 설명: 생후 첫 몇 주 된 영아들에게 조밀한 바둑판무늬는 전체가 회색으로 보이므로 커다란 바둑판무늬를 선호하여 더 쳐다본다.

[그림 4–5] 영아의 패턴 지각

출처 : Berk(2013), p. 161.

1개월 된 영아
끝
시작

3개월 된 영아
시작
끝

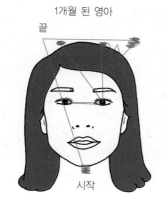
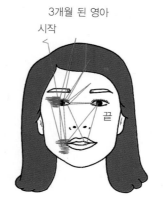

[그림 4-6] 사람 얼굴에 대한 영아의 시각적 탐색

출처: 조성연 외(2005), p. 250.

운 얼굴 형태(예: 거꾸로 된 얼굴)보다는 자연스러운 얼굴상을 선호한다(Cassia, Turati, & Simion, 2004). 신생아는 얼굴의 전체적인 형태에 근거하여 하나하나의 특징들을 구별하지는 못하기 때문에 생후 몇 주 동안 영아들은 눈을 뜨고 개별적·부분적 패턴에 반응하며 대비가 높은 패턴을 응시하게 된다(Hunnius & Geuze, 2004a, 2004b).

생후 3개월에는 다양한 얼굴의 특징을 더 뚜렷하게 구별하게 되면서, 유사하게 생긴 낯선 두 명의 사람 사진을 구별할 줄 알게 된다(Farroni et al., 2007). 생후 5개월이 되면 얼굴의 정서적 표정까지 전체 형태로서 지각한다. 긍정적 얼굴(행복, 기쁨)과 부정적 얼굴(슬픔, 두려움)을 서로 다르게 지각하고 이에 따라 반응한다(Bornstein & Arterberry, 2003; Ludemann, 1991). 5개월 된 영아는 엄마의 얼굴 사진에서 눈과 입의 거리를 약간 변경해도 얼굴의 변화를 탐지할 줄 알게 된다(Hayden et al., 2007).

일단 영아는 패턴의 모든 형태를 파악하게 되면, 이후에 부분 부분들을 통일된 전체로 통합시킬 수 있게 된다. 이와 같이 부분들을 통합시켜 조직화된 패턴을 인식하는 대표적 예로 실제 형태는 존재하지 않는데 가상적인 주관적 경계의 형태를 지각하게 되는 것을 들 수 있다. 생후 4개월이면 조직화된 패턴으로 지각하는 것에 능숙해져서 [그림 4-7] (a)의 중앙 사각형을 인식한다(Ghim, 1990).

생후 9개월이면 걸어 다니는 사람의 모습을 나타낸 불빛의 움직임을 무작위로 배열된 것보다 더 오래 쳐다본다(Berthenthal, 1993). 12개월이 되면 불완전한 오토바이 그

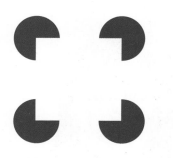

(a) 생후 4개월 된 영아도 성인처럼 사각형을 지각   (b) 생후 12개월 된 영아도 불완전한 모양의 형태에
한다.   서 오토바이를 지각한다.

[그림 4-7] 시각적 패턴에서 주관적 경계의 지각

출처: Berk(2013), p. 163.

림을 친숙한 오토바이로 인식하게 된다(Berthenthal, 1993, [그림 4-7] (b) 참조).

(2) 깊이지각

우리의 주변 환경 내에는 여러 가지 위험요소가 많다. 영아가 이들 요소를 정확하게 지각하는 것은 건강하고 안전한 삶에 있어서 중요한 의미를 갖는다. 깁슨과 워크 (Gibson & Walk, 1960)는 다음의 연구를 최초로 시작하였는데, 영아가 깊이를 지각할 수 있는지를 규명하기 위하여 시각적 절벽(visual cliff)이라는 실험도구를 제작하였다 ([그림 4-8] 참조).

시각 절벽 실험에서 엄마가 절벽 맞은편에서 영아를 불러도, 7개월 된 영아는 절벽처럼 보이는 곳을 기어가지 않고 피하였다. 이 실험에서 연구자들은 영아가 기어 다닐 시기에 대부분 깊은 바닥과 얕은 바닥을 구별하여 절벽을 피한다고 결론 내렸다.

영아가 깊이를 지각하고 있다는 것에 대한 민감하게 반응을 보이는 단서는 영아의 행동에서 알 수 있다. 즉, 생후 3~4주 된 신생아도 물체가 얼굴을 향해 다가올 때 눈을 방어적으로 깜박거린다(Nnez& Yonas, 1994). 깊이지각은 인간이 진화해 오는 과정에서 포식 동물의 위협으로부터 방어하거나 음식 공급원의 탐색을 할 때 생존상 중요한 지각으로 볼 수 있다. 생후 3개월 된 영아는 서로 다른 방향의 움직임만을 인식하게 되면, 생후 5개월 정도가 되면 운동의 유형으로 진동운동과 회전운동을 구분한다(Ruff,

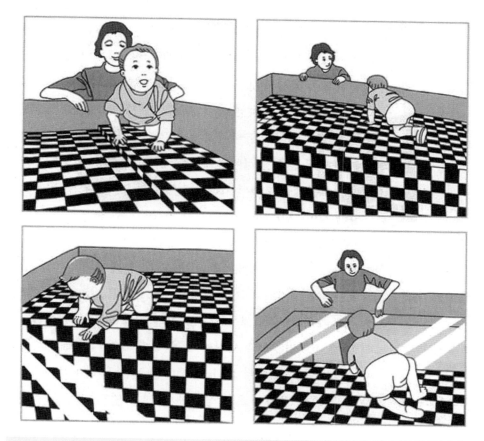

[그림 4-8] 깊이지각 실험

출처: Gibson & Walk(1960): 이영 외(2009), p. 183에서 재인용.

1982, 1985).

　이러한 능력의 발달은 영아들이 스스로 움직일 경우나 성인의 품에 안겨 움직일 때에 눈앞에서 움직이고 회전하는 주변 사람과 사물들을 보면서 거리감와 깊이를 학습하게 된 결과로서, 양안 불일치(binocular disparity) 또는 망막 불일치(retinal disparity)에 의해 생긴다. 즉, 인간의 두 눈에 비친 시야가 약간 다르기 때문에 뇌에서는 두 개의 다른 중첩된 망막상을 처리하여 사물과의 거리를 계산하게 된다. 영아가 깊이 단서를 지각하기 위해 양안 불일치가 작동되려면 우선 두 눈으로 사물에 초점을 맞추어 응시할 수 있는 능력이 발달해야 한다. 깊이지각을 할 수 있는 능력은 생후 3~6개월 사이에 생긴다(Fox, Aslin, Shea, & Dumais, 1980).

〈표 4-1〉 영아의 시지각발달 이정표

연령	발달의 특성
생후~1개월	• 다가오는 물체 추적, 형태가 극명하게 대조되고 약간 복잡한 자극 선호함 • 시각 목표물의 경계를 훑어봄
2~4개월	• 자극 전체를 시각적으로 훑어봄 • 움직임이 있는 경우 형태를 지각함 • 주관적 윤곽의 일부만 탐지함 • 엄마얼굴을 재인식함 • 눈, 코, 입 등 윤곽이 뚜렷한 얼굴을 선호함
5~8개월	• 고정된 물체의 형태지각 • 보다 섬세한 주관적 윤곽을 탐지
9~12개월	• 제한된 정보 내에서 형태를 지각함 • 타인의 얼굴표정을 해석해 냄

출처: 우수경 외(2014), p. 138.

또한 생후 5~7개월 사이에는 '시각적으로 더 가까워 보이는 부분'을 붙잡으려고 손을 뻗치는 영아의 행동이 증진되는 것으로 나타났다(Kavsek, Granrud, & Yonas, 2009; Yonas, Cleaves, & Petterson, 1978).

(3) 색채지각

색채지각도 점진적으로 증진되면서, 신생아는 색을 볼 수 있는 생리학적 조건을 거의 갖추게 되지만 아직은 미숙한 상태이다. 따라서 신생아가 회색에 의한 자극에 비해 다른 색상의 자극을 선호하는 편이지만, 같은 명암을 가진 색상 간에 구별이 능숙하지 못하다(Kellman & Arterberry, 2006). 점차 생후 8주에 이르면 특정 몇몇 색상을 구별할 수 있게 되며(Kelly, Borchert, & Teller, 1997). 생후 4개월이 되면, 영아는 성인과 같은 수준으로 색을 구별하고 색에 대한 선호까지 생겨난다. 예를 들어, 창백한 파란색보다 밝은 파란색을 더 좋아한다고 보고하였으며(Bornstein, 1975), 최근 한 연구(Franklin, Bevis, Ling, & Hulber, 2010)에서 보면 생후 4~5개월 영아들은 빨간색을 가장 오래 쳐다봤고, 초록색을 가장 짧게 쳐다보는 것으로 보고하고 있다. 이러한 색채지각발달의 변화는 부분적으로 성숙에 의존하지만, 색채에 대한 경험도 정상적인 색채지각발달에 결정적인 역할을 한다고 볼 수 있다. 예를 들어, 생후 초기 때 제한된 색경험을 접하게 된 새끼원숭이는 색 항상성에서 심각한 결손을 보여 준다(Sugita, 2004).

(4) 대상지각

대상지각은 크기 항상성(size constancy)과 모양 항상성(shape constancy)으로 나누어서 생각해 볼 수 있다.

성인의 경우 멀리서 자신의 앞으로 다가오는 사람을 보면서 그 사람의 키가 점점 커진다고 생각하지 않을 것이다. 이와 같이 거리에 따라 한 대상이 망막에 맺히는 상이 변화를 가지더라도 그 대상의 크기는 동일한 것으로 지각되는 것이 크기 항상성이다. 크기 항상성은 공간적 추론이 가능해야 하고 양안 시각이 발달하는 시기로는 3~5개월이 지나야 가능하다는 주장이 제기되었다(McKenzie, Tootell, & Day, 1980).

하지만 최근 연구에서는 생후 1주 된 신생아도 크기 항상성을 갖고 있다고 주장하였다(Slater, Mattock, & Brown, 1990; Slater et al., 2010). 물론, 신생아가 크기 항상성을 보여 준다고 해서 신생아의 크기 항상성이 완전하게 발달되었다고 볼 수는 없다. 크기 항상성은 영아의 양안 시각 능력이 성숙해지는 생후 4~5개월경에 더욱 증진되며 (Aslin, 1977; Kellman & Banks, 1998), 생후 1년에 걸쳐 꾸준히 향상되다가 10~11세가 되어야 크기 항상성은 완전하게 발달하게 된다(Day, 1987).

한편, 망막에 투사된 대상의 영상이 변화가 생기더라도 대상 모양을 안정적으로 지각하는 것을 모양 항상성(shape constancy)이라고 한다. 예를 들어, 직사각형으로 생긴 문이 열려진 정도에 따라 망막에 맺히는 상의 형상은 변하지만, 문은 여전히 직사각형이라고 지각한다는 것이다. 모양 항상성에 대한 지각 능력은 다른 방법으로 볼 수 있는 능력이 생기기 훨씬 이전부터 존재하며, 생후 첫 주된 신생아도 이러한 능력을 가지고 있음이 입증되었다(Slater & Johnson, 1999). 이러한 능력은 이후 경험에 의해 정교해지기는 하지만 타고난다고 볼 수 있다.

영아들은 주위에 많은 대상과 자연스럽게 친숙해져 가면서 각 대상의 다양한 특징을 단일하게 전체로 통합시킬 수 있게 된다. 또한 모양, 색깔, 패턴 등에 좀 더 의존하게 되며, 단순히 신체적 움직임에는 덜 의존하게 된다(Slater et al., 2010).

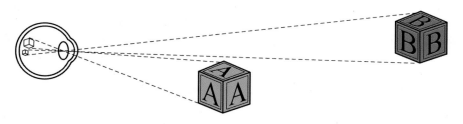

그림 설명: 두 개의 블록은 동일한 크기이지만 거리에 따라 망막에 맺히는 크기는 다르다. 그러나 영아는 크기 항상성 지각 능력에 의해 두 블록을 같은 크기로 지각한다.

[그림 4-9] 크기 항상성

출처: Hetherington & Parke(2003), p. 167.

2) 청지각발달

영아기에 일어나는 청각적 능력의 발달적 변화를 음의 높이와 강도에 대한 민감성, 소리 위치 지각, 말의 지각을 중심으로 살펴보고자 한다.

(1) 음의 변화 지각

신생아들은 단조로운 음조보다 소음이나 목소리와 같은 복잡한 소리를 선호하며, 출생 후 며칠이 지나면 다양한 소리 패턴의 차이(예: 올라가는 음과 내려가는 음, 두 음절과 세 음절, 음율이나 단어의 강조 패턴)를 탐지하게 된다(Winkler et al., 2009).

그 후 생후 1년 동안 소리에 대한 청각적 반응은 점차 정교한 패턴으로 조직화된다. 2~4개월이 되면 영아들은 박자의 변화를 구별할 수 있고(Baruch & Drake, 1997), 6~7개월경에는 리듬 패턴(박자)이 서로 다른 선율을 구별할 수 있다(Hannon & Johnson, 2004). 생후 1년이 되면 영아들은 같은 멜로디라도 다른 키로 연주소리를 들려 주면 차이를 인식할 수 있다(Trehub, 2001).

(2) 소리 위치 지각

소리 위치(sound location) 지각은 어디에서 소리가 나는지를 알아내는 것이다. 좌측 귀와 우측 귀에 도달한 소리의 크기 차이와 시간 차이는 미세하지만, 인간의 민감한 청각 체계는 그 미세한 차이까지 탐지할 수 있다(Middlebrooks & Green, 1991).

베르트하이머(Werthdmer, 1961)는 태어난 지 8분 된 자신의 아기가 소리 나는 쪽으로 고개를 돌렸다고 보고하였다. 그러나 후속 연구(Muir, Clifton, & Clarkson, 1989)에서는 신생아의 소리 위치 확인 능력이 계속 유지되지는 않았다고 보고되고 있다. 소리를 듣고 머리를 돌리는 반응이 1개월과 3개월 사이에 감소하였다가 4개월 반경에 다시 증진되었는데, 마치 뇌에서 어떤 교체가 일어나는 것 같다고 하였다. 소리 위치의 확인은 생후 6개월 정도가 되어야 능숙해지며, 생후 2년 동안 계속 증진된다(Saffran, Werker, & Warner, 2006). 또한 소리 위치 확인은 주변 배경 소리 중에서 의미 있는 말소리를 변별하는 선택적 주의에 필수적인 능력이라고 할 수 있다(Mercer, 1998).

(3) 말의 지각

영아의 듣기(hearing) 능력은 성인과 많이 다르지 않지만, 청취(listening) 능력에는 상당한 차이를 보인다. 성인은 어떻게 말소리에 주의를 기울여야 하는지 알고 있지만, 영아는 말소리의 의미를 알지 못하기 때문에 종종 주의를 기울이지 못한다. 그럼에도 불구하고 영아는 말소리의 특징(높낮이, 강약)에 주의를 기울여 말의 중요한 세부사항을 알아채기도 한다.

신생아도 다른 사물이나 환경의 소리 자극에 비해 특히 인간의 목소리에 더 주의를 기울이며(Kolata, 1987), 엄마의 목소리, 말의 리듬, 자음의 미세한 차이를 구별할 수 있다(Condon & Sanders, 1974; DeCasper & Fifer, 1980). 신생아가 구별할 수 없는 말소리는 거의 없으며, 모국어와는 다른 소리들을 지각하는 능력도 성인보다 더 정확하다고 볼 수 있다(Aldridge, Stillman, & Bower, 2001; Jusczyk & Luce, 2002).

영아는 생후 1년 동안 모국어의 소리를 조직하여 학습해 나가는데, 생후 5개월 되면 모국어의 어절 강세 패턴에 민감하게 반응하게 되며(Weber et al., 2004), 6~8개월경이 되면 모국어에서 사용되지 않는 소리를 변별해 낸다(Anderson, Morgan, & White, 2003; Polka & Werker, 1994). 생후 6개월과 12개월 사이에 모국어에 대한 반응성이 향상되는 것은 지각적 협소화 효과 때문이다. 지각적 협소화는 자주 접하는 정보(친숙한 말과 얼굴, 친숙한 음악)에 점차 조율되는 지각적 조율(perceptual tuning)과정의 하나다. 이 시기에는 영아 생활 주변에서 직접 경험하는 지각 세계에 대한 학습이 급격하게 일어나고 새로운 경험에 의해 수정되어 가는 광범위한 신경생리학적 변화가 일어난다. 7~9개월에는 의미를 알아내는 데 꼭 필요한 단어에 대해서는 민감성이 증진되면서(Saffran, Werker, & Werner, 2006), 영아는 언어 구조의 지각 능력이 증진되기 시작하고 말의 흐름 패턴을 분석할 수 있게 되며, 12개월 정도가 되면 드디어 말하기 시작한다.

3) 감각 간 지각(통합적 감각)

영아들이 주변 세계를 알아 가면서 세상을 접하는 과정에서 자신의 청각, 시각, 촉각, 미각, 후각, 감각들을 통하여 탐색해 얻은 정보들을 전체적으로 통합할 수 있다면 대단히 유익할 것이다. 감각 간 지각(intermodal perception)이란 이처럼 여러 감각기관으로 들어온 다양한 정보를 통합하는 능력을 말한다.

정보들을 통합하는 능력인 감각 간 지각이란 인간이 세계를 지각할 때 다양한 감각을 통해 들어온 빛, 소리, 접촉, 냄새, 맛의 정보들을 통합된 전체로 지각하고 이해하는 능력을 말한다. 역시 영아도 감각 기관을 통해 들어온 자극들을 경험할 때 다양한 정보들을 통합할 수 있다. 예를 들어, 신생아는 소리 나는 방향으로 몸을 돌리며 그 사물을 향해 원초적 방식으로 손을 뻗는다. 영아들은 두 개 이상의 감각체계로 정보를 탐지할 수 있어서 서로 다른 감각으로부터 들어오는 정보들은 통합할 수 있다.

최근 연구결과에서는 생후 1개월 미만의 영아들도 감각 간 지각이 가능할 수 있다고 주장하고 있다(Bower et al., 1970). 이를 통해 감각기관이 따로따로 독립적으로 발달하는 것이 아니라 태어날 때부터 감각 간 지각능력을 가지고 있거나 또는 아주 빠르게 감각 간 지각이 발달해 간다는 것을 알 수 있다.

바워 등(Bower et al., 1970)은 연구에서 영아의 감각 간 지각을 검증하였다. 실험을 위하여 8~31일 된 신생아들에게 특수안경을 끼워 아기의 손이 충분히 닿는 거리에 비누거품이 있는 것처럼 보이도록 하였다. 이 가상물체는 착각에 의해 눈앞에 있는 것처럼 보이도록 한 것이다. 그러나 영아가 팔을 뻗어서 비누거품 형상을 만지려고 해도 아무것도 만져지지 않게 하였다. 이 연구에서 아기들은 물체를 만지고자 했으나 아무것도 만져지지 않자, 놀라고 좌절하며 울음을 터트리는 반응을 보였다.

이러한 연구결과를 통해서 영아의 시각과 촉각이 이미 통합되었다는 것을 알 수 있다. 영아는 자신이 물체를 보고 나서 만질 수 있다고 생각했기 때문에 촉각이 시각적 기대와 일치하지 않다는 것을 알게 되면서 불편한 반응을 보인 것이다.

생후 6개월 이내의 영아들은 상당한 정도로 감각 양식 간 지각이 숙달되어서 3~4개월 된 영아들도 입술 모양과 목소리를 동시적으로 파악할 수 있을 뿐만 아니라 얼굴의 정서 표정까지 동시에 알게 되고 말하는 사람의 성과 연령 파악 정보들을 전체 통합 감각으로 연결 지을 수 있다(Bahrick, Netto, & Hernandez-Reif, 1998).

감각 간 지각은 심리학적 발달에서 볼 때 다양한 감각적 측면을 촉진하는 기본적 능력으로 볼 수 있다. 양육자가 아기들이 더 많은 정보를 접하도록 많은 시각적 볼거리, 다양한 소리, 그리고 촉감, 냄새, 맛을 동시에 체험할 수 있게 해 줄 때, 더 빠르게 학습하게 되고, 기억의 증진을 보여 준다(Bahrick, 2010).

영아가 다른 감각 기관을 통해 받아들인 정보를 어떻게 하나의 경험으로 통합하는가에 대해서는 두 가지 견해가 있다. 하나는 피아제(Piaget, 1954)의 주장이고 다른 하나는 깁슨(Gibson, 1992)의 주장이다.

피아제의 견해는 감각기관들이 처음에는 독립적으로 따로따로 발달하다가 이전 경험과 외부의 새로운 자극이 감각으로 들어와서 조절되면서 감각기관이 통합된다는 것이다.

깁슨의 주장은 태어나면서부터 감각 간 지각 능력을 가지고 있다는 것이다. 깁슨의 견해는 생후 초기에 영아는 물체가 점점 멀어질수록 더 작게 보이며 소리도 작게 들린다는 것을 인식하고 있음을 보여 준 연구(Kail, 2007)에서 확인할 수 있다.

신체적 움직임과 음악적 리듬의 지각을 연결한 연구(Phillips-Silver & Trainor, 2005)에서 보면 입으로 경험한 젖꼭지의 모양을 시각적으로 변별하는 연구(Melzoff & Borton, 1979)([그림 4-10] 참조)이다. 이러한 연구결과는 생후 초기에도 영아의 감각들이 서로 연결하여 통합할 수 능력이 있음을 시사해 준다.

그 외에도 영아의 발달 수준에 적합하지 않고 영아에게 능력 이상을 기대하며, 압박하는 과도한 조기 교육의 환경도 영아의 주변 세계에 대한 자발적 흥미와 탐색을 위축시키며 발견과 학습의 즐거움을 빼앗아 영아의 건강한 발달을 위협한다.

영아의 자기 주도적 노력에 반응하는 물리적 환경과 따뜻한 돌봄이 영아에게 안정적 환경을 제공해 줄 것이며, 주변 세계에 대한 지각적 탐색을 촉진해 줄 것이다(Berk, 2013, pp. 169-171).

(a) 매끈한 젖꼭지   (b) 돌기가 있는 젖꼭지

그림 설명: 생후 4주 된 아기는 빨았던 젖꼭지가 매끈한 모양인지 아니면 돌기가 있는 모양인지를 시각적으로 구별한다.

[그림 4-10] 멜조프와 볼튼(Melzoff & Borton)의 촉각-시각의 감각 간 검사 도구

출처: Hetherington & Parke(2003), p. 167.

1. 인간이 귀, 눈, 혀, 코, 피부 등의 감각 기관을 통해 자극(빛, 소리, 접촉 등)을 받아들이는 과정을 감각(sensation)이라 한다. 그리고 감각 기관을 통해 들어온 물리적 자극이 부호화된 신경 신호를 선택하여 조직화된 정보를 해석하는 과정을 지각(perception)이라 한다.

2. 감각 기관을 통해 들어온 정보를 처리하고 해석하는 지각 능력은 뇌 발달과 환경과의 상호작용 경험을 통해 생후 첫 몇 년 동안 급속히 발달한다. 영아의 감각은 제일 먼저 촉각, 그다음은 미각-후각-청각-시각 순으로 그 시기마다 꼭 필요로 한 만큼 발달한다. 영아의 감각 및 지각 능력은 운동능력과 밀접하게 연결되어 자신을 둘러싼 세상을 탐색하고 학습하는 주요 수단이며, 다른 영역의 발달과 상호 관련되어 발달한다. 예컨대, 타인과의 촉각, 시각, 청각적인 상호작용 경험은 정서와 사회성 발달의 기초를 형성하며, 증진된 청각적 민감성과 주의력은 모국어의 습득을 도와준다. 또한 여러 감각 양식으로 지각되고 습득된 물리적·사회적 지식은 인지발달의 토대를 구성해 준다.

3. 영아 지각발달은 시지각발달과 청지각발달 그리고 감각 간 지각발달 등으로 나누어 볼 수 있다. 시지각발달은 시각적 영상이 단순히 전달되는 것이 아니라, 감각 정보가 통과하면서 인간에게 의미가 있도록 지각적 추론을 한 결과라고 볼 수 있는 형태지각과 영아가 이들 요소들을 정확하게 지각하는 것은 건강하고 안전한 삶에 꼭 필요한 것이라는 깊이지각, 그

리고 색채지각, 크기 항상성(size constancy)과 모양 항상성(shape constancy)을 지각할 수 있는 대상지각 등으로, 영아지각발달에 중요한 부분을 차지한다. 청지각발달은 영아기에 일어나는 청각적 능력의 발달적 변화를 음의 높이와 강도에 대한 민감성, 소리 위치 지각, 말의 지각을 중심으로 살펴볼 수 있다.

영아들이 주변세계를 알아 가면서 세상을 이해하는 과정에서 자신의 청각, 미각, 시각, 촉각, 후각 감각들을 통하여 탐색해 얻은 정보들을 전체적으로 통합할 수 있다면 대단히 유익할 것이다. 감각 간 지각(intermodal perception)이란 이처럼 여러 감각기관으로 들어온 다양한 정보를 통합하는 능력을 말한다.

1. 다음 〈보기〉의 (   ) 안에 들어갈 알맞은 단어는?

> 〈보기〉
>
> 　인간이 귀, 눈, 혀, 코, 피부 등의 감각 기관을 통해 자극(빛, 소리, 접촉 등)을 받아들이는 과정을 감각(sensation)이라 한다. 그리고 감각 기관을 통해 들어온 물리적 자극이 부호화된 신경 신호를 선택하여 조직화된 정보를 해석하는 과정을 (　　　)이라 한다.

① 감각　　　　　　　　　　　② 감정
③ 지각　　　　　　　　　　　④ 감도

해설　각 기관을 통해 들어온 물리적 자극이 부호화된 신경 신호를 선택하여 조직화된 정보를 해석하는 과정을 지각(perception)이라 한다.

2. 다음 중 청각에 대한 설명으로 옳지 <u>않은</u> 것은?
① 출생 시 영아들은 특히 사람의 목소리와 같은 복잡한 소리를 선호한다.
② 출생 직후에는 민감성 향상을 해도 매우 좁은 범위의 소리만을 들을 수 있다.
③ 출생 이전부터 듣기(hearing) 감각이 가능하며, 소리 민감성은 생후 첫 몇 개월에 걸쳐서 점점 향상된다.
④ 3주경 신생아의 반응성은 낯선 사람이나 아버지의 목소리보다 어머니(주 양육자)의 목소

리에 더 민감하다.

> **해설**   출생 직후에는 민감성 향상으로 넓은 범위의 소리를 들을 수 있다.

3. 영아 형태지각에 대한 설명 중 옳지 <u>않은</u> 것은?

　① 생후 2~3주 된 신생아들은 평범한 자극보다 패턴이 있는 자극을 선호한다.

　② 생후 2~3주 된 영아는 사각형이 조밀한 바둑판 무늬를 선호하는 것으로 나타났다.

　③ 조밀한 세부적 패턴을 지각하려면 생후 2개월이 되어야 가능해진다.

　④ 패턴의 대비에 대한 민감도는 영아기와 유아기 동안에 계속 발달된다.

> **해설**   생후 8~14주 된 영아는 사각형이 조밀한 바둑판 무늬를 선호하는 것으로 나타났다.

4. 영아의 시지각 발달 중 공간지각에 대한 설명이다. 연령에 따른 발달내용이 맞지 <u>않는</u> 것은?

　① 생후~1개월: 매우 큰 물체 및 운동 깊이 단서에 반응

　② 2~4개월: 시각절벽 위에서 깊이 단서 탐지

　③ 5~8개월: 크기항상성이 향상됨

　④ 9~12개월: 공간지각은 모든 측면에서 매우 미숙함

> **해설**   9~12개월은 공간지각은 모든 측면에서 더욱 정교해진다.

5. 다음 〈보기〉의 (　　) 안에 들어갈 알맞은 단어는?

> 〈보기〉
>
> 　영아들이 주변세계를 알아가면서 세상을 이해하는 과정에서 자신의 청각, 미각, 시각, 촉각, 후각 감각들을 통하여 탐색해 얻은 정보들을 전체적으로 통합할 수 있다면 대단히 유익할 것이다. (　　　)이란 이처럼 여러 감각기관으로 들어온 다양한 정보들을 통합하는 능력을 말한다.

　① 감정 간 지각　　　　　　　② 감동 간 지각

　③ 감응 간 지각　　　　　　　④ 감각 간 지각

> **해설**   감각 간 지각에 대한 설명이다.

정답 1. ③, 2. ②, 3. ②, 4. ④, 5. ④

제5장

영유아기 인지발달

학습목표

1. 인지발달의 개념에 대해 정의할 수 있다.
2. 인지발달이론에 대해 설명할 수 있다.
3. 영유아기 사고 및 기억발달에 대해서 열거할 수 있다.

주요용어

인지발달, 자기중심적 사고, 사회문화 인지이론, 정보처리과정, 기억발달

영유아기 인지발달 개념인 도식, 적응, 평형화에 대한 충분한 이해가 필요하다. 영유아기 인지발달이론으로, 첫째, 피아제의 인지발달에서는 운동감각기, 전조작기의 특징을 살펴보아야 한다. 둘째, 비고츠키의 사회문화인지이론에서는 근접발달영역과 언어 및 사고를 이해해야 한다. 셋째, 정보처리이론에서는 기억발달과 관련하여 감각기억, 단기기억, 장기기억에 대한 전체적인 이해가 필요하다.

사고발달와 기억발달에서 영아기는 감각적 사고, 대상영속성, 주의발달 등의 특징을 갖는다. 유아기의 전개념적 사고와 직관적 사고 등의 특징과 정신적 표상, 자기중심성 그리고 물활론과 인공론, 전환적 추론, 보존개념과 가역성, 유목과 서열화 등을 충분히 실생활 사례와 함께 이해하는 것이 중요하다.

1. 인지발달의 개념

1) 도식

도식이란 '지각의 틀' 또는 '반응의 틀' 그리고 '이해의 틀'로 설명할 수 있다. 도식은 여러 가지 다양한 경험을 하면서 점점 분화되고 끊임없이 발달한다. 또한 환경과 상호작용하는 데 수많은 도식이 이용된다. 즉, 아기들은 엄마의 젖을 빠는 경험을 접하면서 빠는 도식을 형성하며, 손으로 쥐는 도식과도 통합하게 된다.

2) 적응

적응이란 환경과의 끊임없는 상호작용을 통해서 이루어지는 과정으로 동화와 조절이라고 말할 수 있다. 동화(assimilation)란 새로운 사물이나 장소 그리고 사건을 해석하고 이해하는 인지과정으로 설명할 수 있다. 조절(accommodation)은 새로운 지식을 얻는 데 있어 인지구조를 변경시키는 것이다.

3) 평형화

평형화란 동화와 조절을 통하여 유기체가 환경과 균형 상태를 이루는 것이며, 새로운 자극을 경험했을 때 새로운 자극이 이전 경험의 도식과 맞지 않다면 불평형 상태에 이르게 된다. 불평형 상태는 늘 긴장과 갈등을 유발하게 되며 끊임없이 평형 상태를 유지하려는 상태가 활성화된다. 이러한 결과로 적응 상태를 유지하게 된다. 즉, 이미 가지고 있는 인지적 구조와 새로운 주변 환경 간의 평형상태를 만들어 간다.

2. 인지발달이론

1) 피아제 인지발달

피아제는 인지발달 분야에 가장 큰 영향을 미친 학자로서, 특히 영유아의 사고발달에 업적이 많은 대표적인 발달심리학자이다. 피아제는 아동은 성인과 다른 사고구조를 가지고 있으며, 성인과 같이 타인에 의한 형식적인 교육방법으로 배우는 것이 아니라 영유아는 스스로 지식을 구성해 나가는 존재라고 주장하였다. 인지발달과정에서 피아제의 주장에 따르면, 개인은 생물학적 유기체이지만 영유아는 자신이 처해 있는 환경에서 최선을 방법으로 스스로 기본적인 생활을 하며, 이는 인지 변화의 과정이다.

이러한 인지는 일정한 단계에 따라 질적으로 더 높은 수준으로 발달해 나간다. 즉, 연령에 따라 인지는 감각운동기, 전조작기, 구체적 조작기, 형식적 조작기 단계로 발달해 간다(임지영 외, 2014). 이 중에 영유아기에 해당되는 감각운동기와 전조작기 단계에 대한 설명은 다음과 같다.

(1) 감각운동기의 특징(출생~2세경)

감각운동기(sensorimotor period)의 하위 단계 내용과 연령의 특징은 〈표 5-1〉과 같다.

〈표 5-1〉 감각운동기 하위단계

하위단계 및 연령	하위단계별 내용
반사단계 (출생~1개월)	꼭지가 입을 자극하거나 젖병을 볼에 갖다 대면 자동적이고 반사적으로 빠는 동작을 보인다. 처음에는 시행착오를 겪는데 빠는 행동을 조절하며 점차 적응해 간다.
1차 순환반응단계 (1~4개월)	반사행동이 보다 정교화되고 적응적인 도식으로 발달한다. 젖병이 없을 때에도 연습하듯이 빠는 동작을 보이며, 우연히 시작된 신체적 움직임에 흥미를 보이고 이런 움직임을 계속 반복한다. 1차 순환반응단계는 영아의 행동이 신체에만 국한되므로 '1차'라고 하고, 반복적으로 나타나므로 '순환반응'이라고 한다.
2차 순환반응단계 (4~8개월)	2차 순환반응단계에서는 관심의 초점이 자신에게서 벗어나 외부로 향하기 때문에 '2차'라고 한다. 영아가 아직은 순환반응단계로써 신체적 운동에 제한적이기는 하지만 자신의 신체를 통해서 환경과의 접촉에 대한 관심이 확장된다. 우연한 행동에 대한 만족스러운 결과를 반복하게 되는데 이는 영아의 의도성이 있으며, 초기 목표지향적 행동으로 볼 수 있다.
2차 순환반응 협응단계 (8~12개월)	영아는 자신의 목표를 달성하기 위한 수단으로 또 다른 도식을 활용하는 능력을 발달시킨다. 예를 들어, 상자를 잡으려는 영아에게 손으로 가로막았을 때 영아는 손을 먼저 치우고, 상자를 잡는 행동을 보인다. 방해물을 치우려는 행위는 상자를 잡으려는 목적을 위한 수단으로 이용한 협응된 반응으로, 이는 문제해결 행동의 시초라고 할 수 있으며, 인과개념을 이해하는 첫 시도로 볼 수 있다.
3차 순환반응단계 (12~18개월)	3차 순환반응단계에서는 주변 환경에 대한 호기심이 싹트면서 단순히 똑같이 반복적인 행동을 하기보다는 창의적인 행동을 시작한다. 여러 사물 간의 관계나 특성을 이해하게 되고, 크기나 모양, 질감 등 사물의 모습이나 기능에 대해 더 많이 알게 된다. 예를 들어, 블록으로 탑을 쌓는 것에서부터 탑을 무너뜨리고, 블록끼리 부딪쳐 보기도 하고, 바닥에서 밀어 보기도 하는 등 다양한 행동을 보인다.
내적 표상시작단계 (18~24개월)	눈앞에 사물이 없더라도 이미지를 떠올려 생각하는 '표상적 사고'가 가능해진다. 따라서 눈앞에 모델이 없어도 과거에 기억했던 모델의 상태를 기억에 저장하였다가 필요할 때 기억을 상기시켜 모델의 행동을 모방할 수 있게 된다. 예를 들어, 언젠가 어떤 아이가 발버둥을 치면서 떼를 쓰는 것을 본 아이는 자기도 그런 식으로 떼를 쓰는 행동을 하게 된다.

출처: 김미영(2014).

(2) 전조작기의 특징(2~7세)

① 상징적 활동의 증가

전조작기(preoperational period)의 특징으로 상징적 활동이 증가하는 것은 외부 단서와 관계없이 대상에 대해 상징을 사용하며, 특정한 대상을 또 다른 표상으로 생각해 낼 수 있는 능력에서 생겨나는 것이다. 상징적 기능의 대표적인 증거로는 그림 그리기, 말하기, 가상놀이를 들 수 있다. 가상놀이는 상징적 활동의 일환이며, [그림 5-1]과 같이 병원놀이를 하고 있는 모습을 통해 볼 수 있다.

[그림 5-1] 상징적 활동인 병원놀이

② 자기중심적 사고

피아제와 인헬더(Piaget & Inhelder, 1969)의 '세 산 실험(three-mountains experiment)'을 통해 자기중심적 사고를 이해할 수 있다. 유아가 앉아 있는 위치와 인형이 앉아 있는 위치에서 보이는 세 산의 모형은 각각 다르다. 즉, 유아의 입장에서 보면, 유아에게 가장 먼저 보이는 산의 모형은 인형의 입장에서는 제일 늦게 보이는 모형이 된다. 이렇듯 전조작기 유아는 자아중심성의 경향으로 타인의 입장을 이해하지 못한다. 좀 더 자세한 설명은 전개념적 사고에서 자기중심적 사고 내용을 확인할 수 있다.

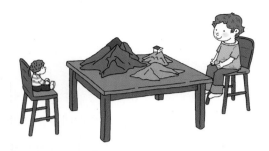

[그림 5-2] 피아제의 '세 산 실험(three-mountains experiment)' 장면

2) 비고츠키 인지발달

(1) 사회문화 인지이론의 특성

개인은 항상 사회적 활동을 통해 발달한다고 주장한 비고츠키는 사회문화적 맥락 속에서 개인의 발달이 이루어지며 교육 역시 그 사회의 독특한 사회문화적 맥락 속에서 이루어져야 함을 강조하였다. 이는 개개인의 발달과정은 자신이 속한 사회문화적 산물에서 나온다는 것으로, 그 문화의 산물은 결국 부모이며, 부모와의 대화를 통해서 유아는 사회문화가 규정하고 있는 행동의 규칙을 배우고 삶의 태도나 가치관, 관습 및 사회적 기술 등을 습득한다는 것이다.

(2) 사회문화 인지이론의 발달

[그림 5-3] 비고츠키의 근접발달영역과 비계설정

① 근접발달영역

근접발달영역(Zone of Proximal Development: ZPD)은 실제 발달수준과 잠재적 발달수준의 중간 영역으로 볼 수 있다. 실제 발달수준은 유아 자신의 힘으로 문제를 스스로 해결해 낼 수 있는 수준을 말하며, 잠재적 발달수준은 성인이나 유능한 또래에게서 도움을 받아 문제를 해결할 수 있는 수준이다. ZPD 영역이 넓어질수록 어려운 과제를 성공적으로 수행하게 되고 인지적으로 더욱 발달된다. 즉, 유아 스스로는 해결할 수 없는 영역이지만 성인이나 유능한 또래로부터 도움을 받게 되면 수행의 정도가 높아지고 ZPD 영역이 넓어진다는 것을 의미한다.

② 비계설정

'비계(scaffolding)설정'이란 유아를 돕는 유능한 교사와 부모 그리고 또래가 유아에게 적절하게 안내를 하고 도움을 주어 유아의 인지발달을 돕는 발판 역할을 함으로써 유아의 학습을 돕는 체계이다. 비계란 원래 건축학에서 사용하는 용어로, 건물을 짓거나 수리할 때 장대와 두꺼운 판자로 된 발판을 세워서 작업하는 사람들이 건축 재료를 손쉽게 운반하거나 오르내릴 수 있도록 도움을 주는 장치이다.

어려운 과제일수록 처음에는 유아 혼자서 문제를 해결할 수 없으므로, 재료를 손쉽게 운반할 수 있도록 디딤돌 역할을 하는 비계처럼 성인이나 또래들이 적절한 비계설정에 의한 도움을 제공해야 한다고 볼 수 있다. 비계설정을 할 때에는 역시 유아의 인지적 발달수준을 고려하여야 하며 성인의 촉진도 고려해야 한다. 비계설정은 성인뿐만 아니라 부모와 지역사회인에 의해서도 촉진되며 심지어 또래유아들 간에도 비계설정이 가능하다고 보고 있다.

(3) 언어와 사고

비고츠키(Vygotsky, 1962)는 언어가 유아의 사고발달에 필수적이고 유아의 초기 언어는 근본적으로 사회적이라고 주장하였다. 언어가 사고발달에 유익하다는 것은 사회적 상호작용의 매개 역할을 하기 때문이다.

사고발달에 결정적인 역할을 하는 것은 유아가 하는 혼잣말이다. 비고츠키에 따르면, 혼잣말은 자연스럽게 속삭임하다가 다시 내부 언어로 변한다고 할 수 있는데, 혼잣

말을 많이 하는 유아가 사회적 능력이 더 뛰어난 것으로 보았다.

유아의 혼잣말에 대해 적절한 피드백과 안내를 해 주고 적극적으로 자유롭게 언어 표현을 사용할 수 있게 만들어 준다면 유아의 사고발달을 도울 수 있다.

3) 정보처리이론

(1) 기억의 구조

첫째, 감각기억(sensory memory)이란 감각기관을 통해 들어오는 정보를 약 1/4초 내로 정확하게 기억하는 것으로 20~30초 동안 저장 가능하다. 시각의 경우 0.25초, 청각의 경우 4초 정도 기억된다. 감각기관을 통해 들어온 다양한 외부의 자극 정보들이 잠깐 보유되는데, 이러한 자극 정보는 아주 짧은 시간에 감각기억에 기억되지만 순간적으로 사라진다. 이로 인해 어린 아동이 나이 든 아동보다 빨리 정보를 잊는다.

둘째, 단기기억(short-term memory)은 감각기억을 통과한 자극 정보가 장기기억으로 들어가기 전에 통과하는 일차적 작업대 또는 작업과정이라고 할 수 있다. 단기기억은 활동 중인 기억 또는 인지과정을 통제하는 중앙 통제적 기억으로서 작동 중인 기억이라는 용어를 사용한다. 단기기억 동안 정보가 잠깐 머무르는 시간은 대략 3~5초이고, 길어야 30초 정도이다. 짧은 시간뿐 아니라 기억할 수 있는 정보에 대한 수도 7±2개 정도로 제한되어 있으며, 단기기억은 유아의 경우 3~4개 정도, 7세의 경우 5개 정도, 성인의 경우 7개 정도의 정보를 저장할 수 있다. 그러나 정보를 반복하여 되뇌는 시

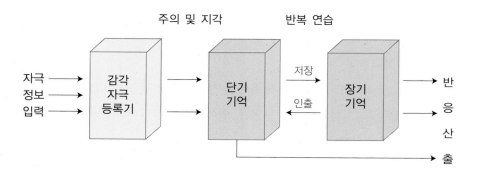

[그림 5-4] 정보처리과정

연(rehearsal)을 하면 그 정보가 단기기억으로 머무르는 시간이 늘어나고 장기기억으로 들어가 저장된다.

셋째, 장기기억(long-term memory)은 감각기억이나 단기기억과는 달리 오랜 시간 동안 정보를 저장하고 무제한의 용량을 가진 기억을 말한다. 단기기억을 통과하면서 남는 정보는 좀 더 영구적으로 저장되며, 장기기억은 용량의 제한이 없으므로 많은 정보가 저장된다. 이 기억은 1분 이상, 영원히 잊히지 않는 기억이며, 일반적으로 연령이 증가할수록 기억조직을 잘하므로 정보를 회상하기 쉽다.

(2) 기억의 정보처리과정

① 부호화 과정

'부호화(coding)'는 기억의 첫 번째 과정으로, 환경 속에서 여러 가지 자극이나 정보를 감각기관을 통해 부호로 변형하여 기억되는 과정이다. 일반적으로 정보를 처리하여 저장고에 넣는 것으로서, 감각기억이나 단기기억에서 정보를 처리하여 부호화하는 것이다. 단기기억에서 장기기억으로 정보를 부호화해 넣을 때는 보통 시연(rehearsal)과 정교화과정(elaboration)이 일어난다.

② 정보의 저장

저장(storage)은 기억과정의 두 번째 과정으로, 부호화된 정보를 머릿속에 보유하는 것이다. 약호화(또는 부호화)한 정보가 머무는 과정으로 저장과정에서 정보는 약호화(부호화)된 그대로 남아 있는 것이 아니라 망각되거나 다른 형태로 변형되기도 한다. 즉, 저장과정은 창고 속에 물건을 쌓아 두는 것처럼 저장고에 기억할 내용을 그대로 보관하고 있는 것이 아니라, 기억할 정보의 특성에 따라 부호화가 일어나서 컴퓨터의 정보가 압축되듯이 가장 효율적인 방식으로 변형되어 저장된다.

③ 정보의 인출

인출(retrieval)은 저장된 정보를 꺼내어 사용하는 마지막 과정으로서, 필요로 할 때마다 정보를 탐색해서 사용할 수 있는 능력이며, 이 과정에는 재인과 회상이 있다. 재인(recognition)과정은 영아 초기에 나타나며 유아기 동안은 현저히 빠르게 발달해 가는 기억능력으로서 정보가 머릿속에 기억으로 저장되는 능력이다. 회상(recall)은 생후 1년 이내에 나타나며 청년기까지 발달하는 기억능력으로 머릿속에 저장된 정보를 모두 기억할 수 있는 능력이다.

(3) 기억책략의 발달

기억책략이란 기억을 증진시키기 위해 사용하는 정신적 조작이다. 아동의 경우 연령이 증가하면서 더욱 활발하게, 융통성 있게 그리고 다양한 상황에서 질적 발전을 가져오는 책략(방략)을 사용한다. 기억책략의 유형으로는 시연(rehearsal)책략, 조직화(organization)책략, 정교화(elaboration)책략, 인출(retrieval)책략이 있다.

① 시연책략

시연은 기억과제를 반복적으로 수행하는 것을 말한다. 예를 들면, 78423이란 숫자를 기억하도록 할 때, 숫자를 기억하기 위하여 "78423, 78423, 78423……"으로 계속 반복하는 것을 시연이라고 한다.

② 조직화책략

조직화(organization)책략은 흡수된 외부 정보를 의미 없이 처리하거나 저장하는 것이 아니라, 정보들이 소유하고 있는 의미 있는 관계성에 따라 재조직, 재구성할 수 있는 기억의 전략이다.

③ 정교화책략

정교화책략은 기억자료에 의미적 관계를 부여하는 책략이다. 예를 들면, 사과, 바위, 강아지의 세 항목을 기억해야 할 경우에 '강아지가 사과를 물고 바위 위에 앉아 있다.'는 이미지를 만들어 회상하는 것이다. 연령의 증가에 따라 정교화는 질적으로 발달한다.

④ 인출책략

시연책략, 조직화책략, 정교화책략 등은 주로 장기기억 속에 정보를 조직화하여 저장처리만 하지만, 인출책략은 장기기억 저장소에 조직화된 정보를 찾아 끌어내는 데 도움을 준다. 즉, 기억된 정보를 찾으려 할 때 사용하는 방법이며, 필요한 정보를 탐색하고 유용하게 사용하는 과정이다.

3. 영유아기 사고 및 기억발달

1) 영아 사고 및 기억발달

(1) 감각적 사고

영아기의 인지발달은 영아의 주변 환경을 살피는 것에서 출발하는데, 주어진 감각적 자극에 대해 주의를 집중한 후에 이를 수용하는 것이 선행되어야 한다. 감각적 사고는 감각기관과 연관된 청각, 시각, 후각, 촉각 자극에서 생겨나며, Piaget(1960)의 인지발달 단계에서 영아기는 감각운동기에 해당된다. 영아기 감각적 사고는 인지발달뿐만 아니라 언어발달 및 사회정서발달과 밀접한 연관이 있다.

(2) 대상영속성

감각운동기에 획득하게 되는 대상영속성은 매우 중요한 개념으로 이미 알고 있는 대상이 눈에 보이지 않거나, 소리가 안 들려도 그 대상이 여전히 존재한다는 것을 아는 능력이다. 대상영속성의 개념은 인지발달 단계와 병행하여 발달하며, 이 개념을 획득하면서 자신과 주변 세계가 분리하여 독립된 존재라는 사실을 알게 된다. 〈표 5-2〉는 감각운동기의 하위단계별 대상영속성의 개념에 대한 설명이다.

〈표 5-2〉 감각운동기의 하위단계별 대상영속성의 개념

감각운동기의 하위단계	단계 설명
하위단계 1	대상영속성의 개념이 없는 단계이다. 신생아는 움직이는 대상을 눈으로 좇아가다가 그 물체가 눈앞에서 사라져 버리면 더 이상 그 대상에 관심을 갖지 않는다.
하위단계 2	대상영속성의 개념이 어렴풋이 나타나는 단계로서 영아의 눈앞에서 물체가 천천히 왔다갔다 움직이게 되면 물체를 따라 눈을 움직인다. 만약 물체를 영아의 등 뒤로 숨기면 물체가 있던 곳을 잠시 바라보다가 이내 고개를 돌려버린다.
하위단계 3	물체가 보이지 않아도 물체가 존재한다는 사실을 조금씩 이해한다. 이 단계는 눈과 손의 협응이 발달되어 물체가 눈에 보이는 경우에 바로 잡으려고 애쓰지만, 물체가 사라지는 과정을 보았음에도 불구하고 숨긴 물체를 찾으려고 잠깐 머뭇거리다가 시간이 지나면 찾으려 하지 않는다.
하위단계 4	눈앞에 사라진 물체를 적극적으로 찾으려 하는 단계이다. 그러나 영아가 지켜보고 있는 가운데 처음으로 물체를 숨겨보고, 또 다른 장소로 옮겨 놓아 보면, 처음 숨겼던 장소 쪽에서만 물체를 찾으려고 애를 쓴다.
하위단계 5	영아가 보는 앞에서 장난감을 이곳저곳으로 빠르게 숨겨 놓아도 숨겨 놓은 물체를 찾을 수 있다. 다만, 보이는 곳으로 이동을 했을 때는 이해하지만, 아직도 보이지 않는 곳에서 이동한 것은 이해할 수가 없다.
하위단계 6	대상영속성의 개념이 완전하게 발달하는 단계로서, 보이는 곳으로 물체를 이동한 것뿐 아니라 보이지 않는 곳으로 물체를 이동한 것도 모두 이해할 수 있다.

출처: 정옥분(2016)에서 재구성.

(3) 주의발달

우리는 깨어 있는 매 순간 감각기관을 통해 엄청난 양의 정보가 포함된 자극을 끊임없이 받아들인다. 그러나 우리의 정보처리용량은 제한적이어서 유입된 정보들 중 일부만을 처리하게 되는데 이때 작동하는 기제가 주의(attention)이다.

주의는 우리가 환경의 요구에 반응하여 적응하게 하는 첫 관문이 된다. 사회학습이론에서 제시한 관찰학습(observational learning)의 네 단계 중 첫 단계가 주의집중 단계이다. 즉, 인간은 외부에서 주어지는 환경적 자극 중에서 자신의 흥미(interest)나 필요(need) 및 동기(motivation) 등에 의해 걸러진 대상의 행동에 대해 학습하게 된다. 이때 주의단계는 학습의 첫 번째 단계로 학습의 모델링을 선정하는 과정에서 중요한 역할을 수행한다. 또한 인간의 인지과정을 컴퓨터의 정보 처리 과정에 비유해서 정보처

리접근(information-processing approach)으로 설명할 수도 있다. 즉, 환경자극이 감각기관에 들어와서 주의과정을 거쳐야 지각이 되고, 이 정보가 감각기억 장치를 거쳐 단기기억 혹은 장기기억으로 처리가 된다. 이처럼 주의는 인간의 학습 및 인지과정을 가능하게 하는 시초로서 중요한 의미가 있다.

(4) 기억발달

영아에게도 기억능력이 있는가? 영아는 이전의 자극과 새로운 자극을 구별하는 능력을 가지고 있다. 이 점은 영아에게도 기억능력이 있다는 것을 말해 주는 것이다. 만약 영아가 처음의 자극에 대한 기억이 없다면 새로운 자극이 제시되었을 때 그것이 이전의 자극과 다르다는 것을 알아채지 못할 것이다(Newcombe & Lie, 1995). 영아에게 기억능력이 있다는 것에 대해서는 재인기억(recognition memory)과 회상기억을 구별함으로써 이해할 수가 있다.

① 재인기억

영아도 이전에 본 것을 기억할 수 있는가? 이 문제를 해결하기 위해서는 습관화-탈습관화 개념을 연구를 통해 알 수 있다. 습관화(habituation)는 어떤 자극을 똑같이 여러 번 반복하여 자극을 주면, 자극에 대한 반응에 대한 강도가 감소하는 것을 말한다. 탈습관화(dishabituation)는 새로운 자극이 제시되면 다시 새로운 관심으로 반응이 나타나는 것을 말한다.

시각, 청각, 후각, 미각, 촉각 등 감각기관을 통해 여러 번 반복되는 자극에 습관화된다. 이러한 습관화는 영아의 성숙 정도와 건강상태에 따라 발달의 기준이 되기도 한다. 뇌손상이나 뇌충격 그리고 출생 시 산소결핍을 뜻하지 않게 경험하게 된 영아는 습관화가 순조롭게 잘 진행되지 않을 수 있으며, 이후에 발달장애 또는 학습장애를 보일 수도 있다.

② 회상기억

영아기의 회상기억(recall memory)을 연구하는 것은 재인기억을 연구하는 것보다 훨씬 어렵다. 왜냐하면 아동을 대상으로 하여 회상기억을 연구할 때 사용되는 그림이나

[그림 5-5] '인형 목욕시키기' 실험

글 또는 구두 반응을 영아는 할 수 없기 때문이다. 그러나 대상영속성 개념이나 지연모 방의 과제를 사용하면 영아기의 회상기억 연구가 어느 정도는 가능한 것으로 보인다.

　단순한 형태의 회상기억은 영아기 초에도 가능하다고 주장하는 연구가 있다 (Mandler, 1988). 첫돌 무렵이면 대부분의 영아들은 대상영속성이 나타나는데, 사라진 물체를 이리저리 찾는 행동은 영아도 회상기억이 가능하다는 것을 증명하는 것이다.

　바우어와 맨드러(Bauer & Mandler, 1989)의 '인형 목욕시키기' 실험([그림 5-5] 참조) 에서 13개월 영아가 자신의 인형을 욕조 속에 넣고, 스펀지에 비누칠을 한 후에 인형을 씻겼고, 수건으로 인형의 몸을 닦아 주는 일련의 행동을 빠짐없이 그대로 재연하였다. 영아 자신이 경험한 목욕하기를 그대로 인형에게 재연한 이러한 연구결과로 미루어 볼 때, 목욕시키기에 대한 회상기억이 영아기 때부터 발달한다는 것을 알 수 있다.

2) 유아기 사고

　유아기 사고는 Piaget의 전조작기를 두개로 나누어서. 2~4세 전개념적 사고 (preconceptual period)와 4~7세를 직관적 사고기(intuitive period)로 분류할 수 있다.

(1) 전개념적 사고

　전개념적 사고의 특성은 정신적 표상, 자기중심성, 물활론적 사고와 인공론적 사고,

전환론적 추론이라고 말할 수 있다. 직관적 사고기의 특성은 감각적 직관으로 사물을 인식하고 판단하는 것을 말한다. 전개념적 사고와 직관적 사고 때문에 유아는 보존 개념과 가역성 그리고 유목화, 서열화의 개념 습득에 어려움이 있다. 그러나 최근 연구에서는 피아제의 연구방법을 그대로 사용하지 않고 유아의 특성에 맞는 언어 표현과 도구 및 활동을 사용하는 연구가 전개되고 있다.

① 정신적 표상

감각운동기에서 전조작기로 들어오면서 유아에게 나타나는 가장 큰 변화는 정신적 표상이며, 감각운동기 말기에 영아는 자신의 행동이나 감각에만 의존하는 사고가 아닌 정신적 표상(representation abilities)이 가능하며, 유아의 정신적 표상은 언어와 그림 및 놀이를 통해 나타난다.

정신적 표상 발달의 증거로 2세경부터 가장놀이(pretend play)가 시작된다. 이러한 표상 활동은 유아기에 보다 발달한다. 예를 들어, 강아지 인형을 보고 아기라고 하면서, 우유를 먹이고 자장 자장하며 잠을 재워 주는 모습을 보이거나 업고 다니면서 강아지처럼 행동하면서 선생님은 강아지의 외할머니라고 부르기도 한다. 가상의 사물이나 상황 그리고 장소를 실제 사물이나 상황으로 상징화하는 놀이 등으로 가장놀이를 하면서 강아지를 아기로, 자신은 엄마로, 선생님은 할머니로 상징하여 표상을 한다.

[그림 5-6] 동물의 울음소리를 내며 가장놀이를 즐기는 유아

유아들은 나이가 들면서 점차 가상과 실제를 구분하게 되면서 자신 및 타인에 대한 정신적 표상활동에 대해 추론하는 능력이 생겨난다. 예를 들어, 모형 자동차에 탄 유아가 또래에게 "내가 운전사야. 차가 멈추면 네가 타는 거야. 어디로 갈지 얘기해."와 같이 말한다면 자신 및 또래가 어떻게 환상적인 표상을 해야 할지를 유아가 사고하고 있다고 볼 수 있다.

정신적 표상을 하는 능력은 연령이 증가할수록 계속해서 발달해 나간다. 유아의 정신적 표상능력은 3, 4세의 경우 가상능력이 부족하지만, 5세가 되면 거의 완벽한 수준에 이르게 된다.

유아들은 표상적 사고와 공간 개념도 함께 발달한다고 볼 수 있다. 3세 이하의 유아들은 동시에 마음속에 두 개 이상의 정신적 표상을 요구하는 공간적 관계를 이해하는 것이 어렵기 때문에 표상적 사고를 잘하지 못하며, 3세 이후에도 대부분의 유아는 아직 그림, 지도, 모형들에 대해 표상하는 사물이나 공간들 간의 관계를 확실하게 이해하지 못할 수 있다. 하지만 나이가 들면서 유아는 간단한 지도 정도는 이해할 수 있게 되고, 모형에서 얻은 공간적 이해를 평면적 지도에 전이할 수 있으며, 평면적 지도의 이해를 공간적 이해로 전이할 수 있다. 즉, 유아가 다양한 상징물이나 그림책, 사진, 그림, 지도 또는 가상활동 등을 통해서 어떤 대상이 또 다른 대상으로 상징될 수 있다는 것을 알게 되는 것이 좀 더 쉬워지며, 이러한 정신적 표상능력의 발달을 통해 지식이 보다 풍부해지고 확장된다.

[그림 5-7] 자동차운전놀이를 통하여 정신적 표상활동을 하는 유아

[그림 5-8] 5세 유아들이 그린 우리 동네 지도 작품

② 자기중심성

전조작기 유아는 다른 사람들의 생각과 감정이 모두 자신과 똑같다고 믿는다(Piaget & Inhelder, 1956). 이것은 유아의 자기중심성(egocentrism)을 의미하며, 유아는 모든 사람이 똑같이 이 세상을 보고 느끼며, 생각하는 것이 똑같을 것이라고 믿는다. 예를 들어, 부모의 생일에 자신이 좋아하는 과자와 케이크를 선택하거나, 숨바꼭질놀이를 할 때 자신의 얼굴을 두 손으로 가리면 내가 보이지 않으니 다른 사람들도 나를 보지 못할 것이라고 생각하는 것 등이 자기중심성의 사례이다. 또한 잘 알려진 사례인 피아제와 인헬더의 세 산 모형 실험(three-mountains experiment)에서도 자기중심성을 확인해 볼 수 있다.

색깔, 크기, 모양이 서로 다른 세 가지 산을 각기 다른 위치에 배열한 다음, 유아에게 보여 주면서 산이 어떻게 보이는지 세 가지 산 그림 중에서 고르라고 하면 대부분 자신이 보고 있는 모습과 같은 산 그림을 고른다. 자신과 다른 위치에 있는 인형은 어떻게 보일지를 물어보고, 세 가지 산 그림에서 고르라고 해도 많은 유아는 자신이 보고 고른 산의 모습과 같은 것을 고른다(Gzesh & Surber, 1985). 이는 유아가 자신의 관점만을 중시하고 다른 사람(인형)의 관점을 고려하지 못하기 때문이다.

대화를 통해서도 유아의 자기중심적 사고가 반영된 언어 사용을 확인해 볼 수 있다. 자기중심적 언어는 자기가 한 말을 타인이 이해하든 못하든 상관없이 자신의 생각만

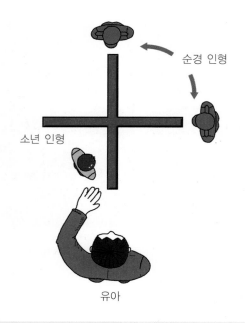

순경 인형

소년 인형

유아

[그림 5-9] 코헨의 순경놀이 실험

을 전달하는 일방적인 의사소통 양식을 말한다. 그러나 또 다른 연구(Cohen, 1983)에서는 피아제의 세 산 모형 자체가 유아에게 친숙한 대상이 아니기 때문에 그런 결과가 나왔을 것으로 보고 유아에게 보다 친숙한 순경놀이(경찰관 실험)를 통해 피아제의 실험 결과에 대해 반박을 하고 있다. 순경 인형이 소년 인형을 잡으러 가는 게임 실험에서는 유아에게 순경 인형이 볼 수 없도록 소년 인형을 숨기라고 하면 유아는 순경 인형이 볼 수 없도록 소년 인형을 잘 숨겼다. 좀 더 복잡한 게임 실험으로 두 명의 순경이 소년을 잡으러 가는 경우에도 두 순경 인형이 보지 못하도록 소년 인형을 잘 숨겼다. 이는 유아가 상대방의 관점을 이해하고 상대방이 찾지 못하도록 숨길 수 있다는 것을 의미한다.

이를 통해 유아는 자신이 직접 경험하지 않은 상황에 대해서는 기본적으로 자기중심성을 보이지만 경험해 본 상황에 대해서는 타인조망수용이 가능함을 알 수 있다(이영 외, 2015; Papalia, Gross, & Feldman, 2003).

③ 물활론적 사고와 인공론적 사고

유아들은 실제 생명이 없는 대상까지도 생명이 있다고 생각하는데, 이를 물활론적 (animism) 사고라고 한다(곽노의 외, 2007, p. 271).

- 모든 생물은 살아 있다고 생각: 첫 단계(4~6세)
- 움직이는 것은 모두 살아 있다고 생각: 둘째 단계(6~8세)
- 스스로 움직이는 것만 생명이 있는 것으로 생각: 셋째 단계(8~12세)
- 생물학적 생명관에 근거한 식물류와 동물류에만 생명이 있다고 생각: 넷째 단계 (12세 이후)

유아의 물활론적 사고의 예를 살펴보면, 유아가 놀잇감을 정리하면서 휴지통을 보고 "얘가 안 비켜 줘요."라고 말하는 것, 친구가 강아지 인형의 꼬리에 손을 대자 화를 내며 "얘가 그러면 싫어해."라고 이야기하는 것 등이다. 이를 통해 유아는 무생물을 살아 움직이고 감정을 지닌 존재로 여긴다는 것을 알 수 있다. 성인도 이러한 유아의 물활론적 특성을 이해하고 자녀가 돌에 걸려 넘어졌을 때 돌을 때리며 "때찌, 왜 ○○를 아프게 해. 다음에 또 그러면 혼난다."라고 이야기해 주기도 한다.

그러나 최근 관점에서는 유아가 사물의 친숙성 정도에 따라 물활론적 사고의 차이를 보이는 것으로 보기도 한다. 즉, 경험이 없는 친숙하지 못한 사물에 대해서는 물활론적 사고를 하지만 이미 알고 있는 친숙한 사물에 대해서는 물활론적 사고가 나타나지 않을 수 있다. 유아에게 이미 친숙한 로봇, 크레용, 블록, 공 등 친숙한 대상을 가지고 이 사물이 살아 있는지 질문하면, 유아는 이것들은 살아 있지 않다고 대답한다. 반면에, 인형이 살아 있다고 생각하고 그렇게 말하는 유아는 물활론적 사고를 하고 있다고 볼 수 있다(Richards & Siegler, 1986).

또한 인공론(animism)이란 이 세상의 모든 사물이 사람에게 필요하기 때문에 사람이 모두 만든 것이라고 믿는 것이다. 이런 사고는 유아의 자기중심성이 그 원인이 된다고 볼 수 있다. 예를 들어, 해는 자신이 걸어가거나 뛰어가면 함께 따라오는 것이라고 생각하고, 풍성한 나무들은 자신이 더울까 봐 그늘을 만들어 준다고 생각하는 것이다.

[그림 5-10] 인형이 살아 있다고 생각하고 말하는 유아(물활론적 사고)

[그림 5-11] 해님이 자신을 따라온다고 믿는 유아(인공론적 사고)

④ 전환적 추론

전조작기 유아는 사태가 전환되어 가는 과정, 변환을 지각하지 못한다. 이로 인해 유아들은 서로 전혀 관련 없는 사건임에도 불구하고 만약 두 사건이 함께해서 발생했다면, 두 사건이 서로 관련 있다고 생각한다. 즉, 한 사건이 다른 사건의 원인일 것이라고 생각하는데 이런 사고를 '전환적 추론(transductive reasoning)'이라고 볼 수 있다. 예를 들어, 엄마에게 거짓말을 했는데 그날 엄마가 감기에 걸렸다면 '내가 거짓말을 했기 때문에 엄마가 아픈 거야.'라고 생각하는 것이다. 이는 피아제가 피아제의 딸 루시엔느가 "나는 아직 낮잠을 자지 않았어. 그러니까 지금은 오후가 아냐."라고 말하는 것은 루시엔느가 전환적 추론을 하고 있다고 주장한 것과 같은 맥락이다.

[그림 5-12]　근접한 두 사건을 원인과 결과로 믿는 유아(전환적 추론)

이같이 유아는 두 사건의 논리적 연관성(인과관계)을 고려하지 않고 전환적 추론을 한다. 그러나 유아가 잘 알고 있는 상황이나 이미 친숙한 사건인 경우는 논리적인 인과관계가 일어날 수도 있다는 것을 고려해야 한다(Wellman & Gelman, 1998: 이영 외, 2009, pp. 259-260에서 재인용). 예를 들어, 유아에게 도미노 블록이 연이어서 넘어지는 것을 보여 준 후 중간에 놓여 있던 도미노 블록 몇 개를 치우면 3세 유아도 블록이 빠진 자리 때문에 블록들이 연이어서 계속 넘어지지 않으리라 예측할 수 있다.

(2) 직관적 사고

직관적 사고란 직관에 의해 사물을 파악하는 사고능력으로, 판단이 직관에 의존하게 되면서 전체와 부분의 관계를 정확하게 파악하지 못하며, 그때그때 직관에 의해 판단함으로써 보존개념, 유목화, 서열화에 미숙할 수 있다.

① 보존개념과 가역성

보존개념(conservation)은 물질의 수, 양, 길이, 면적, 부피 등에 외부 형태의 변화가 일어나더라도 물질이 가지고 있는 속성은 여전히 동일하게 보존된다는 것을 말한다. 그런데 전조작기 유아에게는 보존개념이 거의 없다고 볼 수 있다. 이는 유아가 바로 눈앞에서 외형으로 보이고 감각적으로 느껴지는 것에 초점을 두고 생각하는 자기중심성 및 직관적 사고, 비가역성에 기인한다.

가역성(reversibility)이란 논리적, 조작적 사고의 특징으로 질량에 변화가 없다면 외형의 변화를 가져도 다시 되돌아갈 수 있다는 것을 아는 능력을 뜻한다. 비가역적인 사고를 하는 유아의 예를 들면, 뾰족한 콘에 있는 아이스크림을 넓은 컵에 넣어서 주면 똑같은 양이라는 것을 이해하지 못하기 때문에 가역적 사고를 하지 못하고 다시 뾰족한 콘에 올려 달라고 떼쓰면서 콘이 컵보다 더 아이스크림이 많다고 생각하는 것이다.

보존개념이 획득되는 연령은 과제의 유형과 조건에 따라 차이가 날 수 있는데, 수개념은 연령에 따라 증가되며, 5~6세경에는 길이개념이 획득된다. 6~7세경에 무게, 액체, 질량개념이 획득되며, 면적은 7~8세경에, 부피개념은 11~12세경에 획득된다. 즉, 유아는 수 보존개념 발달이 가장 먼저 형성되며, 개인차가 있기는 하지만 구체적 조작기가 시작되는 7세를 기준으로 이전 연령과는 다른 보존개념의 차이가 나타난다.

유아의 보존개념은 교사와 부모 및 또래의 비계설정을 통해 발달될 수 있다. 이들의 비계설정 전략에 도움을 줌으로써 유아의 보존개념 형성과 촉진에 큰 도움이 된다.

② 유목화와 서열화

전조작기 유아는 상위 유목과 하위 유목 간의 관계에서 여러 하위 유목이 하나의 상위 유목에 포함된다는 개념을 아직 이해하지 못한다. 예를 들어, 유아는 고양이와 소가 동물에 포함되고, 개미와 잠자리가 곤충에 포함되며, 국화와 코스모스가 식물에 포함된다는 것을 이해하는 능력인 유목화 능력이 아직 부족하다.

피아제의 유목 포함 과제에서 유아에게 15송이의 장미꽃 그림을 준비하여 이 중 10송이 빨간색 장미꽃 그림과 5송이 노란색 장미꽃 그림을 보여 주고, 교사가 "빨간색 꽃과 꽃 중에서 어느 것이 더 많니?"라고 물어보면 유아는 "빨간색 꽃이 더 많아요."라고 대답한다. 여기에서 유아는 빨간 꽃과 노란 꽃이 모두 다 꽃에 속한다는 상위 유목을 모른다. 즉, 전체와 부분 간의 관계를 이해하지 못하고 있는 것이다.

유아들의 유목 포함 수행능력은 연령이 증가함에 따라 점차 발달한다. 후기 피아제 학파의 연구에서는 질문 양식을 변형하거나, 유목의 수를 줄이거나, 유아가 이미 잘 알고 있는 친숙한 과제이거나, 재미있는 이야기 속에 나오는 대상을 과제로 사용한다면 유아도 유목 포함 조작이 가능하다고 보았다. 예를 들어, 대응 질문의 연구(McGarrigle, grieve, Hughes, 1978)에서 "검은 소가 더 많을까? 소가 더 많을까?"를 변형하여 "검은 소가 더 많을까? 자고 있는 소가 더 많을까?"라고 질문했을 경우에 2배의 정답이 나왔

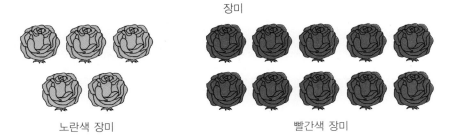

[그림 5-13] 피아제의 유목 포함 실험(꽃)

[그림 5-14] 원기둥을 크기와 높이의 순서대로 늘어놓는 유아

다. 또한 전조작기 유아는 서열화 능력이 부족하다. 서열화는 여러 대상을 일정 기준에 따라 순서대로 배열할 수 있는 능력이다. 나귀옥(2002)의 연구에서 3세는 5개 이하의 사물은 서열화할 수 있지만 5개 이상의 사물을 서열화하는 것은 유아들에게는 쉽지 않다고 보았다.

유아의 인지발달을 위해서는 교사와 부모를 비롯한 성인의 역할이 중요하다. 조기교육 및 사교육을 통해 유아의 인지 수준을 억지로 끌어올리는 것은 무모하며, 유아의 발달에 적합한 교육을 통해 인지발달을 꾀하는 것이 필요하다. 우남희, 백혜정, 김현신(2005)의 연구에 나타난 유치원 원장들의 주장을 살펴보면, 유아가 조기 사교육을 받았던 분야의 지식이 크게 증가하지 않았을 뿐만 아니라 또래보다 뛰어난 특기나 재능도 보이지 않았다.

즉, 유아의 인지발달을 위해서는 과열한 사교육보다는 정규유아교육기관에서 천천히 발달에 적합한 프로그램으로 영아기 때부터 기초를 다지는 것이 중요하며, 교사와 부모가 발달에 적합한 교육에 대한 신념을 갖고 질적으로 높은 수준의 교육 환경을 제공해 주는 것이 필요하다.

직관적 사고를 하는 유아들은 사물을 볼 때 그대로 나타나 보이는 특징이나 속성을 바탕으로 사고를 한다. 즉, 유아기에는 양, 수, 길이, 무게, 부피 등에 대해 모두 직관적 사고에 의존한다. 보존개념 사례를 통해 직관적 사고를 이해할 수 있다.

[그림 5-15]는 양에 대한 보존개념(Piaget, 1962)의 이해 정도를 소개하는 것으로 유아기에는 물의 양이 일정한데도 컵의 모양이 바뀌면 물의 양이 다르다고 생각한다. 수 보존개념은 사물의 배열에 변화가 생겨도 그 속성이 바뀌지 않는다는 것을 이해하는 것을 의미하는데, 피아제에 의하면 전조작기에 있는 유아는 이런 수개념을 획득하지 못한다. 유아기에 나타나는 중심화현상 때문에 두 개 이상의 차원을 동시에 생각하지 못하고 두드러진 한 가지 차원에만 집중할 수밖에 없는 지각적 특성을 드러낸다. 이러한 수 보존개념은 역시 연령에 따라 점차적으로 발달을 하며 어떤 과제의 종류에 따라 다르게 나타날 수 있다.

[그림 5-15] 피아제의 '양에 대한 보존개념' 실험

[그림 5-16] 피아제의 '수에 대한 보존개념' 실험

1. 인지발달의 개념으로는 도식, 적응, 평형화 등이 있다. 도식이란 '지각의 틀' 또는 '반응의 틀' 그리고 '이해의 틀'로 설명할 수 있다. 적응이란 환경과의 끊임없는 상호작용을 통해서 이루어지는 과정으로 동화와 조절이라고 말할 수 있다. 동화와 조절을 통하여 유기체가 환경과 균형 상태를 이루는 것이며, 새로운 자극을 경험했을 때 새로운 자극이 이전 경험의 도식과 맞지 않다면 불평형 상태에 이르게 된다.

2. 영유아기 인지발달이론으로는 피아제 인지발달, 비고츠키 인지발달, 정보처리이론 등이 있다. 피아제의 영유아기 인지발달은 감각운동, 전조작기로 설명할 수 있다. 비고츠키 인지발달은 사회문화인지이론으로 근접발달영역, 비계설정, 언어가 유아의 사고발달에 필수적이라는 특징을 가지고 있다. 정보처리이론은 기억의 구조와 기억의 정보처리과정, 기억책략의 발달 등을 다루고 있다.

3. 영유아기 사고발달의 특징인 감각적 사고와 전개념적·직관적 사고는 정신적 표상, 자기중심성 그리고 물활론과 인공론, 전환적 추론, 보존개념과 가역성, 유목화와 서열화 등으로 설명할 수 있다.

1. 다음 〈보기〉는 인지발달의 개념 중 무엇에 대한 설명인가?

> 〈보기〉
> - '지각의 틀' 또는 '반응의 틀' 그리고 '이해의 틀'로 이해할 수 있다.
> - 여러 가지 경험을 통해 점점 분화되어 발달한다.

① 도식   ② 적응
③ 평형화   ④ 조절

해설 　도식이란 '지각의 틀' 또는 '반응의 틀' 그리고 '이해의 틀'로 이해할 수 있다. 도식은 여러 가지 경험을 통해 점점 분화되어 발달한다. 또한 환경과 상호작용하는 데 수많은 도식이 이용된다. 즉, 엄마의 젖을 빠는 경험을 통해 빠는 도식을 형성하며, 손으로 쥐는 도식과도 통합하게 된다.

2. 〈보기〉에서 설명하는 이론은 피아제의 인지발달이론 중 어느 단계에 대한 설명인가?

> 〈보기〉
> - 상징적 활동의 증가: 상징적 활동의 일환으로 병원놀이를 하고 있는 모습에서 볼 수 있다.
> - 자기중심적 사고: 피아제와 인헬더(Piaget & Inhelder, 1969)의 '세 산 실험(three-mountains experiment)'에서 자기중심적 사고를 이해할 수 있다.

① 감각운동기   ② 전조작기
③ 구체적 조작기   ④ 형식적 조작기

해설 　상징적 활동의 증가와 자기중심적 사고는 전조작기(2~7세)의 특징이다.

3. 다음 〈보기〉는 무엇에 대한 설명인가?

> 〈보기〉
>
> 물질의 수, 양, 길이, 면적, 부피 등 외부의 형태가 변화하더라도 물질의 속성은 이
> 전과 동일하게 보존된다는 것이다. 이는 유아가 바로 눈앞에서 외양으로 보이는 감각
> 적으로 느껴지는 것에 초점을 두고 생각하는 자기중심성 및 직관적 사고, 비가역성에
> 기인한다.

① 보존개념   ② 대상영속성

③ 물활론적 사고   ④ 유목화

해설 보존개념에 대한 설명이다.

4. 다음 〈보기〉의 (   )에 알맞은 단어는?

> 〈보기〉
>
> (   )란 유아가 사물을 볼 때 그대로 나타나 보이는 특징이나 속성을 바
> 탕으로 사고하는 것을 말한다. 즉, 유아기에는 양, 수, 길이, 무게, 부피 등에 대해 모
> 두 (   )에 의존한다.

① 직관적 사고   ② 유목화

③ 가역성   ④ 전환론적 사고

해설 직관적 사고란 유아가 사물을 볼 때 그대로 나타나 보이는 특징이나 속성을 바탕으로 사고하는
것을 말한다. 즉, 유아기에는 양, 수, 길이, 무게, 부피 등에 대해 모두 직관적 사고에 의존한다. 보존개념
사례를 통해 직관적 사고를 이해할 수 있다.

5. 다음 〈보기〉에서 감각운동기에 대해 바르게 설명한 것끼리 묶은 것은?

〈보기〉

가. 반사단계(출생~1개월): 꼭지가 입을 자극하거나 젖병을 볼에 갖다 대면 자동적이고 반사적으로 빠는 동작을 보인다. 처음에 시행착오를 거치면서 빠는 행동을 조절하며 점차 적응적이 된다.

나. 2차 순환반응단계(4~8개월): 눈앞에 사물이 없더라도 이미지를 떠올려 생각하는 '표상적 사고'가 가능해진다.

다. 2차 순환반응협응단계(8~12개월): 방해물을 치우려는 행위는 상자를 잡으려는 목적을 위한 수단으로 이용한 협응된 반응으로 이는 문제해결 행동의 시초라고 할 수 있으며, 인과개념을 이해하는 첫 시도로 볼 수 있다.

라. 내적 표상시작단계(18~24개월): 모델이 없어도 과거에 관찰했던 대상의 행동을 기억 속에 저장하였다가 이후에 상기시켜 모방할 수 있게 된다.

① 가, 나, 다   ② 가, 다, 라

③ 나, 다, 라   ④ 나, 라

해설   2차 순환반응단계(4~8개월): 2차 순환반응단계에서는 관심의 초점이 자신이 아닌 외부에 대해 반응할 수 있게 되므로 '2차'라고 부른다. 영아 자신의 신체적 운동의 순환반응으로 제한적이기는 하나 자신의 신체로 인한 환경과의 접촉에 대한 관심이 확장된다. 우연한 행동에 대한 만족스러운 결과에 대해 반복하게 되는데 이는 영아의 의도성이 있으며, 초기 목표지향적 행동이 나타났다고 볼 수 있다.

내적 표상시작단계(18~24개월): 눈앞에 사물이 없더라도 이미지를 떠올려 생각하는 '표상적 사고'가 가능해진다.

정답 1. ①, 2. ②, 3. ①, 4. ①, 5. ②

제6장

영유아기 언어발달

☀ 학습목표

1. 언어발달의 개념을 설명할 수 있다.
2. 각 언어습득이론의 주요개념을 정의할 수 있다.
3. 영유아기 언어발달에 영향을 미치는 요인을 파악할 수 있다.

☀ 주요용어

언어, 언어습득이론, 언어발달, 언어발달평가

언어는 동물과 사람을 구별시켜 주는 특별한 도구이다. 인간의 정신활동에 빼놓을 수 없는 중요한 역할을 하며, 한 사람이 타인과 자신이 서로 다른 존재라는 것을 느끼고 사고하여, 자신의 감정과 생각을 전달하는 수단이다. 동물들도 서로 간에 의사소통을 하지만 지극히 제한적이며 한정된 표현만을 전달한다. 그러나 인간은 스스로의 사고를 표현하기 위하여 감각적 기호들을 사용하여 융통성 있고 생산적인 활동을 한다. 이러한 언어를 영유아들은 매우 일찍부터 배워 간다.

1. 언어의 개념 및 특징

1) 언어의 개념

언어는 인간의 의사소통을 위해 생물학적으로 주어진 신호 체계이며, 하나의 공유된 어휘는 다른 사람들을 묶어 주고 그들로 하여금 공통적 문화를 창조하게 해 주는 역할을 한다. 영유아기는 언어의 결정적 발달시기이고, 언어가 중요한 이유는 다음과 같다(이차숙, 2005; 정남미, 2014; Pence & Justice, 2010: 이희정, 위영희, 이유진, 윤갑정, 홍희영, 2014에서 재인용).

첫째, 언어란 의사소통수단으로써 공유된 부호(code)이다. 즉, 사회를 이루고 있는 구성원끼리 생각이나 감정을 전달할 수 있게 해 주는 공유된 부호라는 것이다.

둘째, 언어는 자의적(arbitrary) 상징기호이다. 즉, 사회 구성원 간의 의사소통을 위하여 서로 약속된 상징기호이다. 사물, 사건, 사실들을 직접 주고받는 것이 어려우므로 이것들을 대신하여 상징적 의미로 대신하기도 한다. 예를 들면, 우리말에서 '개(犬)'는 영어로 '도-그(dog)', 독일어로 '훈트(Hund)'이다. 이처럼 동일한 대상을 칭하는 명칭이 각 나라마다 다르듯이 동일한 사회 구성원 간의 의사소통을 위해서는 임의적인 합의가 필요하다.

셋째, 언어 기호는 관례적이다. 관례는 소리를 낱말로, 낱말을 구와 절이나 문장으로 형성하는 방식이다. 이러한 체계적인 규칙을 문법이라고 한다. 언어는 낱말 사용의 규칙, 어순의 배열, 어형의 변화와 같은 일정한 규칙에 의해 이루어진다.

넷째, 언어는 사고를 표상하는 도구이다. 언어는 사고와 밀접한 관계를 맺고 있으며, 언어에는 반드시 사고과정이 수반된다. 이것은 언어가 없는 사고도 불가하지만 사고가 없는 언어 사용도 불가하다는 뜻이다.

또한 우리 일상생활에서 자주 혼용되어 사용되는 말, 언어, 의사소통의 차이를 비교하면 다음과 같다(김상희, 김지신, 박웅임, 한세영, 2014; 윤복희, 김은영, 박혜경, 최일선, 2013).

[그림 6-1] 언어영역

(1) 말

말(speech)은 언어에 비해 개인적 측면이 강조되며 협의의 언어를 의미한다. 말이란 인간의 사고나 감정 따위를 소리로 표현하는 데 쓰는 음성기호로 목구멍을 통하여 조직적으로 나타내는 소리를 가리킨다.

(2) 언어

언어(language)란 인간이 상호의사를 전달하는 기호체계의 하나이며, 의사소통을 위해서 사용되는 상징체계로 사회적 측면이 강조된다. 즉, 언어는 말을 통해 전달될 수 있지만 말이 언어의 필수조건은 아니다. 예를 들어, 수화는 말과 다른 독자적인 상징 조합과 규칙이 있는 별개의 시공간적인 언어이다.

(3) 의사소통

의사소통(communication)이란 두 사람 이상의 사람들 사이에서 정보가 전달되는 과정을 의미하는 것으로, 의사소통을 위해서는 말을 전하는 자와 말을 들어 주는 자가 필요하다.

2) 언어의 특징

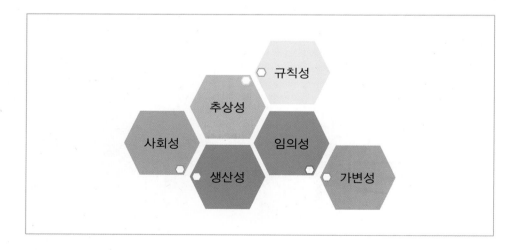

언어는 크게 규칙성, 임의성, 추상성, 사회성, 생산성, 가변성 등의 특징을 갖는다.

- 규칙성: 언어는 일정한 규칙 체계를 갖고 있다. 어순과 의미를 결정하는 것으로 이를 문법이라고 한다.
- 임의성: 언어는 어떤 대상에 임의적으로 음성, 문자를 연결시키기로 한 약속부호이다. 예를 들어, 엄마 몸에서 태어난 어린아이를 우리나라에서는 '아가'라고 하고, 미국에서는 'baby'라고 한다.
- 추상성: 언어와 사물은 전혀 닮지 않았다. '꽃'이라는 단어와 실제 꽃과는 유사성이 없다. 실제 사물과 언어는 전혀 닮지 않았지만, 이것도 임의적인 약속인 것이다.
- 사회성: 언어는 가장 사회적이며 가변적인 것으로서 타인과의 상호작용에 주된 목적이 있다. 따라서 동일한 언어를 사용하는 국가나 사회는 같은 언어 사회를 구성한다.
- 생산성: 각 언어마다 제한된 어휘를 갖고 있지만 다양한 단어와 문장을 생성할 수 있다. 따라서 새로운 단어가 생겨나고, 만들 수 있는 문장의 수는 무한하다고 할 수 있다.
- 가변성: 언어는 무수히 변해 왔고, 변화하고 있다. 어휘의 생성, 소멸, 변화 등이 사회 현상에 따라 끊임없이 이루어진다.

3) 언어의 구조와 구성요소

언어의 구조란 그 사회를 구성하고 있는 사람들이 합의하여 사용하는 말의 소리와 단어의 조합, 문장과 말을 구성하는 규칙을 말한다. 구성요소에는 자음과 모음, 음소, 음절, 형태소, 단어, 문장이 있고, 언어가 숙달되기 위해서는 음운론, 의미론, 구문론, 화용론적 지식이 필요하다(정남미, 2014; 최경숙, 송하나, 2010).

[그림 6-2] **언어영역**

(1) 언어의 구조

① 자음과 모음

한글을 구성하는 14개의 자음과 10개의 모음, 총 24개의 자음과 모음을 말한다.

② 음소

음소란 단어의 의미를 구별 짓게 만드는 가장 작은 말소리의 단위이다. 각 음소는 그 자신만으로는 아무 의미를 지니지 않으며, 다른 음소들과 결합되어야만 의미의 구분이 가능하다.

③ 음절

자음과 모음으로 구성된 발음의 최소 단위로서 초성, 중성, 종성으로 삼분되어 있다. 음절의 구조에는 모음(예: 아, 어, 애, 왜, 예 등), 자음+모음(예: 가, 너, 도, 로, 며 등)의 받침 없는 글자, 모음+자음(예: 악, 열, 옹, 원, 율 등)과 자음+모음+자음(예: 강, 돌, 섭, 총 등)의 받침 있는 글자가 있다.

④ 형태소

더 이상 작게 쪼갤 수 없는 최소의 의미단위를 말한다. 그 자체로 하나의 단어로 기능할 수도 있고, 두 개 이상의 형태소가 결합하여 단어를 구성할 수도 있다. 예를 들어, '아버지'는 하나의 형태소인 단어로 기능하지만, '새' 또는 '큰'이라는 형태소는 다른 형태소와 결합하여 '새아버지' '큰아버지' 등의 새로운 단어가 될 수 있다.

⑤ 단어

단어란 문장을 이루는 기본 단위이며, 분리하여 자립적으로 쓸 수 있는 말의 최소 단위이다. 문장은 단어가 일정한 규칙에 의해 연결되고 조직된 것으로 대개 주어와 서술어를 갖추고 있는 말의 집합을 뜻한다.

(2) 언어의 숙달

언어학은 인간이 내는 소리와 구조, 언어의 의미와 실제로 활용되는 분야에 따라 구분된다.

〈표 6-1〉 **언어학의 분야**

음운론적 지식	• 언어의 음성체계 • 유아는 성장하면서 소리를 낼 수 있는 음소 중에서 받아들여지는 것과 받아들여지지 않는 것을 구별하기 시작함 예: 소리의 이해('공'과 '콩'을 구별), 소리의 산출('에'와 '예'를 구별)
의미론적 지식	• 단어와 문장에서 표현된 의미를 가리킴 • 유사한 대상이나 현상을 지칭하는 낱말 간의 미묘한 차이를 구분하는 능력 예: '자다'와 '졸다'의 차이, '빨갛다'와 '벌겋다'의 차이
구문론적 지식	• 문법적 규칙들을 이해하고 구사하는 능력 • 단어들이 결합되어 절이나 문장 구성을 의미 있게 이루기 위한 규칙을 아는 것 예: '잔다, 먹는다, 간다'의 행동이 과거에 이미 이루어졌을 때는 '잤다, 먹었다, 갔다'의 표현으로 바뀌는 것을 이해하는 것
화용론적 지식	• 효율적인 의사소통을 위하여 언어 사용의 규칙을 아는 것 • 사회언어적 지식을 포함하고 있음 • 사회적 상황에 적절한 말의 산출을 의미 예: '잘했어'라는 표현도 사용되는 맥락이나 상황에 따라 칭찬인지, 비난인지를 구분하고 이를 적절하게 대처하는 능력을 획득함

2. 언어발달이론

아기는 출생 후부터 양육자 및 주변 사람들과의 상호작용을 통해 정보를 획득하고, 사회적 상호작용 속에서 갈등을 느끼거나 문제를 해결하며, 자신과 타인의 생각을 전달하고 알아내는 등 자연스러운 언어발달과정을 거치게 된다. 다른 발달이론처럼 언어발달이론 또한 어느 한 이론이 절대적으로 옳거나 모든 것을 설명해 주지는 못한다. 왜냐하면 인간의 언어나 의사소통 행동은 매우 복잡한 기능들이 서로 복합적으로 작용한 결과이기 때문이다(이차숙, 2005). 대표적인 언어발달이론에는 행동주의, 생득주의, 상호작용주의이론이 있다.

1) 행동주의이론

행동주의이론을 주장한 스키너(Skinner)는 다른 행동과 마찬가지로 조작적인 조건형성과 흉내 내는 모방의 결과로 언어가 습득되고 언어 역시 경험의 결과라고 하였다. 행동 주의이론에서는 지식은 외부 세계에 존재하며 어떠한 지식 이든 계획적인 강화기제를 사용하여 영유아에게 가르칠 수 있다고 보았다. 언어교육의 목표 및 내용수준은 영유아의 발달수준과 기존 성인의 기준에 의해 정해지며, 어린 영유 아기부터 말하기, 듣기, 읽기, 쓰기의 교육이 동시에 이루어 질 수 있다고 하였다(이영자, 2009).

행동주의자들이 주장하는 언어발달의 일반적인 가정은 다음과 같다(강인언, 이한우, 정정란, 2009). 첫째, 아동은 일반적인 학습 가능성을 타고난다. 둘째, 언어학습을 포함 한 학습은 전적으로 인간행동을 형성해 주는 환경의 작용이다. 셋째, 아동의 행동은 특 정한 자극의 출현으로 나타난 특정한 반응의 강화를 통하여 형성된다. 넷째, 언어와 같 은 매우 복합적인 행동형성 과정은 정적 강화된 반응을 발전적으로 선택하거나 혹은 선택의 범위를 점점 좁혀 가는 차별강화를 통해 이루어진다.

이러한 행동주의이론의 장점은 언어 습득에서 주변의 성인이나 타인과의 다양한 상 호작용을 통해 모국어를 익히므로 환경의 중요성을 인정한다는 것이다(권민균 외, 2012). 반면, 단점은 영유아를 수동적 존재로 보며, 두 단어 이상을 발화하는 시기의 유 아가 문법과 어휘 습득에서 나타내는 창의적 활용성을 설명할 수 없다는 것이다. 또한 영유아의 단어 학습과정에 관한 설명력은 크지만 문법을 습득하는 과정에 대한 설명력 은 어렵다는 것이다.

2) 생득주의이론

생득주의이론은 행동주의적 견해와 상반된 입장으로, 언어습득 과정은 조작적 조건 형성 및 모방에 의해서만 이루어질 수 없다는 입장이다. 즉, 문법적인 규칙과 세세한

의미 등은 너무나 복잡하고 다양해서 강화를 받거나 모방
하는 것만으로는 학습될 수 없다는 것이다.

  인간은 태어날 때부터 언어를 획득할 수 있는 능력이 있
다고 한다. 언어학자 촘스키(Chomsky)는 인간에게는 선천
적인 언어획득기제(Language Acquisition Device: LAD)가
있는데, 이 언어획득기제는 모든 언어에 대하여 공통적인
규칙에 대한 지식을 포함하고 있다고 주장하였다. 따라서
아동은 어느 언어를 듣든 간에, 언어획득기제에 의해서 단
어를 결합하여 의미 있는 문장을 만들며 듣는 것을 이해할 수 있게 된다는 것이다(최경
숙, 송하나, 2010). 촘스키와 레너버그(Lenerberg)와 같은 생득론자들은 모든 아동이 언
어습득에 대한 체계적인 교육의 도움 없이도 비슷한 시기에 자신의 모국어를 숙달하게
되는 현상들이 이러한 견해를 지지한다고 보았다. 태어난 지 수일밖에 안 된 신생아도
같거나 비슷한 소리를 구별하는 능력을 갖고 태어나는 것이 그 예라고 할 수 있다.

  생득주의이론의 단점은, 첫째, 객관적으로 검증되지 않은 LAD에 관한 주장이라는
것이다. 둘째, 언어습득이 선천적이라는 주장은 무리가 있다는 것이다. 셋째, 사회
적ㆍ환경적 요인을 간과하여 이러한 영향을 무시하였다는 것이다. 넷째, 창조보다 모
방과 강화의 영향이 나타나는 초기 언어습득단계를 설명하는 데는 한계가 있다는 것이
다(장휘숙, 2010).

〈표 6-2〉 **촘스키와 레너버그의 이론**

촘스키	• 인간은 문법 이해를 가능하게 하는 생득적인 언어획득기제(LAD)를 갖고 태어남 • 인간 언어의 보편성, 내재적 언어원리와 구절구조 규칙을 지킴 • 유아는 LAD의 도움으로 입력된 단어를 처리하고 규칙성에 근거하여 모국어에 대한 가설을 형성함 입력된 단어 → LAD 처리 → 문법적 능력(이해, 산출)
레너버그	• 언어습득을 생물학적 관점에 기초하여 연구 • 지각, 범주화, 심리적 과정은 생물학적으로 결정된다고 함 • 언어습득의 결정적 시기를 강조함 • 언어행동 출현 시기와 일어서기, 걸어가기 등 운동발달 시점이 일치하고, 생물학적 성숙과 관련 있다고 주장함

3) 상호작용주의이론

행동주의이론과 생득주의이론 사이의 절충적 입장이 상호작용주의이론이다. 상호
작용주의이론은 다양한 요인이 발달 상호 간에 긴밀한 영향을 미친다고 생각한다. 즉,
사회적이고 언어학적이며 성숙적이고 인지적인 요인들이 상호 의존하고 상호작용하
여 각각의 요인에 영향을 미친다고 보는 것이다.

(1) 인지적 상호작용주의이론

언어발달이 인지적인 발달과 상징적 체계를 이해하는 데 기초적인 역할을 한다고
주장한 사람은 피아제(Piaget)이다. 언어는 생득적이거나 경험을 반복적으로 학습하여
이루어진 것이 아니고, 영유아의 현재 인지 수준과 현재의 언어학적·비언어학적 환
경 간의 계속적 상호작용으로 구성된 것이라고 주장하였다. 이러한 인지적 상호작용주
의이론은 생득주의 또는 경험주의에 맞서는 구성주의로도 알려져 있다(Bruner, 1975).

피아제는 인지가 언어에 영향을 미친다고 보았다. 영유아의 능동적 참여를 강조하면
서 언어는 인지적 성숙의 결과로서 가지게 되는 여러 능력 중 하나이므로 인지발달단계
가 언어발달단계를 결정짓는다는 것이다. 특히 영유아기인 감각운동기와 전조작기에
언어발달이 급속하게 이루어진다고 하였다. 언어는 크게 자아중심적인 언어와 사회화
된 언어로 나뉘는데, 영유아기의 특징인 자아중심적인 언어는 타인의 입장에서 생각하
고 느끼고 추론하지 못하기 때문에 나타나며 반복, 독백, 집단적 독백 등이 그 예이다.

피아제는 영유아의 언어습득과정도 이러한 인지발달에 의해 결정되므로 언어는 인
지발달 순서에 영향을 받는다고 설명한다. 즉, 영유아의 언어는 현재 영유아의 사고 수
준의 특성을 반영한 것이다. 인지발달단계의 특성에 따른 언어발달의 과정을 구체적으
로 살펴보면 다음과 같다.

자기중심적 언어(egocentric speech)를 사용하는 특징을 보이는 시기로서 자기중심
적 언어란 듣는 이를 고려하지 않는 혼잣말인 독백(monologue), 집단독백(collective
monologue) 등을 말한다. 사고의 관점이 자신에게로 모아져 있으므로 언어의 형태 또
한 자신에게로 향해 있어서 의사소통으로서의 대화가 제대로 이루어지지 못하는 특징
이 있다.

〈표 6-3〉 **자기중심적 언어의 형태**

반복	• 반사적으로 익힌 단어나 구절을 흉내냄 • 남의 말을 그대로 따라하거나 되풀이함
독백	• 타인이 없어도 혼잣말로 표현함
집단적 독백	• 타인과 함께 있으면서 자신의 이야기를 하지만 대화는 아님 • 말의 의미가 타인에게 전달되기를 기대하지 않으면서 말함

인지발달이 진행되어 감에 따라 탈중심화가 이루어지고 6~7세 이후 구체적 조작기에 들어서면서 논리적 사고가 발달함에 따라 사회화된 언어(socialized speech)를 사용하기 시작한다. 사회화된 언어란 타인의 관점을 이해하며 사용하는 언어로서 의사소통이 가능함은 물론 정보교환, 비평, 요구, 질문 등을 할 수 있는 언어를 말한다. 이시기의 언어는 타인의 입장에서 생각이 가능해지고 문장의 의미와 형태까지 고려할수 있다.

(2) 사회적 상호작용주의 이론

사회적 상호작용주의의 대표적인 학자 비고츠키(Vygotsky)는 유능한 또래나 성인과의 사회적 상호작용이 영유아의 인지발달과 언어발달을 증진시킨다고 보았다. 예를들어, 어머니가 영유아가 주의를 기울이는 것에 관심을 두고 자주 그 대상에 대하여 영유아에게 이름을 말해 주거나 설명을 하는 식으로 언어적 자극을 주면, 영유아의 언어발달 및 어휘를 증진시킬 수 있다(Tomasello & Farrar, 1986).

비고츠키는 언어발달이란 인간의 사회적 경험이 내면화되는 과정이며, 사회적인 언어는 각 개인의 언어를 형성해 준다고 하였다. 즉, 초기에는 사회적 상호작용의 도구로 언어를 사용하다가 점차 또래와의 놀이활동을 하면서 목소리를 크게 내거나 자신이 하고자 하는 행동을 말로 하면서 주변 환경과 개인적 상호작용을 시작한다. 그러한 결과, 언어가 바로 영유아의 생각을 지배하고, 사고의 방향을 정하는 등 행동구조의 근원이 되거나 사고를 지시하는 근원이 된다. 사회적 상호작용주의이론에서는 영유아에게 적절한 언어 경험을 제공해 주는 어머니의 역할이 강조된다. 어머니가 내는 다양한 음성적 행동은 영유아의 타고난 언어변별능력을 키우고, 영유아가 소리의 흐름을 적절히 분절시킬 수 있는 능력을 습득하게 한다. 사회적 상호작용주의자들은 영아의 음성적 기제 통제능력은 어머니가 영아를 대상으로 내는 과장된 소리의 관찰을 통해서 길러지는 것이라고 보았다(Field, Woodson, Greenberg, & Cohen, 1982). 비고츠키는 유아가 이미 완성한 언어 형태와 사회적 지원을 받아 형성될 언어 형태의 차이를 근접발달영역(Zone of Proximal Development: ZPD)이라고 하며, 부모나 타인이 유아와 언어적 상호작용을 할 때, 이 근접발달영역에 접근하여 상호작용하는 것이 언어발달을 촉진시켜 줄 수 있는 방법임을 시사하였다(이영자, 2009).

　피아제 이후 언어학자들은 전조작기 유아들의 긍정적인 존재감을 밝히고 유능성과 언어습득 사용능력을 설명할 수 있는 이론들을 형성하였는데, 비고츠키의 사회적 상호작용주의이론은 발달과정에서의 유전적 측면이나 뇌의 성장이 미치는 생물학적 측면의 영향에 대한 충분한 설명을 못하였다는 것이 단점이다.

3. 언어발달과정

1) 영아기(0~2세)

　언어발달의 첫 시작은 울음이다. 영아가 의사표현을 하는 단계로서 울음 및 옹알이는 중요한 의미를 갖는다. 초기의 울음은 원인을 알 수 없는 미분화된 울음이지만, 점차 분화되고 이유가 있는 울음으로 바뀌게 된다. 울음소리의 강약, 고저, 강도 등은 영아의 배고픔과 졸림, 불쾌함, 고통을 알리는 의사전달의 수단으로 사용된다.

　옹알이는 언어와 유사한 영아의 첫 말소리이다. 자음과 모음의 합성체로서 '무, 마, 모' 등의 소리가 반복적으로 나타난다. 이러한 옹알이는 신체적 성숙으로 인하여 나타나는 근육활동의 결과이며, 의미를 포함하고 있지 않기에 언어라고 말할 수는 없으나, 후반부에 이르면 단어와 비슷한 소리를 낸다. 정옥분(2004)에 따르면, 단어의 강세는 영아가 단어를 식별하는 데 첫 번째 단서가 되고, 인간이 내는 소리를 거의 모두 낼 수 있을 정도로 음소의 확장(phonetic expansion) 현상이 나타난다. 반면, 영아는 모국어의 음소와 유사한 것만 강화를 받으며, 외국어에는 관심을 두지 않고 모국어와 유사한 음만 습득하게 되는 음소의 축소(phonetic contraction) 현상이 일어난다.

2) 유아 전기(2, 3세)

이 시기의 유아는 타인이 마치 자기의 생각을 다 읽을 수 있는 것처럼 행동하는데 그 이유는 더 어린 시기에 성인들이 그들의 욕구와 필요를 미리 알고 설명해 주었던 것에 익숙하기 때문이다. 유아는 스스로의 욕구와 원하는 감정을 직접적인 행동 또는 말을 통해 나타낸다. 비언어적 의사소통 양식을 주의 깊게 보면 나타내고자 하는 유아의 의도를 파악할 수 있다(권민균 외, 2012). 유아는 필요한 문법적 조사 및 전치사 사용능력이 생기기 시작하여 부정법 및 질문을 할 수 있게 된다. 3~4세에 이르면 대다수의 유아가 복잡한 문장을 구사할 수 있어서, 서툴지만 수동태의 문장을 이해하며 구사할 수 있게 된다. 3세에는 복수, 소유물, 과거시제, 형용사, 부사, 대명사, 전치사 등을 알지만 문장의 길이는 짧고 단순하며 문법적으로 틀리기도 한다(박성연, 2006).

3) 유아 후기(4, 5세)

이 시기가 되면 네 개나 다섯 개의 단어로 된 문장을 구사할 수 있고, 문장을 연결하는 접속사나 절을 포함한 복문을 사용하며, 평서문은 물론, 의문문, 부정문, 명령문도 쓸 수 있다. 5세 이후가 되면 수동태와 능동태의 문장을 사용하기 시작하지만 복잡한 문장이나 복문의 경우는 그 의미를 잘못 이해하는 경우도 흔하다. 좀 더 세부적이고 어려운 문법 규칙이나 다양한 의미에 대한 이해는 아동기에 걸쳐 확실하게 획득된다(박성연, 2006). 또한 의사소통능력이 발달하고, 어휘력이 계속 증가하며, 부가의문문, 복문을 사용할 수 있으며, 누가, 무엇, 왜 등의 질문을 많이 한다. 말로 자신의 감정이나 경험을 나누고, 자신의 생각을 유창하게 표현할 수 있다.

〈표 6-4〉 **연령별 문자언어 발달과정**

연령	읽기	쓰기
2세	• 주위 글자에 관심을 갖는다. • 책의 글자는 읽는 것임을 안다.	• 자신이 쓴 것과 직접 그린 것을 구별한다. • 연필, 볼펜, 사인펜 등의 필기도구를 사용해 본다.
3세	• 책이나 인쇄물을 볼 때 그림보다는 글자를 읽는 것임을 안다. • 읽기의 목적을 말할 때도 '재미있는 책을 잘 읽기 위해서, 나중에 학교에 가려고, 학교 가서 공부 잘하려고' 등으로 언급한다. • 책에 관심을 갖고 나름대로 글자에 의미를 부여한다.	• 긁적거리기를 많이 한다. • 자기가 쓴 것을 성인에게 열심히 보여 준다. • 자기 이름이 있는 글자를 배운다. • 어떤 글자를 써 달라고 요구하기도 한다. • 여러 가지 글자 형태가 나타난다.
4세	• 책을 읽는 방법과 방향, 페이지, 제목 등을 인식한다. • 소리와 글자 간의 1:1 대응을 할 수 있다. • 주위에서 아는 글자를 읽어 보려고 한다. • 친구 이름에 있는 글자를 인식한다. • 상황적 문자를 읽는다(맥락을 기초로 읽음).	• 다양한 글자 놀이를 즐긴다. • 자신의 이름을 쓰려고 노력하거나 쓸 줄 알게 된다. • 다양한 목적에 맞게 쓰거나 다른 사람이 쓰도록 문어체로 불러 준다. • 다양한 목적을 가진 쓰기 행위를 구별한다. • 자발적으로 쓰려고 한다. • 모르는 글자를 물어본다. • 창안적 글자 쓰기가 많이 나타난다.
5세	• 알고 있는 글자가 다른 곳에서 제시되어도 읽을 수 있다. • 주위에서 쉽게 볼 수 있는 글자를 읽는다. • 가족과 친구의 이름을 읽는다. • 상황이 제시되지 않아도 몇 개의 단어를 읽는다(탈맥락적 읽기가 가능함).	• 여러 상황에 맞는 글이 있음을 알게 된다. • 간단한 단어를 쓸 수 있고, 간단한 글을 써 보려고 한다. • 여러 가지 쓰기 도구를 사용하여 쓴다. • 소리 나는 대로 글자를 쓴다.

출처: 조형숙, 박은주, 강현경, 김태인, 배정호(2013).

4) 아동기 이후의 언어발달

6세 이후에도 언어발달에 중요한 변화가 계속된다. 더 많은 어휘를 사용하게 될 뿐만 아니라, 더 길고 복잡한 문장을 사용하게 되면서부터 어린 시기에는 불가능했던 방

듣기영역

말하기영역

읽기영역

쓰기영역

[그림 6-3] 다양한 언어영역

법으로 언어를 다루게 된다. 5~8세 아동들은 모호한 대명사를 사용하는 것 대신에 명확한 지칭을 하기 시작하며, 7~9세경에는 수동태 문장을 이해하고 말할 수 있게 된다 (Sudhalter & Braine, 1985). 따라서 학령기는 문법적 세련화를 이루어 가는 시기라 할 수 있다. 어휘의 발달도 빨라 6세에 이미 1만 단어 정도를 이해할 수 있고 10세경에는 4만 단어에 달하게 된다(Anglin, 1993). 형식적 조작기라고 하는 사춘기 이후가 되면, 아동은 눈에 보이지 않는 추상적인 어휘도 빈번하게 사용하며 지속적으로 어휘 수가 증가하게 된다. 또 학령기 아동들은 각각으로 제시된 언어적 정보를 통합하여 의미를 추론해 낼 수 있는 의미론적 통합에 점차 능숙해진다. 의미론적 통합이 가능해지면서 발화의 표현에서는 직접 드러나지 않는 숨겨진 의미를 탐지할 수 있게 된다. 이러한 능력의 발달은 아동들이 상위언어능력(metalanguage)인 언어에 대한 지식이 발달하기 때문으로 추정된다(최경숙, 송하나, 2010).

4. 언어발달에 영향을 미치는 요인

언어발달에 영향을 미치는 요인은 크게 유전적 요인과 기질적 요인, 환경적 요인으로 구분된다.

1) 유전적 요인과 기질적 요인

언어발달은 유전적 요인과 관련되어 있음을 보여 주는 연구가 있다(Hardy-Brown & Plomin, 1985). 유아기 무렵 여아는 좌뇌가 우세하기 때문에 언어능력에서 남아보다 두각을 나타내지만, 5, 6세 무렵이면 성별과 관계없이 좌뇌와 우뇌의 균형 잡힌 발달이 이루어진다고 한다. 그렇지만 더 어린 연령에서는 성별의 차이가 나타난다고 보고된다. 조성연 등(2005)의 연구에 따르면, 여아가 남아보다 언어발달이 빠르게 나타나서 말을 빨리 시작하고 발음도 정확하며 어휘 수도 많다. 남아가 말이 느리고 언어장애를 가지는 경향도 더 높다. 이러한 성차의 원인은 호르몬과 뇌구조의 차이, 성별에 따른 부모 및 사회구성원들의 기대 차이에서 비롯된 언어자극의 차이 등이다. 그러나 또 다른 연구(심성경 외, 2010)에서는 성별의 차이보다 개인차가 더 우세하다고 보는 경향도 있다.

부모의 지능과 생후 1년 동안 영아가 의사소통 기술을 발달시킨 속도 사이에도 관계성이 있다. 이러한 관계성은 친부모가 아닌 입양-양부모 사이에서는 표출되지 않고 친어머니-영아 사이에서만 상관이 있음이 나타났기 때문에 환경적 영향보다는 유전적 영향성에 비중을 둘 수 있다.

또 다른 선천적 요인은 기질이다. 유아가 따뜻하고 협조적이며 긍정적으로 다른 사람에게 관심을 보이는 기질을 가질 경우 2, 3, 4세에 다른 사람에 대한 반응이나 자신을 표현하는 능력이 앞선다는 것이다. 이는 외향적 기질을 갖는 유아는 말이 많고 타인으로 하여금 말을 자주 걸게 하는 성격 특징을 갖기 때문이라고 설명할 수 있다(권민균 외, 2012).

2) 환경적 요인

환경적 요인은 가정환경과 교육환경으로 구분할 수 있다.

가정환경 요인에는 사회경제적 수준, 형제의 유무 및 수, 부모와의 관계, 가족 구조, 물리적 환경 등이 포함된다. 사회경제적 조건을 보면 중류층 자녀가 하류층 자녀보다 언어발달이 유리하다. 정교화된 언어를 사용하는 중류층 부모들은 표현이 명확하면서도 다양하며, 사건이나 중심인물에 대해 보다 구체적으로 설명해 준다. 그러나 제한된 단어를 사용하는 하류층 부모는 개념을 설명할 때 정확하지 않으며 짧고 단순한 문장, 한정된 어휘, 적합하지 못한 언어적 표현을 많이 사용한다(조성연 외, 2005).

형제 유무 및 수를 보면 외동아는 형제가 있는 유아보다 언어발달 속도가 빠른데, 그것은 형제 대신 성인과의 언어적 상호작용이 많기 때문이다. 반면, 형제가 있는 경우에는 쌍둥이나 나이차가 적은 경우보다 나이차가 있는 윗형제를 가진 경우가 언어발달에 유리하다(심성경 외, 2010).

부모와의 관계를 보면 엄마가 자주 이야기해 줄 때 유아는 새로운 단어, 문장의 구조를 배우며 잘못된 언어 구사를 수정할 수 있다. 즉, 자신에게 이야기해 주는 파트너가 없는 유아가 언어를 습득하는 경우는 없다(Hoff-Ginsberg & Shatz, 1928)는 것이 결론이다. 부모를 포함한 양육자는 유아 언어발달에 아주 중요한 영향을 미친다. 부모의 소리를 흉내 내어 반복하고, 부모는 다시 유아의 말을 따라하며 흉내 내는데 이것은 부모와 유아의 게임과 같은 것이며, 유아의 언어 습득 속도에 영향을 미친다(Hardy-Brown & Plomin, 1985). 유아의 언어능력은 그동안 살면서 얼마나 자주 이야기를 들었으며, 어떤 이야기를 들었는가에 따라 다르다. 언어습득에서 개인차에 대한 이해는 이러한 사회적 상호작용으로 어떤 이야기를 얼마나 자주 들었느냐의 차이로 설명될 수 있다(권민균 외, 2012).

그 외에도 가정 내에 다양한 놀잇감이 풍부하고, 좋은 책들이 골고루 갖추어져 있으며, 쓰기, 말하기, 읽기 등 풍부한 언어적 상호작용이 제공되는 물리적 환경이 갖추어져 있으면 유아의 언어발달에 더 많은 영향을 줄 수 있다.

교육환경 요인으로는 교사와 또래와의 관계가 가장 큰 요인이다. 교사가 허용적이고 수용적인 환경을 만들면 유아가 편하고 자유로운 질문과 대화가 가능한 분위기가 조성된다. 교사-유아의 긍정적인 언어적 상호작용은 유아의 발달에 광범위하고 장기적인 영향을 미친다. 따라서 교사는 유아에게 지속적인 관심과 애정으로 유아의 생각과 감정을 존중하며, 이해와 공감으로 교육환경을 구성하려고 노력해야 한다. 또한 유아는 최초의 사회적 경험을 하는 유아교육기관에서 또래와의 상호작용을 통해 점차 자기중심적인 언어에서 벗어나 사회적인 언어를 습득하게 되므로 언어발달을 자극하는 좋은 언어교육 프로그램의 기회를 접하게 하는 것도 중요하다(강인언, 이한우, 정정란, 2009).

교사의 언어적 상호작용의 원칙을 설명하면 다음과 같다(교육부, 2000).

- 유아가 느끼고 있는 감정이나 상황을 그대로 수용한다.
- 교사가 유아에게 기대하는 행동과 그 행동의 필요성, 그리고 유아가 그만두어야 하는 행동의 이유를 설명한다.
- 유아의 발달 수준에 맞추어서 이해할 수 있도록 말하고, 만약 유아가 이해하지 못한 경우에는 반복하여 말해 준다.
- 유아의 눈높이로 얼굴을 마주보고 대화를 나누며, 관심과 애정을 자주 표현하고, 따뜻하고 부드러운 표정을 짓는다.
- 유아의 자존심과 자율성, 스스로 해내는 독립심을 존중하고, 유아의 요청이 있을 때는 되도록 즉시 반응해 준다.
- 잘못이나 실수를 지적하고 꾸짖기보다는 잘했을 때 칭찬해 주는 긍정적인 강화를 적극적으로 사용한다.
- 유아가 장황하고 앞뒤 구분 없이 말할 때도 교사는 유아가 말하고자 하는 생각과 의도를 정리해서 말해 준다.
- 유아에게 지시를 해야 할 경우에는 분명하고 확실한 태도로 말해서 불확실하다는 느낌을 주지 않도록 한다.

5. 언어발달을 위한 지도방안

영유아의 언어발달과정에서는 가정과 유아교육기관의 역할이 모두 강조된다. 특히 부모의 비형식적이고 자연적인 교육, 예컨대 영유아에게 책을 읽어 주거나, 함께 읽는 것과 같은 경험은 영유아의 읽기 능력 발달에 기초가 된다. 이러한 부모의 역할이 유아교육기관에서의 언어지도와 병행된다면 영유아의 언어학습은 더욱 효율성을 갖게 될 것이다. 영유아의 언어발달을 도와줄 수 있는 성인의 역할은 다음과 같다(윤복희 외, 2013; 이명조, 2006; 이영석, 1997).

1) 듣기와 말하기 지도

듣기와 말하기, 즉 음성언어의 발달은 출생과 더불어 시작된다. 영유아는 성인이나 또래와의 상호작용을 통해 듣고 말하는 방법, 태도, 어휘 등을 자연스럽게 학습하게 된다. 특히 영유아기에 형성되는 음성언어 습관은 평생 동안 지속될 가능성이 높으므로 성인은 다음과 같은 점들을 고려하여 음성언어의 발달을 증진시켜 주어야 한다.

- 성인은 언어 모델자로서 영유아가 하는 말을 잘 듣고, 이에 공감하며 반응적으로 상호작용을 해 주어야 한다.
- 영유아의 행동을 말로 표현해 줌으로써 자신이 하고 있는 행동과 이에 따른 언어를 연결할 수 있도록 도와주어야 한다.
- 다양한 상황에서 이루어지는 영유아의 행동적 경험들을 관련 어휘와 연결시켜 정확하게 사용해 주어야 한다.
- 영유아가 자신의 음성을 효과적으로 조절하고 정확한 발음으로 적절한 어휘를 선택하여 자신의 생각과 느낌을 말할 수 있도록 지도해야 한다.
- 영유아가 하는 행동이나 사용하는 문장에서 빠뜨린 어휘를 보충하여 말해 주거나 잘못된 부분을 수정하여 다시 알려 주도록 한다.

〈표 6-5〉 음성언어발달 증진방법

영유아의 발성을 활성화하기	• 영유아의 간단한 단어나 문장에 관심 갖기 • 영유아와 빈번한 대화 나누기 • 동화 들려주기
영유아의 말을 적극 경청하기	• 영유아의 말에 적절하게 대답해 주기 • 성인의 적극적 경청이 영유아의 깊은 사고를 촉진하게 됨 • 영유아의 말을 받아 적는 것은 영유아의 자아존중감을 향상시킴 • 성인의 태도가 영유아에게 모델링이 되어 대화예절을 배움
영유아의 말, 행동을 반영, 확장, 명료화시키기	• 영유아의 말을 다시 들려주거나 행동을 다시 묘사해 주면 영유아는 자신의 말, 행동에 대해 깊이 생각하게 됨 • 영유아의 말을 완전한 문장으로 만들어 다시 들려주면 언어발달 촉진에 기여함
또래와의 상호 작용을 격려하기	• 또래와의 상호작용은 자기중심적 사고를 감소시킴 • 다양한 활동을 통해 의견 교환과 협력 유도가 필요함을 강조하기

2) 읽기와 쓰기 지도

읽기와 쓰기 발달, 즉 문해발달도 일상생활을 통해 자연스럽게 이루어질 수 있다. 따라서 글을 사용하여 의사소통을 효율적으로 할 수 있도록 도와주는 문해 환경의 중요성이 더욱 강조되고 있는 추세이다. 유아는 읽기, 쓰기를 형식적으로 배우기 전에 이미 생활 속에서 문해를 접함으로써, 이를 자연스럽게 습득할 수 있다. 따라서 유아의 읽고 쓰는 능력은 성인처럼 체계적이고 틀에 얽매인 직접적인 교수를 통해 짧은 기간에 이루어지기보다는, 어린 시기부터 구어와 문어, 책 등을 접하면서 연속적 · 점진적 · 구체적으로 얻어지는 것으로 볼 수 있다(윤복희 외, 2013).

〈표 6-6〉 쓰기 지도방법

쓰기 위한 준비가 필요	• 쓰기 이전 활동으로 그림책 읽기, 단어카드 맞추기와 같은 문자 변별력을 키우는 활동하기 • 소근육의 힘과 눈과 손의 협응력을 길러 줄 수 있는 구슬 끼우기, 블록 쌓기, 퍼즐 놀이와 같은 활동하기
단계적 지도가 필요	• 유아의 개인차를 고려하되 그림 그리듯 따라 써 보게 하기 • 유아가 아는 단어를 써 보거나, 그림책, 신문의 글씨 따라 써 보기 • 유아의 생각을 자유롭게 써 보게 하기 • 또래끼리 협동적 쓰기 활동하기
풍부한 사전 경험이 필요	• 일상적인 생활도 쓰기활동의 좋은 소재임 • 다양한 경험은 보다 많은 글의 내용이 될 수 있음 • 동식물원 견학, 식물관찰을 경험한 후 관련된 쓰기활동
초기 문해행동에서 유아의 실수를 용인하기	• 좌우 방향이 바뀐 글자 쓰기, 거꾸로 쓰기, 없는 글자 만들어 쓰기 등은 발달의 일시 현상임 • 유아 스스로 이들을 수정해 가는 것이 적합함 • 유아의 실수는 자신에게 의미 있는 방식으로 해석하고, 자신이 이해한 규칙을 적용하는 것이 적극적 사고작용이라고 이해하기

요 약

1. 언어는 인간의 공통적 문화를 창조하게 해 주는 역할을 하며, 영유아기는 언어의 결정적 발달시기이다.

2. 대표적인 언어발달이론에는 행동주의, 생득주의, 상호작용주의이론이 있다.

3. 언어발달 단계는 영아기, 유아전기, 유아후기, 아동기로 나눌 수 있다.

4. 영유아의 언어발달에 영향을 미치는 부모와 교사의 역할이 중요하다.

1. 다음의 개념 중 언어의 중요성과 관계가 <u>먼</u> 것은 무엇인가?

　① 언어 기호는 관례적이다.

　② 언어는 이미지를 표상하는 도구이다.

　③ 언어는 자의적(arbitrary) 상징기호이다.

　④ 언어란 의사소통수단으로써 공유된 부호(code)이다.

　`해설`　언어는 사고를 표상하는 도구이다.

2. 다음은 무엇에 관한 설명인가?

> 인간이 상호 의사를 전달하는 기호체계의 하나이며, 의사소통을 위해서 사용되는 상징체계로 사회적 측면이 강조된다.

　① 말　　　　　　　　　　　　② 언어

　③ 부호　　　　　　　　　　　④ 의사소통

　`해설`　언어에 관한 설명이다.

3. 다음 설명 중 옳지 <u>않은</u> 것은 무엇인가?

　① 임의성: 언어는 일정한 규칙 체계를 갖고 있다.

　② 생산성: 각 언어마다 제한된 어휘를 갖고 있지만 다양한 단어와 문장을 생성할 수 있다.

　③ 사회성: 언어는 가장 사회적이며 가변적인 것으로서 타인과의 상호작용에 주된 목적이 있다.

　④ 추상성: 언어와 사물은 전혀 닮지 않았다. 실제 사물과 언어는 전혀 닮지 않았지만, 이것도 임의적인 약속인 것이다.

　`해설`　임의성: 언어는 어떤 사물이나 개념에 임의적으로 음성, 문자를 연결시키기로 한 약속부호이다.

4. 더 이상 작은 부분으로 나눌 수 없는 최소의 의미단위를 무엇이라고 하는가?

　① 음소　　　　　　　　　　　② 음절

　③ 형태소　　　　　　　　　　④ 자음과 모음

　`해설`　형태소에 관한 설명이다.

5. 인간은 언어를 획득할 수 있는 선천적인 능력을 갖고 태어난다고 주장한 언어학자는 누구인가?

① 피아제   ② 촘스키

③ 비고츠키   ④ 프로이트

해설 촘스키의 LAD에 대한 주장이다.

정답 1. ②, 2. ②, 3. ①, 4. ③, 5. ②

제**7**장

영유아기 정서발달

1. 정서의 의미와 특징을 설명할 수 있다.
2. 영유아기에 경험할 수 있는 만족지연능력, 감정이입, 정서조절의 개념을 정의할 수 있다.
3. 영유아기 정서발달을 위한 교사와 부모의 역할에 대해 이해하고 활용할 수 있다.

정서, 영유아 정서발달, 애착, 만족지연능력, 감정이입, 정서조절

1. 정서발달의 개념

1) 정서의 개념

정서(emotion)는 희랍어 'emovere(홍분시키다, 선동하다, 뒤흔들다)'에서 유래되었으며, 오늘날에는 유사한 의미를 지닌 느낌(feeling), 감성(sensibility)과 흔히 혼용되고 있다. 교육학 분야와 심리학 관련 분야에서는 이러한 정서가 여러 가지 감정을 포함하는 용어로 제시되고 있다. 정서란 "지각, 사고 그리고 행동을 유발하고, 조절하고, 안내하는 하나의 느낌으로써 경험되는 것이다.(Izard, 1991)"로 정의 내려진다. 이러한 정의에서 알 수 있듯이 감정의 연속된 흐름 속에서 살고 있는 우리 인간에게 정서는 때와 장소와 관계없이 항상 존재한다. 이와 같이 정서는 사람이 살아가는 데 전반적인 생각과 사고 그리고 행동의 기본이 되므로 어린 유아 시기부터 정서발달에 대한 세심한 관심과 지도를 통하여 그들의 전인발달을 가져오도록 해야 할 것이다(이명조, 2006).

영유아기에는 제각기 다른 시기에 다양한 정서가 나타나기 시작한다. 출생 시부터 신생아기는 홍미나 고통 그리고 혐오와 만족의 정서를 나타낸다. 또한 일차적인 정서라고 하는 노여움과 슬픔, 기쁨과 놀라움, 공포는 태어난 후 2.5~7개월경에 보이기 시작한다. 이러한 일차적 정서들은 모든 정상적인 영아에게서 동일한 시기에 나타나며, 대부분의 문화권에서 비슷하게 해석되므로 선천적인 것으로 간주된다(Izard, 1991). 그러나 이차적이고 복합적인 정서라고 할 수 있는 당황과 수치, 부러움, 자긍심 등의 정서는 태어난 후 1년이 지나서야 나타난다. 이러한 정서는 자의식이 반영된 정서이기 때문에, 자아에 대한 의식이나 자신에 대한 스스로의 긍지가 형성되어야만 나타날 수 있다. 모든 사회에서는 정서를 표현하는 데 규칙이 있어서 표현해야 할 상황, 표현해서는 안 되는 상황을 구별하고 있다(Gross & Ballif, 1991).

한 문화나 사회의 정서적 표현 규칙에 따른다는 것은 상황에 따라서는 정서를 감추어야 한다는 것을 의미한다. 3세경에 유아들은 자신의 감정을 감추는 능력을 보이기 시작하고, 연령이 증가하면서 스스로의 감정을 점점 더 잘 감출 수 있게 된다. 그러나 나이 든 아동들에 비해 학령 전 유아들은 아직도 자신의 감정을 감추는 데 서툴러 얼굴에 정서가 나타나거나 직접적으로 표현을 한다(최경숙, 송하나, 2010).

2) 정서의 기능

　정서의 기능을 강조하는 기능주의자들은 정서를 행동을 위한 준비상태로 주목한다. 이들은 정서가 상황에 대한 개인적 의미를 재빨리 판단해서 행동을 취하게 한다고 본다. 예를 들어, 기쁨은 상황에 접근시키고, 슬픔은 수동적으로 위축시키며, 두려움은 적극적으로 물러서게 만들고, 분노는 장애를 극복하게 만든다고 본다. 다시 말하면, 정서는 환경과의 관계를 형성, 유지, 변경시키고자 하는 준비성의 표현이라고 보는 것이다(이희정, 위영희, 이유진, 윤갑정, 홍희영, 2014).

　정서는 영유아의 생존에 도움을 주는데, 자신의 주 양육자와 애착을 형성하는 것이나 무서운 벌레를 피하는 것은 인지적인 이해보다 정서적인 반응이 보다 앞서는 상황이다. 이 경우 정서는 영유아가 무슨 일이 일어났는지에 대해 생각하지 않고서도 본능적으로 반응하여 특정 방향으로 움직이게 한다(Ekman, Davidson, & Friesen, 1990). 영유아가 생각할 기회를 가질 때, 정서는 영유아의 현재 상태에 관한 정보를 알려 준다. 이러한 정서의 역할을 통해 영유아는 현재 정서 상태를 유지하거나 변화하기 위해서 어떤 행동을 하게 된다(Frijda, 2000). 예를 들어, 신뢰감, 즐거움과 같은 감정은 영유아에게 심리적인 안정감을 제공한다(정희영 외, 2014에서 재인용).

3) 정서표현이론

　기본정서이론은 다윈(Darwin)의 정서표현이론과 그 이론을 현대적 연구 방법으로 증명한 에크만(Ekman, Sorenson, & Frisenson, 1969; Ekman, 1972: 권민균 외, 2012에서 재인용)의 연구로 출발한다. 기본정서를 규정하는 학자들은 대부분 행복(기쁨), 슬픔, 놀람, 공포를 공통적으로 포함하고 있다. 기본정서가 존재한다고 가정하는 이유는, 첫째, 모든 문화권에 존재한다. 둘째, 보다 고등한 동물에서 발견된다. 셋째, 얼굴 표정이 특징적으로 나타난다. 넷째, 기본정서가 존재함으로써 생존가능성을 증가시킨다.

　당혹감과 수치심 그리고 죄책감과 부러움, 자부심과 같은 이차적인 정서(복합정서)

는 일차적인 정서보다 나중에 표현되며, 좀 더 복잡한 인지능력이 요구된다. 여기에는 자기의식적 정서와 자기평가적 정서가 있다. 자기의식적 정서는 자아의 손상이나 증진과 관련된다. 특히 가장 단순한 자기 의식적 정서인 당혹감은 영유아가 자신의 모습이 비친 거울, 사진을 통해서 자신을 인식하기 시작한 이후에야 비로소 나타난다. 그러나 죄책감, 자부심, 수치심과 같은 자기평가적 정서는 영유아 자신의 인식과 행동을 평가하는 규칙, 규준에 대한 이해를 바탕으로 하는 정서이다.

(1) 기본정서(일차정서)의 발달
일차정서는 선천적인 정서로서 기쁨, 분노, 공포, 호기심 등이 있다.

① 기쁨

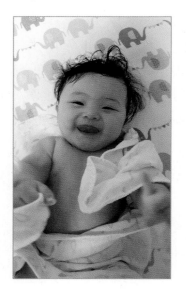

영아는 새로운 기술을 획득했을 때 미소를 짓고 박수를 치는 등 기쁨을 표현한다. 충분한 수유와 수면을 하고 난 후, 기분 좋은 배변과 따뜻한 목욕을 통하여 생리적이고 감각적이며, 인지적인 기쁨을 동작과 표정으로 나타낸다. 특히 미소는 주 양육자인 엄마가 영아에게 눈 맞춤을 자주하고, 애정적이고 자극적일수록 빈번하게 나타난다.

생후 1개월 말경에는 밝은 빛에 흥미를 느끼고, 생후 6주에서 10주 사이에 웃음소리가 더 적극적으로 바뀌며, 생후 2개월경에 사람의 얼굴을 보며 반응하고, 미소를 보인다. 생후 9~12개월에는 사람의 얼굴이 나타났다가 사라지는 까꿍놀이를 좋아하고, 생후 1년이 지나면 사람과의 시선이 마주치면 사회적 미소를 나타낸다.

② 분노
신생아들은 배고픔, 고통이 따르는 의학적 처치, 급격한 체온의 변화와 자극의 과함이나 너무 적은 자극과 같은 불유쾌한 경험에 반응하여 괴로움을 호소한다. 시간 경과

와 함께 영아는 점점 더 광범위한 상황에서 분노를 나타내기 시작한다. 예를 들면, 좋아하는 물건이 없어졌거나, 꼼짝 못하도록 팔다리를 붙잡혔거나, 양육자가 잠시 동안 사라졌을 때와 같은 다양한 상황에서 분노가 표출된다. 영아는 점차 성장하면서 분노의 표현양식이 변화한다. 처음에는 좌절감을 고통스러운 울음으로 표현하고, 큰 소리를 지르거나 바닥에 뒹구는 행동을 보이기도 한다. 그러나 발달하면서 분노의 감정을 감추고 통제하고, 육체적인 공격보다는 언어적으로 표현하도록 가르침을 받고 사회적으로 수용된 방식으로 분노를 표출하게 된다.

③ 공포

공포는 위협적인 상황, 사람, 사물을 회피하려는 경향으로 나타나는 방어적 정서로서 불안의 정서는 공포반응과 밀접한 관련이 있다. 영아 초기에는 거의 나타나지 않으며, 분노와 마찬가지로 생후 1년 후반기에 나타나는데, 영아기의 불안은 애착행동이나 낯가림과 관련이 있고, 주 양육자와의 분리가 주된 원인이다.

인간이 경험하는 공포로는 생후 6~8개월경에 낯선 사람에 대한 최초의 공포(낯가림, stranger anxiety)가 있다. 1세까지는 큰 소리나 낯선 사람, 낯선 장소에 공포를 느끼고, 2세경이 되면 어두움, 천둥소리, 동물에 대해서도 공포를 느끼게 된다. 나이가 점차 증가하면서 자신이 직접 경험하지 않은 사건도 상상에 의해서 공포를 느끼고 두려워하게 된다.

④ 호기심

호기심의 정서는 언어의 폭발기라고 할 수 있는 유아기에 강하게 나타난다. 주변 사

물이나 사람에 대해 자세히, 오래 쳐다보거나 만져 보려고 한다. 눈에 띄는 것마다 "이건 뭐야?" "왜?"라는 질문을 끊임없이 하는 질문 폭발시기이다. 자신의 신체나 성(性)에 대한 호기심이 커져서 인형놀이를 통해 이를 자주 극화시키며, 자신의 생식기를 가지고 장난을 치기도 한다. 이것은 지극히 정상적인 과정이나 지나치게 심한 경우에는 놀이에 몰두하게 하여 벗어나게 하는 것이 바람직하다(정옥분, 2004).

(2) 복합정서(이차정서)의 발달

이차정서는 일차정서보다 늦게 나타나고 좀 더 복잡한 인지능력을 필요로 한다. 이차정서로는 당황, 수치, 죄책감, 질투, 자긍심, 사랑스러움 등이 있으며, 자아의 인식이 이차정서에 있어 필수적이다. 이러한 이차적 정서는 개인의 자기 개념을 손상시키거나 증진시키기 때문에 자아의식적 정서(self-scious emotion)라고도 불린다.

이차정서는 영아가 거울이나 사진 등으로 자신을 알아보기 전에는 출현하지 않는 것으로 보인다. 1개월경에는 자신의 신체를 자기 것으로 알아보지 못하며, 1세가 되면 자신과 타인을 구분할 줄 알게 된다. 2세경에 수치심과 당황, 자랑스러움을 경험하기 시작하고, 3세경에 질투심과 죄책감이 나타난다. 이 시기에 자아의식적 정서는 자기평가와 연결된다(김청자, 선우현, 유경훈, 2012).

2. 영유아기 기질과 정서발달의 특징

1) 영유아기 기질

(1) 기질의 특성

어떤 사람을 명랑하고 유쾌한 사람이라고 말하거나 활동적이고 활기차다고 하거나 조용하고 신중하다고 할 때, 이는 정서적 반응의 지속적이고 안정된 개인차를 말하는 것이다. 이와 같이 각 개인의 안정적이고 정서적인 반응 형식의 질적이고 양적인 특성을 기질이라고 한다. 유아의 정서적 반응의 기질적 차이가 성인의 성격에 매우 큰 영향을 미친다고 믿는 많은 학자가 유아의 기질적 차이에 관심을 가져 왔다(최경숙, 송하나, 2010).

기질은 태어난 직후부터 나타나는 한 개인의 안정되고 일관된 특성이며, 다양한 환경적 영향에 대해 예견된 방식으로 나타나는 개인적 경향이다. 기질에 대한 정의 또한 매우 다양하여 유전적 요인을 강조하는 입장에서부터 환경적 요인 또는 개인과 환경의 상호작용을 강조하는 입장이 있다. 이론적 시각에 따라 기질을 구성하는 요소도 학자마다 다소 차이가 있지만 활동수준이나 자극민감성 그리고 부적인 정서, 진정능력, 공포와 사회성 등 다섯 가지가 주요 요인이다(Caspi & Silva, 1995: 권민균 외, 2012에서 재인용).

① 순한 기질의 아동

일상적으로 순한 기질의 아동은 규칙적인 생리적 리듬을 갖고 있으며, 명랑하고 새로운 상황에 쉽게 적응하는 특징이 있다. 수면 습관도 좋고, 음식도 잘 먹으며, 먹는 양과 식사시간이 규칙적이다. 혼자서도 잘 놀며, 새로운 환경과 상황에도 쉽게 적응한다. 약 40%의 아동이 여기에 해당된다.

② 까다로운 기질의 아동

까다로운 기질의 아동은 일상생활에서 생리적 리듬이 예측하기 어렵고 새로운 상황과 환경에 적응하기가 어렵다. 수면시간과 식사시간이 규칙적이지 않고 민감하고 예민하며, 낯선 환경과 상황에 적대적으로 반응한다. 일반적으로 반응이 강하고, 부적인 경향을 보이며, 행동을 예측하기가 어렵고 양육자에게 피로감과 좌절감을 주기도 한다. 약 10%의 아동이 이러한 범주에 해당된다.

③ 느린 기질의 아동

느리거나 더딘 기질의 아동은 일반적으로 환경적 자극에 대하여 활달한 반응을 나타내지 않고, 때로는 불안하거나 부적인 상태를 보이며 적응하는 데 시간이 걸린다. 까다로운 기질의 아동과 유사하나 다른 점은 낯선 환경에 대한 부정적인 반응양식이 소리 지르고 떼쓰기와 같은 공격적 행동보다는 다소 부드럽다는 점이다. 약 15%의 아동이 이러한 범주에 해당된다.

나머지 35%의 아동은 여러 기질적 특성이 혼합되어 있다. 이러한 기질적 유형은 약 70%가 성인이 된 이후에 문제행동을 나타낸 반면, 순한 기질의 아동은 약 18%만이 자란 후에 문제행동을 나타냈다. 이와 같은 결과는 까다로운 아동의 부모가 까다로운 아동의 행동 양식을 잘 다룰 수 있었느냐가 중요한 역할을 하는 것으로 해석되었다. 까다

로운 기질을 가진 아동의 부모 중 몇몇은 혼란스러워하거나 화를 내는 등 아동의 행동에 대하여 우울하게 느끼며, 부모 스스로 자신의 자녀에게 부정적으로 반응하게 된다. 반면, 어떤 부모는 그들의 까다로운 자녀들을 강하고 씩씩하며 도전적이라고 해석한다. 이와 같이 긍정적으로 생

각하는 부모는 아동에게 긍정적이고 활동적인 대응을 하게 되고 가끔 지치기는 하나 자녀들을 즐겨 돌본다. 따라서 아동의 기질과 양육자의 양육방식 간의 조화가 발달초기에서부터 일생을 통해 인간발달에 영향을 미친다고 볼 수 있다(최경숙, 송하나, 2010).

(2) 기질과 적응

기질은 시간이 지나도 유지될 수 있으며, 아동이 타인 및 환경과 맺는 관계에 영향을 미치므로, 아동이 사회적 행동을 할 때 예상할 수 있는 변인이다. 긍정적 정서 표현과 낯선 환경에 잘 적응하는 아동들은 누구하고라도 잘 어울리고 또래와 쉽게 사귀며 사교적이다. 한편, 정서적으로 예민하고 감정 표현이 격한 아동들은 또래와 다툼, 갈등, 그리고 공격적인 행동을 하는 경향이 있다. 또한 기질은 학습과 인지과제의 수행과도 관련된다. 예를 들어, 1세 때의 지구력은 유아기의 IQ 점수와 관련된다(Matheny, 1989). 중기 아동기에서도 교사가 평가한 아동의 지구력은 학교성적뿐 아니라 IQ 점수와 관련된다. 반대로 주의산만성, 높은 활동 수준, 까다로운 기질은 낮은 학업성취와 관련되었다(Strelau, Zawadzki,& Piotrowska, 2001: 권민균 외, 2012에서 재인용).

(3) 애착과 발달

애착이란 두 사람의 정서적 애정의 친밀성을 말하며, 서로 가깝게 있고자 하는 욕망이 그 특징이다. 애착은 상호적 관계로 형성된다. 두 사람은 자주 상호작용을 하며 서로가 거리상으로 그리고 심리적으로 가까움을 유지시키려고 노력한다. 애착은 출생 후 곧바로 형성되는 것이 아니라 일상생활 속에서 반복적이고 지속적인 상호작용을 통해 서서히 형성된다.

애착은 애착대상이 선택적이기 때문에 어떤 다른 사람보다 특정한 애착대상과 함께 있는 것을 더 좋아한다는 것을 의미한다. 이러한 애착이 형성되는 이유와 애착의 발달과정은 정신분석이론, 학습이론, 인지발달이론, 동물행동학이론으로 설명할 수 있다.

〈표 7-1〉 애착이론

정신분석 이론	• 수유를 모-자의 친밀한 정서적 유대 형성으로 봄 • 젖을 빨면서 배고픔과 구강적 욕구를 충족시킴 • 엄마와의 접촉을 통해 엄마가 일차적 애정의 대상이 됨 • 만족감을 주는 부모의 양육 행동이 애착형성에 중요한 요건이 됨 • 모-자의 정서적 유대가 이후 사회적 관계의 기초가 됨
학습 이론	• 애착행동도 경험의 결과로 발생하는 학습이라고 설명함 • 수유를 통한 따뜻한 신체접촉이 반복되면서 엄마가 이차적 강화인의 지위를 획득함 • 엄마의 관심을 끌기 위한 행동(미소, 울기, 옹알이, 따라하기)을 시도함 • 엄마의 적절한 반응이 친밀감을 형성하여 애착이 됨
인지발달 이론	• 사회적 애착을 형성하는 능력은 인지발달과 밀접한 관련이 있음 • 애착 형성을 위하여 친숙한 대상과 낯선 대상을 구분하기 위한 지각적 변별력을 갖게 됨 • 안정애착이 되려면 대상영속성을 획득해야 함
동물행동학 이론	• 애착행동은 생물적 뿌리를 가지며, 생존을 위한 본능적 반응의 결과로 볼 수 있음 • 애착이론에서 엄마와 근접하기 위한 특유의 행동을 구비하고 태어난다고 가정함 • 모-자가 서로에게 호의적으로 반응하거나 밀착된 애착을 형성하여 생존의 가능성을 높이게 됨 • 할로우(Harlow)의 연구를 통해서 사회적 상호작용과 접촉의 중요성을 증명하게 됨

또한 에인스워스(Ainswoth, 1979)는 모-자 간의 애착의 질에 대한 다양한 범위를 규명하기 위해 구성된 낯선 상황 실험을 통해 네 가지 애착유형으로 구분하였다.

① 안정애착

엄마와 단 둘이 있을 때는 적극적이고 능동적으로 탐색을 하지만, 엄마와 격리된 상황에서는 몹시 괴로워하는 양상을 보였다. 그러나 엄마와 다시 만났을 때는 반가워하며 적극적이고 능동적으로 신체적 접촉을 원하고, 정서적인 안정감을 되찾았다. 연구대상의 약 65% 정도가 이 유형에 속한다.

② 저항애착

엄마와 떨어지는 것을 못 견뎌 하며, 늘 가까이 있으려 하고, 엄마가 곁에 있어도 탐색활동을 활발히 하지 않았다. 엄마와 격리되었을 때 심하게 고통스러워하며, 재결합하였을 때도 큰 소리로 울고, 쉽게 진정되지 않는다. 엄마와의 물리적 접촉을 거부하며 화를 내면서도 엄마 가까이에 있으려고 하는 양가감정을 보인다. 연구대상의 약 10%가 이 유형에 속한다.

③ 회피애착

엄마와 함께 있거나 격리되었을 때 고통이나 특별한 반응을 보이지 않는다. 엄마에게나 낯선 사람에게 유사한 반응을 보이며, 엄마와의 접촉을 피하거나 무시하는 듯한 반응을 보인다. 연구대상의 약 20%가 이 유형에 속한다.

④ 혼란애착

엄마에게 접근해야 할지 회피해야 할지 혼란스러운 모습을 보이는 불안정한 유형이다. 엄마와 재결합했을 때 표정 없이 얼어붙은 모습이거나 멍한 상태, 또는 엄마에게 가까이 다가갔다가 멀어지는 모습을 보인다. 연구대상의 약 5~10%가 이 유형에 속한다.

2) 정서발달의 특징

정서적 발달은 매우 일찍 나타난다. 신생아기에는 정서가 미분화 상태에 있지만, 유아기로 성장함에 따라 감정의 분화가 일어나는데, 3~6세 유아의 정서표현은, 첫째, 자의식 정서와 자기평가적 정서를 연결하고, 둘째, 정서조절을 위한 능동적 책략을 사용하며, 셋째, 정서표출 양식에 순응하고 자신이 느끼지 못한 긍정적 정서를 가장할 수 있다. 그리고 정서이해로는, 첫째, 정서의 원인, 결과 및 행동적 신호를 이해하고, 둘째, 반영적 감정이입을 할 수 있다는 것이다.

이러한 정서의 대표적인 특징으로 정서는 무의도적으로 생성되며, 뚜렷한 보편적인 신호가 나타나고 빠르게 형성된다. 또한 정서는 비교적 지속시간이 짧으며, 인간만이 가지고 있는 특징이 아니라 다른 영장류에서도 찾아볼 수 있다. 정서반응에는 자극에 대하여 자동적인 평가기제가 작동되며, 동일한 상황에서 느끼게 되는 정서는 사람마다 유사한 특징이 있고, 정서에는 생리적인 반응이 동반된다(정희영 외, 2014).

(1) 감정분화

부모의 온정적이고 따뜻한 정서적 표현과 격려는 자녀의 부적절한 정서를 감소시키며, 친절의 중요성에 대한 가르침과 실천은 감정이입의 발달을 촉진해 준다. 부모의 잦은 분노 표현과 인과응보적 양육은 유아의 감정이입 발달을 저해하며, 부모의 적대감으로 인해 높은 수준의 고통을 느끼게 할 뿐이다. 따라서 유아기에 일어나는 일반적인 감정분화는 다음과 같다.

〈표 7-2〉 감정분화의 종류

분노	• 신체적으로 불편함을 느낄 때 • 욕구가 좌절될 때 • 분노를 표현하는 정도는 가정에서의 사회화 과정에 따라 다름 • 영아기보다 유아기에 사회적응력 발달에 의해 점차 줄어드는 경향을 보임 • 분노를 사랑과 수용으로 대하지 않고 무관심과 비판적으로 반응하면 이후에 더 큰 분노와 공격적 성향이 나타나기 쉬움
애정	• 인간관계를 통해 경험하게 되는 상호적인 것 • 자신이 사랑스럽고 자신의 사랑을 타인들이 가치 있게 여긴다는 긍정적 정서 • 3세경 애정표현을 통해 부모를 기쁘게 함 • 4세경 부모를 독점하고 애정을 강하게 표현함 • 애정의 상호작용에는 균형이 필요하고 부모의 거부반응은 유아의 애정발달을 저해함 • 부모에게 애정거부를 받으면 타인에게 애정을 찾게 됨 • 심하면 모든 감정을 내면화하고 외부로 표현하지 않는 외로운 아이로 성장하게 됨
질투	• 애정을 상실했거나 두려워하는 정서를 말함 • 자신에게만 기울어져 있던 관심과 애정이 다른 사람에게 이동할 때 고립됨을 느끼고, 부모를 독차지함에 위협을 받게 되면 생기는 감정임 • 유아교육기관에 가게 되면 교사의 애정 분산으로 인해 질투심이 유발됨
기쁨	• 기쁨은 만족이고, 원하는 일이 성취되었을 때 표현되는 정서임 • 기쁜 일이 많을수록 명랑하고, 표정이 밝으며, 매사에 적극적이고, 안정적인 태도를 보임 • 바람직한 대인관계와 후기 발달에 도움을 주는 중요한 조건이 됨
두려움	• 두려움은 위험에 처했을 때 그 대상으로부터 피하려는 반응임 • 유아에게는 신체적이며 즉각적인 불쾌자극(예: 큰 소리, 예상치 못한 소음, 고통스러운 상황, 낯선 사람 등)이 두려움의 원인이 됨

(2) 정서이해

영유아가 자신과 타인의 정서를 인식하고 이해하는 능력은 사회 속에서 타인과 관계를 맺고 상호작용하는 데 매우 적응적인 가치를 지닌다. 정서이해 능력은 상호관계 상황에서 상대방의 행동을 미리 예상할 수 있게 해 주어서, 적절한 대처와 무난한 사회적 관계를 만들도록 돕는다.

유아는 사람이 동시에 한 가지 이상의 정서, 즉 혼합정서(mixed feeling)를 경험할 수 있음을 알게 된다. 유아는 피아제(Piaget)의 보존과제에서 높이와 넓이의 두 측면을 통합할 수 없듯이 두 정서가 동시에 발생한다는 사실을 부인한다. 10세 이후가 되어야 상반된 정서가(valence)의 혼합정서에 대한 이해가 가능해진다. 하터와 부딘(Harter & Buddin, 1987)은 혼합정서의 발달을 5단계로 나누어 설명하고 있다(권민균 외, 2012에서 재인용).

다른 사람의 정서를 이해하는 능력은 어린 영아기부터 발달하고, 8~10개월이 되면 불확실한 상황에 대하여 엄마나 아빠의 정서적 반응을 살펴서 자신의 행동을 조절하기 위해 그러한 정보를 사용하기 시작한다(Feinman, 1992). 익숙하지 않거나 확실하지 않은 상황에서 영아는 그 상황을 해석하는 데 도움을 얻으려는 듯이 자신의 부모나 주 양육자를 바라보는데, 이러한 현상을 사회적 참조(social referencing)라고 한다.

이러한 사회적 참조는 자신의 안전과 보호에 의해 사물과 사건을 평가하기 시작하는 8~10개월 초에 자주 나타난다. 사회적 참조는 연령이 증가하면서 점차 일반적이 되어 타인이 느끼는 감정에 대한 추론이 더욱 정확해진다(Denham, Zoller, & Couchoud, 1994).

① 0단계(5.2세)

• 두 가지 정서가 동시에 유발되어 공존할 수 있다는 사실을 완전히 부정한다.

"내 마음은 하나니까, 두 가지 기분을 느낄 수 없어요."

② 1단계(7.3세)
- 두 가지 정서가 동시에 유발된다는 것을 이해하지만, 하나의 대상에 대해 동일한 정서가의 혼합정서들이 유발되는 조합에 국한된다.
  "동생과 싸우면 밉기도 하고, 화도 나요."
- 이 단계 아동들은 두 가지 정서가 각기 다른 대상을 향하는 것도 불가능하고 상반된 정서가의 정서들이 동시에 발생한다는 것도 불가능하다고 생각한다.
  "나는 설날에 세뱃돈을 받고 나면 신나고 행복해요."

③ 2단계(8.7세)
- 두 가지의 동일 정서가(same valence)의 정서들이 각각 상이한 대상들에 대해 동시에 유발될 수 있다는 것을 이해하지만, 상반된 정서들이 동시에 발생할 수 있다는 것을 부정한다.
  "나는 제주도에 가서 즐겁기도 했고, 할머니랑 여행해서 행복했어요."
- 동일 정서가의 정서와 상이한 정서들의 차이를 이해하고 적절히 적용할 수 있지만 정적 정서와 부적 정서를 동시에 통합하지 못하므로 정적 정서와 부적 정서가 동시에 유발될 수 있다는 것을 이해하지 못한다.
  "나는 한꺼번에 슬프거나 무서워할 수 없어요."

④ 3단계(10.1세)
- 아동들은 주요한 개념에 이해가 향상되었다는 것을 보여 주는데 동시에 유발되는 상반 정서가의 혼합정서들을 이해하게 된다. 그러나 이러한 정서들은 각기 상이한 대상에 대해서만 유발되는 것으로 이해된다.
  "동생이 내 장난감을 부숴서 화가 났어요." (부적 정서)
- 따라서 부적 정서는 사건의 부적인 측면만을 향하게 되고 정적 정서는 사건의 정적인 측면만을 향하게 된다.
  "하지만 엄마가 동생을 야단친다고 하셔서 좋았어요." (정적 정서)

⑤ 4단계(11.3세)

• 상반된 정서가의 정서들이 같은 대상에게 동시에 유발될 수 있다는 것을 이해한다.

　"나는 용돈을 받아서 기뻤지만 너무 적어서 속상했어요."

• 이러한 인지적 발달은 동일한 사건을 정적, 부적 차원으로 변별할 수 있고 통합할

　수 있게 해 준다.

　"나는 새 학년이 되어 기뻤지만, 공부를 더 많이 해야 해서 걱정이에요."

(3) 만족지연능력

　만족지연능력은 장기적인 목표달성을 위해 순간의 충동적인 욕구나 행동을 자제하며 즐거움과 만족을 지연시키는 선택을 하고 그 지연에 따른 좌절을 바람직한 보상을 기다리며 자발적으로 인내할 수 있는 자기통제능력이다(김양선, 2009).

　이 방법은 영유아에게 지금 당장 눈앞에서 얻을 수 있지만 작은 만족이 되는 것과 기다리면 더 큰 만족을 얻을 수 있는 두 가지 중에서 한 가지를 선택하게 하는 것이다. 이러한 연구방법을 통해서 발견된 사실은, 첫째, 학령 전 유아들은 지금 당장 얻을 수 있는 눈앞의 작은 만족을 포기하고 참고 기다려서 더 큰 만족을 얻는 것이 어렵다는 것이다. 둘째, 학령기에 들어서면서 점차 만족지연능력이 증가하여 10~12세경이 되면 기다려서 더 큰 것을 취하고자 하는 경향이 강하게 나타났다(Mischel, 1986: 최경숙, 송하나, 2010에서 재인용).

못 참겠다!　　　　　　　　　　　참아 내겠어!

[그림 7-1] 만족지연 실험

만족지연능력은 변화의 양상이 크게 바뀌지 않고 꾸준한 것으로 알려져 있다. 최근 유아 시기에 만족지연 실험에 참가했던 유아들을 10년 후 추적 조사하여 스트레스 대처 능력과 학업에 관한 성공지수, 사회적 유능성과 자기신뢰도 등을 재진단한 결과, 영유아 시기에 만족지연능력이 높게 나왔던 유아들이 청년기에 높은 학업 및 사회적 적응능력을 보였다. 이러한 결과는 유아기의 만족지연능력이 하나의 성향적 특성으로 유아의 성공적인 적응과 행복에 장기적이며 지속적인 영향을 미치고 있음을 반영한다(정희영 외, 2014).

(4) 감정이입

감정이입이란 한 사람이 타인과 자신을 부분적이고 감정적으로 동일시하고 동시에 그로부터 거리를 지킬 수 있으면서 이 두 위치를 넘나들 수 있는 능력을 말한다. 장옥남(2004)은 감정이입을 행복, 기쁨, 슬픔, 외로움, 괴로움, 분노, 고통과 같은 타인의 정서를 이해하는 능력으로, 타인의 정서상태나 상황을 이해하고 타인의 입장이 되어 그의 정서나 감정을 느껴 봄으로써 상대의 처지를 이해하는 능력이라고 보았다.

호프먼(Hoffman, 1984)은 감정이입의 발달단계 수준을 제시하였는데, 가장 낮은 인지수준인 '총체적 감정이입단계', 대상영속성 개념을 획득하지만 자신과 타인의 내적 상태를 완전히 구별하지는 못하는 '자기중심적 감정이입단계', 언어발달과 더불어 실망, 분노와 같은 복잡한 정서와 반대되는 정서에도 감정이입을 할 수 있는 '타인과 감정에 대한 감정이입단계', 아동 후기가 되어 사람들을 범주화하는 능력이 생겨서 일반적인 곤경에도 감정이입을 하는 '타인의 일반적 곤경에 대한 감정이입단계'가 생긴다고 하였다.

(5) 정서조절

정서조절이란 내적인 감정상태와 정서 그리고 생리학적 과정의 발생이나 강도, 지속기간을 조정하는 것을 말하며, 자극적인 상황에서 생기는 자신의 정서적인 반응을 자신 스스로 적절한 방식으로 변화할 수 있는 능력이다.

학령기가 되면 정서조절이 빠르게 발달한다. 유아들은 그들의 성취를 또래와 비교하고 또래의 인정을 중요하게 여기면서, 자기가치감을 위협하는 부정적인 정서를 조절하는 방법을 배워야 한다. 타인과 상호작용할 때도 자신과 다른 사람의 정서를 이해하고, 사회적 맥락에 맞도록 조절하는 능력은 유아기의 중요한 사회적 기술이다(권민균 외, 2012).

유아가 정서조절능력을 발달시키는 과정에서 주 양육자의 역할은 매우 중요하다. 특히 어머니가 아동의 정서상태와 조절능력을 이해하고 민감하게 반응하는 것이 유아의 정서조절능력을 향상시키는 데 중요하기 때문이다. 어머니의 민감성이 높은 경우에는 정서조절능력에 문제가 생겨도 문제행동으로 연결되는 경우가 적지만, 어머니의 민감성이 낮은 경우에는 유아의 정서조절능력에 생긴 문제가 문제행동으로까지 이어진다. 즉, 유아의 정서조절 능력이 취약한 경우 어머니가 민감하게 반응해 주면 문제가 악화되는 것을 방지할 수 있지만 어머니가 민감하게 반응해 주지 못하면 문제가 악화된다(김상희 외, 2014).

3. 정서발달을 위한 교사의 역할

영유아의 행동과 학습은 정서에 의해 동기 유발이 되므로 모든 학습 경험은 정서를 출발점으로 해서 제공되어야 한다. 그런데 정서학습의 많은 부분은 성인의 특별한 직접적인 가르침 없이 자발적 놀이, 교사와의 상호작용, 일과 활동 등 영유아의 삶과 더불어 발생된다는 것에 유의해야 한다.

또한 영유아와 하루 일과 중 많은 시간을 보내야 하는 영유아교사가 잊지 말아야 하는 것은 영유아들이 발달적으로 나타나는 자아중심성으로 인해 다른 사람의 입장이나 관점을 이해하는 것이 제한된다는 것이다. 그들은 자신의 감정을 명명화하고 이해하는 데도 제한을 받고, 정서의 적절한 표현을 통제하는 사회 규준에 대한 지식이 제한되어 있다. 그러므로 따뜻한 의사소통을 위해 다음 사항을 기억해야 할 것이다(한은숙, 2003).

- 교사는 영유아들이 자신의 감정을 인식하여 표현할 수 있도록 지도한다. 또한 표현된 정서가 사회적으로 용인될 수 있는 방법으로 조절할 수 있도록 한다.

- 교사 스스로가 정서를 적합하게 표현하는 것을 모델링해 줌으로써 정서발달을 바람직하게 이끌 수 있다.
- 영유아가 화내거나 두려워하는 것, 슬퍼하는 것이 누구나 느끼는 감정임을 인식한다면 수치심과 죄책감의 발달적 위기를 자율감과 유능감의 획득으로 전환시킬 수 있다.
- 교사가 영유아의 감정을 타당한 것으로 수용해 주면서 적절한 표현 방법을 선택할 수 있도록 지도하는 것이 필요하다.

[그림 7-2] 정서발달을 위한 교사의 역할

〈표 7-3〉 건전한 정서발달을 위한 지도사항

안정된 환경 조성하기	긍정적인 정서적 유대관계 갖기	• 미소 지으면서 바라보고, 온화한 목소리로 다정하게 이야기하기 • 유아의 슬픔과 불안을 표현하도록 북돋아 주면서 효과적으로 대처하도록 돕기 • 부드럽게 안아 주거나 쓰다듬어 주는 등 신체적 접촉하기 • 영유아가 일상생활을 말하면서 흥미와 즐거움을 나타내도록 해 주면 지지받고 있다는 느낌을 받음
	환경의 변화에 적응하도록 돕기	• 새로운 환경을 탐색할 시간 주기 • 새로운 환경에서 함께 보낼 성인과의 친밀감 형성을 돕기 • 예측할 수 있는 환경 마련하기 • 새로운 발달과업을 시도할 때 도움 주기
정서 이해하기	인지적 개념발달을 지원하기	• 시간, 공간, 수, 인과관계 같은 개념 이해하기 • 인지적 개념발달을 향상시킬 수 있는 환경 조성, 경험 제공하기
	또래와 정서적 상호 작용 상황 마련하기	• 또래와 함께 있을 때 감정표현이 풍부하므로 다양한 활동 마련하기 • 감정적 표현을 존중하며 적절하게 안내하기

정서반응 모델	정서를 언어로 표현, 반영, 반응, 해석하기	• 감정을 언어로 표현하도록 다양한 상황에 맞는 표현 도움 주기 • 영유아 자신의 정서가 타인에게 영향을 줄 수 있음을 알게 하기 • 영유아의 정서 상태에 민감하고 적절한 반응 보여 주기
	바람직한 모델 보여 주기	• 아동-아동, 성인-아동 간의 놀이 활동에 즐거워하는 성인 모습 보여 주기 • 주변 세계에 흥미를 갖고 탐색을 소중하게 여기는 모습 보여 주기 • 실패, 좌절을 수용, 극복하는 긍정적 정서 경험 공유하는 성인 모습 보여 주기
	솔직, 적절한 감정 표현 보여 주기	• 솔직한, 적절한 정서표현 간의 균형 유지하기 • 실제 상황을 극놀이로 재현해 보기
	부정적 감정 조절 보여 주기	• 성인 자신이 부정적 느낌을 긍정적으로 바꾸는 것 보여 주기 • 다른 사람의 기분이 나아지도록 하는 것 보여 주기 • 분노 조절은 영유아의 중요한 발달과업임을 알기
감정조절 도와주기	감정조절능력 향상하기	• 영유아 간 우정이 발달할 수 있는 환경 조성하기 • 가상놀이, 조작놀이, 그리기, 창의적 활동, 춤추기, 그네 타기 등 자신의 감정 분출과 조정 등 감정조절 방법 터득하기
	필요한 상황에 적절히 개입하기	• 영유아의 감정조절에 성인 개입 필요- 불안해할 때 인형을 이용하거나, 주의를 다른 곳으로 돌리게 하여 불안감 조절하기 • 다른 사람의 마음을 상하게 할 수 있는 감정적 표현도 조절하도록 지도하기
	부정적 정서표현에 대응하기	• 공격적 태도의 영유아에게 정당한 방식으로 자신의 주장을 표현하는 방법 지도하기 • 부정적 감정 표현을 하는 이유를 묻고, 이를 중요하게 받아들여 대응하는 방식 지도하기
정서표현 양식 인정하고 존중하기	파악하기	• 평상시 관찰을 통해 정서 상태 파악이 정서 지도의 첫걸음임 • 개개 영유아의 다양한 정서표현 양식의 차이를 인정하고 알아내기
	인정하기	• 각 유아의 정서 반응 양식을 알고, 장점을 길러 줄 방향 지도하기 • 개인의 독특하고 다양한 특성을 반영하는 그림, 글을 전시하여 영유아의 정서를 인정하고 존중하기
긍정적 정서와 학습 연결하기	긍정적 정서 자극하기	• 흥미는 탐색 욕구, 기억력과 이해력 증진, 주의집중력 향상 등을 동기화하는 가장 중요한 정서임 • 유아와 눈높이를 맞추고, 변화와 다양한 움직임, 놀이를 통해 흥미 유발과 긍정적 정서를 자극하기
	긍정적 정서 확장하기	• 흥미, 기쁨, 성취감을 확장하기 위하여 개인적 활동을 통해 특정활동 등 좋아하는 선호도 알아보기 • 선호도는 친숙한 경험과 새로운 경험을 이어 주어 흥미영역 확장이 가능함 • 유아가 새롭고 어려운 활동도 해낼 수 있다고 생각하는 성인의 태도가 중요함

출처: Hyson(1994): 이명조(2005)에서 재인용.

요 약

1. 정서란 여러 종류의 욕구와 결부된 경험으로 사람의 마음에 일어나는 감정, 기분, 심리적인 분위기를 말한다.

2. 정서는 영유아의 생존에 도움을 주는 것으로 성장함에 따라 감정의 분화가 일어나는데, 본능적인 것에서 점차 분화되는 과정을 거쳐 정서발달을 가져온다.

3. 애착이란 두 사람의 밀접한 정서적 애정관계를 말하며, 서로 가깝게 있고자 하는 욕망이 특징이며 애착은 상호적 관계로 형성된다.

4. 영유아의 정서발달은 건강하고 전인적인 발달을 위해서 필수적인 요인이므로 교사와 부모가 영유아의 정서에 적절하게 반응하는 것이 중요하다. .

 연 습 문 제

1. 일차정서와 이차정서의 연결로 옳지 않은 것은 무엇인가?
   ① 노여움–당황
   ② 슬픔–수치
   ③ 기쁨–부러움
   ④ 놀라움–공포
   해설 놀라움과 공포는 일차정서이다.

2. 어떤 사람을 명랑하고 유쾌하다고 하거나, 활동적이고 활기차다고 하거나 조용하고 신중하다고 하는 등 개인의 안정된 정서적 반응형식의 질적, 양적 특성을 무엇이라고 하는가?
   ① 특성
   ② 애착
   ③ 기질
   ④ 상호작용
   해설 정서적 반응의 지속적이고 안정된 개인차를 기질이라고 한다.

3. 생리적 리듬이 불규칙하며 새로운 상황에 적응하기가 어렵고, 수면시간, 식사시간이 불규칙하며, 낯선 환경과 상황에 적대적으로 반응하는 기질의 아동은 어떤 유형인가?

① 순한 기질의 아동　　　　　② 더딘 기질의 아동

③ 까다로운 기질의 아동　　　④ 저항 기질의 아동

해설　까다로운 기질의 아동은 반응이 일반적으로 강하고, 부적인 경향을 보이며, 행동을 예측하기가 어렵고 양육자에게 피로감과 좌절감을 주기도 한다.

4. 연구대상의 약 65% 정도가 이 유형에 속하며, 격리된 상황을 괴로워하는 양상을 보였다가, 엄마와 재결합 시 능동적으로 신체적 접촉을 요구하고, 정서적 안정감을 되찾는 유형은 어떤 애착인가?

① 안정애착　　　　　　　　② 저항애착

③ 회피애착　　　　　　　　④ 혼란애착

해설　안정애착 유형에 대한 설명이다.

5. 건전한 정서발달을 위한 영역과 내용이 적절하게 연결된 것은?

① 안정된 환경 조성하기–인지적 개념발달 지원하기

② 감정조절 도와주기–필요한 상황에 적절히 개입하기

③ 정서반응모델–또래와 정서적 상호작용 상황 마련하기

④ 긍정적 정서와 학습연결하기–인정하기

해설　감정조절 도와주기–감정조절 능력 향상하기, 필요한 상황에 적절히 개입하기, 부정적 정서표현에 대응하기

정답　1. ④,　2. ③,　3. ③,　4. ①,　5. ②

제**8**장

영유아기 사회성발달

 학습목표

1. 사회성의 의미와 중요성을 설명할 수 있다.
2. 영유아의 사회성발달의 영역과 의미를 비교분석할 수 있다.
3. 영유아 사회성발달을 위한 부모와 교사의 역할을 실천할 수 있다.

☀ 주요용어

사회성, 영유아 사회성발달, 영유아 사회교육

영유아들은 가정 및 유아교육기관에서 인적 환경과 상호작용하고 적응하는 가운데 사회적 행동의 일정한 양식을 배우게 된다. 가족구성원, 또래, 교사와의 관계에서 아이들은 서로 간에 통용되는 여러 가지 행동을 배우게 되고, 금지되어 있는 행동이 무엇인가를 알게 되며, 성인 사회에 참여하기 위한 준비 단계로서의 기초적 기술, 예컨대 편지를 쓰는 방법, 전화를 거는 방법 등의 기술을 익힌다. 이처럼 사회적 상호작용을 통해 나와 다른 사람을 구별하고 영유아 개인의 경험을 조직화하면서 발달해 나간다. 그리고 사회적 관계에 영향을 주고받으면서 타인이 보낸 반응을 인식하고 해석하며 그에 대해 또다시 반응함으로써 점차 사회적으로 유능한 존재가 되어 간다.

1. 사회성의 개념

인간은 태어나면서부터 다른 사람과 상호작용을 하고, 사회적 관계를 맺으며, 사회생활을 잘 영위할 수 있는 사회의 구성원으로 살아가기를 바라는 사회적 욕구를 지니고 있다. 이러한 사회적 성향과 능력을 사회성이라고 한다.

또래관계가 활발할수록 사회적으로 유능해지며, 놀이 역시 사회적 기술이나 역할 및 사회적 관계 형성 등 사회성발달에 중요한 매개 역할을 한다. 연령의 증가에 따라 남녀 간의 성차이나 성역할 등을 점차 이해하기 시작하고, 성정체감이 발달한다.

코스텔닉(Kostelnik) 등은 사회적 유능성을 지닌 영유아의 특징을 다음과 같이 주장한다. 사회적 가치를 받아들이고, 개인적인 정체감을 발달시키고, 대인관계기술을 습득하며, 사회적 기대에 맞게 자기조절을 하고, 계획과 조직과 결정을 하며, 문화적 유능성을 발달시키는 특징이 있다. 이러한 특징을 지닌 사회적으로 유능한 영유아는 그렇지 못한 영유아보다 더 행복하다. 이들은 다른 사람들과 상호작용할 때 더 성공적이며, 보다 인기가 많고 삶에 대한 만족도 더 크다. 또한 유아의 사회적 관계는 학업 성취와 관계가 있어서, 긍정적인 사회적 관계를 맺는 유아가 학교에서 더 성공적으로 생활한다(Kostelnik et al., 2011: 정희영 외, 2014에서 재인용). 좋은 또래관계는 사회성발달에 매우 중요하며, 자신과 타인에 대한 이해를 발달시키고, 소속감과 사회적 정체감을 획

득하게 한다. 또래와 다양한 역할을 시도해 보면서, 어떤 사회적 행동은 해도 되고 어
떤 행동은 하면 안 되는지를 배우고, 새로운 기술을 익힘으로써 현재의 기술을 더 정교
하게 할 기회를 가지며, 또래의 반응을 통해 자신의 정서와 행동을 조절하는 것의 중요
성을 빠르게 배울 수 있다. 즉, 또래관계가 활발할수록 사회적으로 보다 유능해지며 놀
이 역시 사회적 기술이나 역할 및 태도 형성, 사회적 관계 형성 등 사회성발달에 매우
중요한 매개 역할을 한다.

　유아기에 획득되고 증진되어야 할 개념을 스클(Skeel, 1995)는 다음과 같이 말하고
있다(최혜순, 2012에서 재인용). ① 유아의 자아개념, ② 개인의 다양한 능력과 가치의
인정, ③ 소속한 집단, 사회의 이해, ④ 세계와 다양한 문화에 대한 인식, ⑤ 과거의 사
건과 이들의 현재 또는 미래에 대한 영향 인식, ⑥ 의사결정에 기초가 되는 문제해결
및 가치와 기술, ⑦ 의사소통을 증진시키는 사회적 기술, ⑧ 경제, 정치활동에 효율적
으로 참여할 수 있는 지식, ⑨ 집단의 구성원으로서 적극적이고 긍정적으로 참여하는
태도 등이다.

[그림 8-1] 영유아의 사회적 활동

2. 영유아의 사회성발달

1) 독립심 및 자신감의 발달

독립심은 영아기에 형성되는 주 양육자와의 편안하고 안정적인 애착관계에서 비롯된다. 주 양육자를 심리적인 안전기지로 사용할 수 있는 안정적인 애착관계에서 영유아 독립심의 기초가 마련된다. 따라서 3~4세의 연령이 되면 영유아가 이전보다 애착감정이 약해질 때 서서히 독립하고자 하는 욕구가 생기도록 도와주어야 한다. 이 시기에는 마침 스스로 무엇인가를 하려는 욕구가 강하기 때문에 독립심 형성을 촉진시킬수 있다. 예를 들어, 이웃 주변 환경과의 접촉을 점차 확대하거나 영유아의 독립적 행동에 대해 성인이 격려와 칭찬을 해 준다면 그들의 독립심을 북돋아 줄 수 있다. 독립성을 키우기 위한 강압적인 훈련은 오히려 장차 영유아의 마음을 유약하고 불안하게만들 수 있는 역효과를 가져온다(조복희, 1996).

자신감도 독립심의 발달과 마찬가지로 안정적인 애착이 형성되어 주변 탐색을 위한심리적 안전기지로 양육자를 사용하면서 영유아 스스로 하고 싶은 것을 할 때 발달된다. 따라서 스스로 하고 싶은 것을 힘든 가운데서도 해 보도록 허용하고 그 결과에 대해 격려와 칭찬을 해 주어 일을 해냈다는 성취감을 맛보도록 함으로써 자신감을 기르게 할 수 있다(이명조, 2006).

2) 자아개념의 발달

영유아는 자신을 타인과 구분할 수 있게 되면서 자아개념(self-concept)이 서서히발달한다. 데이먼과 하트(Damon & Hart, 1982)에 따르면, 유아에게 자기를 말로 표현해 보라고 했을 때 자신의 신체적 특성, 본인이 갖고 있는 것이나 잘하는 활동을 말하고, 내가 행복하다거나 내가 사람들을 좋아한다와 같은 심리적인 특성에 대한 서술은거의 나타나지 않는다. 그러나 에더(Eder, 1990)는 유아들이 "유치원에서 나는 혼자놀기를 좋아한다."와 같이 말하면서 여러 맥락에서 자신이 흔히 하고 있는 행동을 인

식하고 있다고 하였다. 이처럼 자신을 잘 표현해 주는 습
관적 행동에 대하여 연령이 높아지게 되면 "나는 사교적
이 아니다."와 같이 자신에 대한 심리적 서술을 한다고
하였다.

　3세아는 사람마다 마음속의 믿음이 다를 수도 있으며,
사람들이 사실보다는 마음속에 믿고 있는 것을 근거로 행
동한다는 것을 이해하지 못한다. 반면, 4~5세아들은 마
음속의 믿음이란 정확하지 않을 수도 있으며 다른 사람과 다를 수도 있다는 것을 이해
한다(Wellman & Woolley, 1990). 그리고 사람들이 때때로 잘못된 믿음에 따라 행동한
다는 것을 알게 되면서 거짓말이나 속이는 것으로 자기에게 유리하도록 이러한 지식을
사용할 수도 있다(최경숙, 송하나, 2010).

3) 사회적 관계

　영아가 성장함에 따라 주 양육자인 부모 외에도 형제자매관계, 또래관계 등을 통하
여 그들과 상호작용을 하게 된다. 부모와의 관계는 수직적인 관계 성향이 많고, 형제관
계와 또래관계는 수평적인 관계라는 특징이 있다.

(1) 형제자매관계

　한 개인이 생애를 통해 맺을 수 있는 시간적으로 가장
긴 관계가 형제자매관계이다. 아동이 자라면서 갖는 첫
번째 또래집단인 형제자매는 함께 생활하는 시간이 많아
서 다른 관계에서 경험할 수 없는 기쁨뿐만 아니라 극도
의 좌절과 분노를 맛볼 수 있는 독특한 관계이다(김상희,
김지신, 박응임, 한세영, 2014). 형제간 경쟁에도 불구하고
서로를 신뢰하고 힘든 시기에 서로를 보호하며 편안하게
해 준다.

예를 들면, 심각한 선천적인 문제가 있는 아동들과 알코올이나 정신적인 문제가 있는 부모가 있는 아동들도 그들의 형제들끼리 견고하고 지지적인 관계를 맺는다면 행동 문제를 거의 보이지 않고 긍정적인 발달결과를 보인다고 한다. 따라서 형제자매와의 결속력은 갈등이나 적응 문제를 예방하는 데 도움이 된다(김청자 외, 2012).

(2) 또래관계

또래는 영유아의 사회성발달에 중요한 기능을 한다. 또래와의 관계를 통하여 영유아 자신과 다른 사람에 대한 이해를 하게 되고, 사회적으로 바람직한 행동과 그렇지 않은 행동을 구분하게 된다. 이처럼 또래와의 관계를 통하여 스스로의 정서와 행동을 조절하는 법을 알게 된다.

특히 유아기와 아동기의 부정적인 또래관계가 고등학교 중퇴, 청소년 및 성인기의 범죄와 정신병리 등 사회생활에 부적응을 초래하고 장기적으로 영향을 미칠 수 있다는 차원에서 그 중요성은 매우 크다(Partker & Asher, 1987: 권민균 외, 2012에서 재인용).

생후 12개월의 영아는 다른 사람보다 또래와 함께 시간을 보내는 것을 선호하고, 낯선 또래보다 친숙한 또래와의 상호작용이 더욱 긍정적인 결과를 초래한다고 한다. 친숙한 또래에게 더 신체적 접촉과 만지는 행동을 자주하고 모방적 행동과 미소도 더 빈번하게 하였으니 친밀한 또래와의 상호작용은 영유아들의 사회적 행동을 촉진한다고 할 수 있다(이영 외, 2009).

4) 사회적 행동발달

인간이 최초로 맺게 되는 사회적 관계는 부모이다. 형제, 자매, 친척, 또래나 애완동물과도 사회적인 관계를 맺을 수 있다. 이러한 사회적 관계는 영유아기를 포함한 인생 전반에서 매우 중요하다. 부모가 자녀를 돌보는 과정에서 사랑과 애정이 담긴 미소와 몸짓을 주고받으며, 얼굴과 손발을 맞대고 부비는 행동은 바로 대화의 시작이라고 할

수 있다. 이처럼 부모를 포함한 가족은 영유아의 사회화 과정을 이끌고, 따뜻하고 긍정
적인 관계를 통해 신뢰감을 발달시켜 준다. 또한 영유아 자신에 대한 자존감을 향상시
키며, 자신의 능력에 대한 감정을 긍정적으로 발달하도록 한다.

(1) 친사회적 행동

친사회적 행동이란 다른 사람을 돕거나 도우려는 마음을 가지고 어떤 행위를 포함하
는 폭넓은 개념을 말한다. 리드(Lead)는 친사회적 행동의 세 가지 구성요소를 언급하
였는데, 행동 자체가 목적이 되고, 자발적으로 행하며, 객관적인 인정을 받음이 그것이
이다. 호프먼(Hoffman, 1971, 1984)은 피아제의 인지발달단계를 반영한 감정이입의 발
달을 통해 친사회적 행동의 발달단계를 〈표 8-1〉과 같이 제시하고 있다.

〈표 8-1〉 **친사회적 행동의 발단단계**

단계	내용
1단계	• 영아는 자신과 타인의 존재에 대한 구분이 없으므로 타인의 고통을 자신의 고통과 혼동한다. • 신생아가 다른 아이 울음소리를 듣고 따라 우는 것이 그 예다.
2단계	• 자신과 타인이 별개라는 것을 알고 고통이나 슬픔에 빠진 타인을 달래 줘야 한다고 느낀다. • 그러나 아직은 자신과 타인의 감정적 관점이 다르다는 것에 대한 구분이 확실하지 않다. • 우는 표정을 짓는 엄마에게 본인이 좋아하는 장난감을 양보하는 것처럼 자아중심적 감정이입이 이루어지는 시기이다.
3단계	• 타인의 입장이 되어 고통의 근원을 찾고 적절한 대응을 할 수 있게 된다. • 자아중심적 사고가 감소되면서 다른 사람이 자신의 도움을 필요로 한다는 것을 인식하는 인지능력이 발달되었기 때문에 가능하다.
4단계	• 감정이입이 현재 눈에 보이는 특정 상황이나 특정인에만 국한되지 않고 일반적인 상태까지 고려하게 된다. • 즉, 전반적인 부분까지 감정이입이 가능해진다는 것이다.

친사회적 행동의 이점과 친사회적 행동의 개발 원리는 다음과 같다(심숙영, 2013; 정
희영 외, 2014; Kostelnik et al., 2008).

〈표 8-2〉 **친사회적 행동의 이점과 개발원리**

친사회적 행동의 이점	• 만족감 얻음 • 유능함 인식하기 • 자신을 유능하고 가치 있는 사람으로 지각하기 • 타인과 사회적 관계 맺기 • 또래에게 인기 얻음 • 도움받거나 협동할 기회 증가 • 긍정적인 집단 분위기 • 학업성취 높아짐	
친사회적 행동의 개발원리	환경에 대한 배려하기	• 안정된 학급 분위기 • 충분한 놀잇감과 놀이 공간 • 적절한 교사 대 유아의 비율
	모델 되어 주기	• 또래나 성인이 친사회적 행동을 하면 유아가 관찰, 모방을 통하여 유사한 행동을 보임
	보상하기	• 바람직한 행동에 대한 인정과 격려를 통해 긍정적 행동 명료화하기
	귀납적 추론 이용한 이야기 나누기	• 귀납적 추론은 타인의 감정에 대해 이해와 원인과 결과를 추론해 나가도록 도움
	친사회적 행동 돕는 프로그램 적용	• 협동, 나눔 행동이 일어날 수 있는 프로그램 적용하기

(2) 반사회적 행동

반사회적 행동은 타인에게 적대적이고, 반항적이며, 공격적 성향을 드러내는 비협력적인 행동 등을 말하는데, 대표적으로 공격성을 들 수 있다. 공격성은 생명체에 대해 의도를 가지고 해를 가하려는 바람직하지 않은 행동을 의미한다. 공격성은 도구적 공격성과 적대적 공격성으로 구분할 수 있는데, 도구적 공격성이란 자신의 이익을 위하여 다른 사람에게 해를 가하는 행동을 의미하고, 적대적 공격성이란 다른 사람에게 해를 가하는 자체가 목적인 것을 말한다. 유아들 사이에서 일어나는 공격성은 서로 장난감을 갖기 위해 때리는 것과 같은 도구적 공격성이다. 이러한 공격적 행동은 장난감이 충분하지 않거나 좁은 공간에서 놀이를 하는 경우에 많아진다는 보고가 있다. 6세 이전까지는 도구적 공격성이 대부분이며, 이후에는 적대적 공격성으로 바뀌면서 그 빈도가 줄어든다(송명자, 1995; 이명조, 2006).

공격성의 통제방법으로 부모훈련과 인지적 방법을 들 수 있다(Horne & Sayger, 1990; Kazdin, 1987; Zahavi & Asher, 1978). 부모에게 훈련을 하여서 영유아에게 직접적으로 가하던 신체적 처벌을 말로 대치하는 방법과 영유아의 비공격적 행동을 구분하여 강화하고, 위협이나 지시 등의 부정적인 표현을 칭찬이나 강화와 같은 긍정적 표현으로 바꾸는 방법들을 포함한다. 또한 인지적 방법을 시도하여 성공한 대표적인 훈련 연구로는 대화를 사용하는 방법을 들 수 있는데, 공격성이 높은 유아에게 교사가 약 10분 동안 공격성과 관련된 대화를 통해 학습시켰다. 공격성은 다른 사람에게 해를 가하고 그 사람을 불행하게 한다는 것과, 공격성은 문제를 해결하기보다는 상대의 분노를 일으키게 하므로, 갈등을 끝낼 수 있도록 친구와 차례를 지키고 함께 놀게 되면 해결된다는 것이 대화의 주된 내용이었다. 이러한 대화가 끝난 후 공격적 행동은 극적으로 감소하였으며, 긍정적 행동은 증가하였다(Cole & Cole, 1989).

(3) 공격행동과 관련된 요인

공격적 행위란 자신을 해치거나 부상을 입히려는 조치를 피하려고 동기화된 생명체를 해치거나 부상을 입히기 위해 마련된 모든 형태의 행동을 말한다(Baron & Byrne, 1994). 공격성은 2세경에 나타나기 시작하여 차츰 언어적 공격으로 바뀌게 된다. 연령이 증가함에 따라 행동으로 직접 나타나던 물리적 공격이 말로 하는 언어적 공격으로 바뀌는 주된 이유는 부모의 제재와 더불어 난폭한 행동이 자신의 목적을 달성하는 데 적합한 도구적 수단이 되지 못한다는 것을 어린 유아도 깨닫기 때문이다(Hartup, 1974).

공격행동에 있어서 남아가 여아보다 더 공격적이라는 이론이 지배적이다. 부모의 양육태도도 공격성과 관련이 있는데, 부모로부터 거절당하거나 욕구충족을 받지 못한 아동은 공격적으로 될 가능성이 많고, 부모가 일관성 없이 벌을 사용하면 욕구불만 상태를 조장하여 공격성이 높아진다. 또한 대중매체에 나타난 폭력적인 행동이 아동의 공격적인 행동을 증가시키며, 가족의 유대관계를 약화시킨다는 전통적인 연구도 있다.

5) 성역할의 발달과 고정관념

성역할(gender role)이란 개인이 속해 있는 사회에서 남성 또는 여성에게 적합하다고 규정하는 행동, 태도 및 가치관을 말하는 것으로 이는 사회화 과정에서 매우 중요한 부분이라고 할 수 있다.

아기를 수태하고 낳는 여자의 역할은 많은 사회에서 성역할 기준이 형성되는 출발점이다. 여자아이들에게는 친절하고 애정적이고 협동적이며 다른 사람들의 요구에 민감한 표현적 역할을 하도록 가르친다. 이러한 심리적 특성은 여아가 자라서 아내와 어머니 역할을 수행하고 가족의 기능을 원활히 하며 자녀를 성공적으로 키울 수 있도록 하는 데 중요한 특성이 된다. 반면에, 남자아이들에게는 도구적 역할을 가르치는데, 이는 전통적인 남편과 아버지로서, 남자는 가족을 부양하고 위험으로부터 가족을 보호하는 과업을 갖고 있기 때문이다. 따라서 남아들은 지배적이고 자기 주장적이며, 독립적이고 경쟁적이 되기를 주위에서 기대한다. 이러한 사회적 규준과 성역할 기준은 세계 모든 사회는 아니지만 많은 사회에서 발견된다(Williams & Best, 1990: 최경숙, 송하나, 2010에서 재인용).

성역할 고정관념이란 특정행위나 활동이 남성이나 여성에게 배타적으로 적용되는 것으로 판단하고 사고하는 것을 의미한다. 육아, 요리, 집안 꾸미기 등을 여성만이 할 수 있다고 생각하는 것은 성역할 고정관념의 대표적인 예이다. 성역할 고정관념은 아동이 자신의 성이 남성 또는 여성인지를 구분하는 것과 거의 유사한 시기에 발달한다고 알려졌다.

유아기 성역할의 개념 발달을 연령별로 살펴보면, 0~3세는 성정체감과 성동일시가 발달하는 연령으로 외모나 옷을 기준으로 남과 자신의 성을 구분한다. 2~4세는 성안정성이 발달하는 연령으로 성은 시간이 지나도 변하지 않는다는 것을 이해하며, 평생 동안 동일한 성을 가진다는 것을 이해하게 된다. 4~6, 7세는 성항상성이 발달하는 연령으로 성은 바람, 외모, 활동에 상관없이 변하지 않고 보존 개념의 발달과 함께 형성하게 된다는 것을 알게 된다.

6) 도덕성발달

도덕(moral)이란 말은 라틴어의 Mores에서 나온 것으로 예의, 습관, 행동양식 등을 가리키는 다양한 의미로 사용되어 왔다. 도덕성이란 개인이 옳고 그름을 구별할 수 있는 내면화된 일련의 규범이며, 이러한 원리에 따라 옳은 행동을 했을 때 자긍심을 느끼고 이 규범을 위반했을 때 죄책감과 수치심을 느끼는 것을 의미한다.

교육학용어사전에서는 도덕성에 관하여 '도덕현상을 인식하고 도덕규범을 준수하려는 심성'이라고 정의하고 있다.

도덕성발달이론의 대표적 이론은 정신분석적 입장, 인지이론적 입장, 사회학습이론적 입장으로 나눌 수 있다.

(1) 정신분석적 입장

프로이트(Freud, 1960)에 의하면 인간은 다섯 단계의 심리성적 발달단계를 거치며, 발달의 각 단계에서 신체의 특정 부분에서 쾌감을 경험한다. 성격은 구강기와 항문기와 남근기를 거치면서 초기에 느껴지는 쾌감의 원천과 현실의 요구 사이에서 갈등을 어떻게 해결하느냐에 따라 결정된다. 갈등이 해결되지 않을 때 개인은 발달의 특정 단계에 고착될 수 있다. 고착은 개인의 욕구가 충족되지 않거나 지나치게 충족되어 초기 발달단계에 머무를 때 나타난다(이영 외, 2009). 프로이트에 따르면 인간의 인성은 원초아(id), 자아(ego)와 초자아(super ego)의 세 부분으로 구성되어 있다. 원초아(id)의 목적은 본능적 욕구 충족이며, 자아(ego)는 욕구 충족을 위한 현실적인 수단을 찾을 수 있을 때까지 원본능을 억제하는 기능을 한다. 정신분석이론은 정서가 도덕성의 중요한 부분이라는 것을 강조하는 동시에 부모가 도덕성발달에 중요한 역할을 한다고 주장한다. 즉, 부모가 아동에게 충동의 억제를 가혹하게 요구하면 할수록 더 강한 도덕성발달이 이루어진다는 것이다(김청자 외, 2013).

- 도덕성이란 내면적 규칙을 습득함으로써 스스로 행동을 조직해 나가는 것으로, 초자아란 말로 설명한다.
- 초자아(super ego)는 자아의 생각과 행동을 비판하고 자아(ego)와 원초아(id)가

타협하여 부조리한 행동을 할 때, 이를 벌하고 죄의식과 불안감을 형성하는 요인
이다.

- 초자아는 남근기(3~6세)에 발달되는데, 이 시기 유아들은 동성부모에 대한 두려
움과 적대적 경쟁심이 형성되고, 이 공포를 벗어나기 위하여 아버지와 동일시하
는 오이디푸스콤플렉스(Oedipus complex)가 생기게 된다.

(2) 인지이론적 입장

인지발달이론가들은 인간의 행동이 옳고 그름을 판단하는 도덕적 추론(Moral reasoning) 능력을 살펴봄으로써 도덕성을 연구한다. 이들은 도덕성 발달이 주로 인지발달에 의존한다고 주장하였다. 도덕성에 대한 인지발달이론은 크게 피아제(Piaget, 1965) 이론과 콜버그(Kohlberg, 1963)의 이론을 들 수 있다.

① 피아제의 도덕성발달이론

피아제는 도덕성발달이 인지발달의 순서에 병행하여 발달한다고 보았다. 5~13세 아동들의 공기놀이를 자세히 들여다봄으로써 규칙 준수의 발달을 연구하였고, 이를 통해 도덕성의 발달단계를 규명하였다. 그는 아동들에게 누가 게임 규칙을 만들었는지, 모든 사람이 규칙을 반드시 지켜야 하는지, 이 규칙을 바꿀 수 있는지 등의 개방적 질문을 하였다. 이와 함께 행위의 의도와 결과가 다양한 이야기를 아동에게 들려주고, 누가 더 나쁘며 그 이유가 무엇인지를 질문하였다. 피아제는 도덕성을 행동의 기준이 되는 규범에 대한 판단 능력이라고 보았다. 그에 따르면 도덕성의 발달단계는 단계1: 전도덕적 단계(4~5세), 단계 2: 타율적 도덕성(6~10세), 단계 3: 자율적 도덕성 (10~11세)으로 나뉜다.

- 단계 1: 전도덕적 단계에서는 아직 규칙과 합의를 이해하지 못하고 놀이하는 아동
의 행동을 주시하여 모방하는 단계이다. 이 시기의 아동들은 이기려는 의도를 갖
고 체계적으로 놀지 않는다. 대신 이들은 자기들 나름대로의 규칙을 만드는 것으
로 보이며, 게임에서 중요한 점은 저로 번갈아 하고 재미있게 노는 것이라고 생각
한다.

• 단계 2: 타율적 도덕성 단계에서 규칙은 절대적이며 고정된 것으로 바뀔 수 없다고 생각한다. 그리고 규칙을 깨뜨리면 성인으로부터 처벌이 따른다는 내재적 정의 개념을 가지고 있다.

예: 어머니의 집안일을 도와드리다가 실수로 화분 열 개를 깨뜨리는 것이 어머니 몰래 과자를 꺼내 먹다가 화분을 한 개 깨뜨리는 것보다 더 나쁘다고 판단한다.

• 단계 3: 자율적 도덕성 단계에서 규칙은 서로의 협의에 의해서 고칠 수도 있다고 생각하며 행위의 결과보다는 의도를 고려하여 도덕 판단을 하는 주관적 책임의 특성을 나타낸다.

예: 과자를 몰래 꺼내 먹으려다 화분을 한 개 깨뜨리는 것이 어머니의 집안일을 도우려다가 실수로 화분을 열 개 깨뜨리는 것보다 더 나쁘다고 생각한다.

② 콜버그의 도덕성발달이론

콜버그는 피아제의 도덕성 발달이론을 보다 정교화시켰다. 그는 10세, 13세, 16세의 아동과 청소년이 가상적인 도덕적 갈등 상황에 대하여 나타내는 반응을 토대로 도덕성의 발달단계를 구분하였다. 그는 두 가지 상황에서 하나를 선택하도록 하였는데, 첫째는 가상적 갈등 상황에서 개인의 욕구를 충족시키기 위하여 규칙과 명령을 위반하는 것, 둘째는 규칙, 법률, 권위자에 복종하는 것이었다. 콜버그는 '하인즈 이야기'와 같은 도덕적 갈등 상황을 피험자들에게 다양하게 제시하고, 각 갈등 상황에 대한 피험자들의 반응을 분석하였다.

〈표 8-3〉 콜버그의 도덕성 발달수준과 단계

수준	단계	내용
전인습적 수준	벌과 복종의 단계	• 처벌 면제, 권력에 대한 맹종 • 결과에 근거해 옳고 그름을 판단
	도구적 목적과 교환의 단계	• 자신의 필요 충족 여부가 옳고 그름을 결정 • 보상성, 대가성을 중시

	대인관계 조화 착한 아이 단계	• 선행은 타인을 기쁘게 하거나 돕고 인정받는 것 • '착하다'라는 타인의 인정 중요
인습적 수준	법과 질서 준수	• 권위, 정해진 규율, 사회적 질서의 유지를 지향 • 바른 행동은 의무 이행, 권위에 대한 존중 보이기, 사회적 질서 유지 등
후인습적 수준	사회적 계약과 합법성의 단계	• 옳은 행동은 사회에 의해 비판적으로 제고되고 동의된 일반적인 개인의 권리와 기준에 의해 결정
	보편적 윤리원칙의 단계	• 논리적 포괄성, 보편성, 일관성에 준하는 스스로의 윤리적 원칙에 따름 • 구체적 규율이 아닌 추상적이고 도덕적인 원칙 • 인간의 권리와 존엄성에 대한 정의, 상호성, 동등성의 원칙

출처: 정희영 외(2014).

(3) 사회학습이론적 입장

초자아의 발달에 따라 도덕성발달이 이루어진다고 가정한 정신분석 학자들과는 달리, 사회학습이론에서는 도덕적 판단보다는 도덕적 행동을 더 중요시하며 이러한 행동은 사회적 학습에 의해서 발달된다고 보았다. 사회학습이론은 반두라(Bandura)에 의해 등장했는데, 그는 발달과정이 개인과 환경 간의 상호성에 의한다는 상호결정론적 입장을 취하였다. 특정한 도덕적 행동이나 습관은 다른 사회적 행동과 마찬가지로 직접적 지도와 관찰 학습을 통해 습득된다고 주장하였다. 한편, 아동에게 영향을 미치는 요인으로 강화, 처벌, 사회적 모델을 들고 있다. 강화를 받은 행동은 다시 발생할 가능성이 높으며 처벌받은 행동은 발생 가능성이 낮다. 직접적인 강화와 처벌 이외에도 타인의 행동을 관찰함으로써 도덕적 행동의 학습이 이루어진다(김태련 외, 2004).

- 강화: 항상 반응을 더 자주, 더 강하게 하는 것으로 정적 강화는 한 행동의 발생을 증가시켜 주는 것이 되고, 부적 강화는 특정 행동을 함으로써 불쾌한 자극을 중단 또는 제거시키는 것으로 숙제를 하면 청소를 면해주는 것과 같다.
- 처벌: 반응을 억제하거나 억누르는 처벌은 두 종류가 있는데, 정적 벌은 체벌이나 야단치는 것과 같이 행동이 나타난 직후에 불쾌한 결과가 가해지는 것이고, 부적

벌은 잘못했을 경우 TV시청을 못하게 하는 경우와 같이 행동이 표현된 직후에 그 상황에서 즐거운 대상을 빼앗거나 제거하는 것을 의미한다(최경숙, 송하나, 2010).

• 사회적 모델: 인정 많고 남을 잘 도와주는 이타적 모델을 많이 본 아동은 그것을 모방하는 경향이 있다. 사회적 모델은 아동의 도덕성발달에 두 가지 역할을 한다. 첫째, 유혹에 저항하도록 하여 도덕적 행위를 하도록 하는 것이고, 둘째, 부적절한 행위를 따라 하도록 나쁜 영향을 주는 것이다(최순영, 김수정, 1997).

7) 유아놀이

유아들에게 있어서 놀이는 그 자체로서 재미있는 활동이자 학습이고, 발달을 촉진하며 사회성을 향상시키는 훌륭한 방법이다. 유아는 놀이를 통해서 또래 친구를 사귀고, 놀이 수준을 조절하며, 언어기술, 사회적 협상, 사물과 사태를 대하는 풍부한 연습을 한다. 이러한 놀이는 즐거워야 하며, 자발적 참여가 이루어질 때 유아의 놀이는 더욱 풍부해질 수 있다.

(1) 인지적 수준에 따른 놀이의 유형

유아기의 놀이는 인지적 수준에 따라 4단계로 발달한다(Smilansky, 1968).

① 기능놀이

물체를 가지고 자신의 신체를 이용하여 단순 반복적으로 근육을 사용하여 움직이는 활동이다. 블록을 부딪히거나, 딸랑이를 흔들거나 자동차를 단순히 앞뒤로 움직이는 활동이 여기에 포함된다.

② 구성놀이

블록으로 탑을 쌓거나 퍼즐 맞추기, 조각 그림 맞추기, 그림을 자르고 붙이기 등과 같이 무엇인가를 만들어 내는 놀이 유형이다.

③ 가상놀이

유아의 정신적 표상능력을 반영해 주는 놀이로, 병원놀이, 소꿉놀이 등 역할놀이 형
태를 나타낸다. 상징을 이해하는 인지능력이 생겨야 가능한 놀이 유형이다.

④ 규칙이 있는 게임

유아가 합의에 의해 미리 만들어진 규칙이나 방법에 따라 놀이를 하는 게임을 의미
한다. 윷놀이, 술래잡기, 낚시놀이가 있다. 규칙 있는 게임놀이는 유아기 말에 나타나
기 시작해서 아동기 말에 절정을 이룬다(이희정 외, 2014; Rubin & Krasnor, 1980).

구성놀이   가상놀이

[그림 8-2] 인지적 수준에 따른 놀이의 유형

(2) 사회적 수준에 따른 놀이유형

유아기에는 유아교육기관에 다니기 시작하면서 놀이집단에 참여하고 또래와의 사
회적 상호작용이 증가한다. 파튼(Parten, 1932)은 2세에서 4세의 유아들을 관찰하여 사
회적 상호작용이 얼마나 많은 비중을 차지하느냐에 따라 놀이 상호작용을 6가지 유형
으로 분류하였다(김상희 외, 2014; 이희정 외, 2014).

① 비참여적 놀이

특정한 놀이에 참여하지 않고 관심 가는 것을 바라보며, 자신의 몸을 갖고 놀거나 주변을 돌아다니는 비놀이 행동을 말한다.

② 혼자놀이

자신을 제외한 주변 환경에 흥미를 보이지 않으며, 책 보기, 그림 그리기, 장난감 갖고 놀기 등 혼자만의 독립적 놀이에 집중한다.

③ 방관자적 놀이

다른 유아들이 노는 것을 바라보고 구경하며 관심을 보이지만, 또래에게 말을 걸거나 놀이에 직접 참여하지는 않는다.

④ 병행놀이

소꿉놀이 영역에서 인형놀이를 하는 것과 같이 동일한 공간에서 같거나 유사한 놀잇감을 가지고 놀지만 주변의 유아들과 교류 없이 서로가 놀이 활동에 영향을 미치지 않고 독립적으로 가지고 논다.

⑤ 연합놀이

역할분담이나 활동이 조직화되지는 않았지만 여러 명의 유아가 함께하는 놀이로서, 놀잇감과 대화를 주고받으며 상호작용이 시작되었다는 점에서 함께하는 놀이라고 할 수 있다. 규칙이나 패턴을 이해하는 데 필요한 인지능력이 완성되지 않은 상태에서 행해지는 놀이형태이다.

⑥ 협동놀이

여러 유아가 서로 보완적인 방법으로 타인과 상호작용하는 놀이를 한다. 함께 놀이하는 유아들끼리 공동의 목표가 있고, 역할 분담이 있는 조직화된 놀이행동이다. 규칙을 정하고 따를 수 있는 인지능력이 완성되어야 가능한 놀이형태이다.

이처럼 유아의 놀이특성이 사회성발달의 다른 영역과 상관이 있다는 것은 많은 연구를 통해 밝혀졌다. 인지놀이와 사회놀이를 많이 하는 유아가 친사회성, 주도성, 사교성이 높은 것으로 나타났으며, 또한 자아존중감이 높은 유아가 각 유형의 놀이를 더 많이 하는 것으로 나타났다(최자영, 박유영, 2012).

연합놀이

협동놀이

[그림 8-3] 사회적 수준에 따른 놀이의 유형

3. 유아사회교육

유아사회교육의 필요성에 관하여 브론펜브레너(Bronfenbrenner)는 한 개체를 둘러싼 다양한 환경은 발달에 중요한 기능을 한다고 보았는데, 가정, 학교, 매스미디어, 사회 등이 유아 사회성발달에 미치는 영향과 관련하여 다음과 같다(정희영 외, 2014).

- 부모는 유아발달에 직접적 영향을 주나, 가정의 사회화 기능이 점점 약화되고 있다.
- 영유아들이 유아교육기관을 이용하는 연령이 낮아지고 그 수가 급증하면서 유아교육기관에서의 사회화 기능이 강조되고 있다.
- 매스미디어의 급격한 보급은 어려서부터 혼자서 기계와 노는 유아들을 양산하고 있으며 더 나아가 핸드폰, 컴퓨터 중독으로까지 이어지고 있다.
- 공동체 및 지역사회의 사회화 기능이 약화되고 있다.
- 여성, 노인, 아동의 권리에 대한 사회적 인식과 실천이 낮은 수준이다.

샤핀과 메식(Chapin & Messick, 1999)은 유아사회교육의 목적, 목표를 제시하였는데, 유능한 민주 시민이 되기 위하여 구체적으로는, 첫째, 과거, 현재, 미래에 인간이 경험하거나 경험하게 될 지식들을 획득하기, 둘째, 사회생활에 필요한 정보를 생각하거나 처리하는 기술 발달시키기, 셋째, 민주적 가치와 태도를 발달시키기, 넷째, 사회적 참여를 위한 기회 가지기 등을 목표로 제시하였다(박찬옥, 김영중, 황혜경, 엄정례, 조경서, 2001에서 재인용).

1) 유아사회교육의 목표와 내용체계

(1) 자아와 가족에 대한 이해

자아개념 및 자존감	• 유아는 자신의 신체적 특징 차이를 잘 이해함으로써 타인도 잘 이해하게 된다. • 자존감은 유아들이 타인에게 긍정적 반응을 보여 주며 타인에 대한 존경도 갖게 해 준다.
감정과 욕구조절하기	• 희로애락과 같은 다양한 감정과 요구를 적절하게 표현하도록 가르쳐 준다. • 감정과 욕구조절로 인하여 건강한 시민으로 양성될 수 있다.
가족에 대한 이해	• 가족은 사회의 가장 기본적인 단위이다. • 가족의 의미를 알고 가족의 소중함을 느끼는 데 목표를 둔다. • 유아가 가정에서 할 수 있는 일을 알고 참여하는 경험은 협동심, 공동체 의식을 발전시키게 된다.

(2) 사회적 기술능력

의사소통-듣기, 말하기, 읽기, 쓰기	• 유아가 타인의 말을 잘 듣고 타인의 입장을 고려하는 것이 출발점이다. • 3~5세 유아는 듣고 말하기가 주요과제이다. • 타인의 말을 잘 듣고 나의 의사를 올바르게 전달해야 풍부한 사회적 경험도 가능하다.
나누기	• 물건, 생각, 역할, 놀이, 공간, 차례를 나누어 지키고 교사의 관심을 나누어 가진다. • 나눈다는 것은 자신의 것을 타인의 만족을 위해 희생하는 것이므로 민주사회 일원으로 성숙해진다.
협력하기	• 타인과 협력하여 목표를 달성하는 것은 집단생활의 유용한 기술이다. • '나'보다 '우리'를 우선시하므로 자기중심성이 강한 유아기에는 어려운 사회화의 요소이다.
문제해결하기	• 또래와 상호작용하면서 생기는 갈등 상황을 해결하기 위한 다양한 사회적 기술과 사고 능력이 요구된다. • 평화적이고 언어적인 문제해결의 경험을 갖도록 교사는 돕는다.
친구 사귀기	• 유아가 친구를 사귀고 또래로부터 인정받는 것은 긍정적 자아개념과 친사회적 기술 획득에 중요한 요소이다. • 친구를 사귀기 위한 사회적 기술이 요구된다.

(3) 사회적 태도 및 가치

유아는 자신이 속한 사회가 지향하는 가치나 규범이 무엇인지 생활에서 경험하며 알게 된다. 그 가치를 받아들여 자신의 태도나 행동을 조율하며 집단에 적응하는 것이다. '가치'는 행동의 준거가 되는 내면적 신념이고 '태도'는 그러한 가치가 외형적으로 드러난 행동 표현에 가깝다고 할 수 있다. 가치와 태도의 획득은 다음과 같이 정리할 수 있다(박찬옥 외, 2001).

- 태도와 가치는 모델링된다.
- 태도와 가치는 강화된다.
- 태도와 가치는 인지발달의 영향을 받으며 학습된다.

2) 사회성발달 측정도구

유아의 전반적인 사회성 발달 측정 검사를 위하여 바인랜드(Vineland, 1977)의 사회성숙도 검사(Jiao & Ji, 1986)를 김숙경(1988)이 보완하여 재구성한 사회성 발달 측정도구를 소개한다. 이 도구는 유아의 협동성, 타인 이해성, 자율성, 또래 간 상호작용의 4개 하위 요인을 측정하도록 구성되어 있으며 총 32문항이다(이태순, 2015).

| 유아 이름: | 유아 연령: | 만 | 년 | 개월 |

다음은 유아에 관한 내용입니다. 잘 읽으신 후, 해당되는 곳에 ∨표 하거나 내용을 기입해 주시기 바랍니다.

1. 유아의 성별은 무엇입니까? ① 남자　　② 여자
2. 유아의 형제, 자매관계는 어떻게 됩니까? (　　)남 (　　)녀 중 (　　)째
3. 주 양육자는 누구입니까? ① 부모　　② 조부모　　③ 기타 (　　　　　　　　)

● 본 척도는 유아의 사회성을 살펴보기 위한 것입니다. 각 문항에 대해 해당 유아가 보여 주는 성향의 정도에 따라 해당되는 번호에 표시해 주시기 바랍니다.

문항	전혀 그렇지 않다	약간 그렇다	대체로 그렇다	많이 그렇다	정말 그렇다
1. 다른 아이와 협동적인 놀이를 한다.					
2. 다른 아이와 잘 어울린다.					
3. 자신의 놀이에 다른 아이가 끼어들지도 방해하지도 않는다.					
4. 다른 아이들과 어울리기 보다는 혼자 놀이를 좋아한다.					
5. 친구와 놀다가 자기 뜻대로 되지 않으면 화를 낸다.					
6. 누가 말할 때는 그 사람의 이야기를 잘 들어 준다.					
7. 무엇이든지 좋은 것은 다 자기만 가지려고 한다.					
8. 다른 아이에게 공격적이다.					
9. 다른 아이들의 물건을 빌리면 되돌려 준다.					
10. 다른 사람이 자기를 필요로 하는 것을 생각하면 도와준다.					
11. 어려운 일이나 하기 싫은 일은 다른 사람에게 시킨다.					
12. 자기 차례나 규칙을 알고 하는 게임을 잘할 수 있다.					

13. 어떤 일이든지 자신 있게 하지 못하고 망설이다가 한다.				
14. 놀던 장난감을 제자리에 정돈한다.				
15. 처음 보는 아이와 같이 놀기도 한다.				
16. 싫고 좋은 것을 스스로 선택한다.				
17. 다른 아이에 의해 놀이 친구로 잘 선택된다.				
18. 다른 아이에게 게임을 하는 방법을 알려 준다.				
19. 낯선 장소에 가면 불안해하고 위축된다.				
20. 새로운 것을 쉽게 빨리 배운다.				
21. 놀이나 작업을 즐거워하며 열심히 참여한다.				
22. 자기 의사를 분명히 표현한다.				
23. 주위의 돌아가는 상황을 잘 알아서 그에 맞게 행동한다.				
24. 친구들에게 자기 집에 가서 놀자고 잘 청한다.				
25. 놀이를 할 때 스스로 새로운 것을 고안해 낸다.				
26. 자기가 한 일에 스스로 책임을 지려고 한다.				
27. 유치원 교사들에게 스스럼없이 대한다.				
28. 유치원 교사를 좋아하고 따른다.				
29. 교사의 지시를 잘 따른다.				
30. 교사의 질문에 자기 마음대로 대답한다.				
31. 유치원에서 안정감을 갖는다.				
32. 배우는 것을 즐겁고 재미있어 한다.				

4. 유아사회발달을 위한 부모 및 교사의 역할

유아는 사회화 과정을 통해 사회의 구성원으로 성장한다. 유아기에 형성된 사회 생활습관, 긍정적 자아상 등은 바람직한 사회적 행동을 돕기 위한 기초가 되므로 부모 및 교사는 다음과 같이 지도할 수 있다(이명조, 2006; 정희영 외, 2014).

- 유아가 사회생활을 하기 위한 바람직한 행동을 직접 가르친다. 규범과 행동양식, 예절, 질서, 정직, 절약, 협력 등을 반복해서 가르친다.
- 유아가 필요로 하는 애착과 관심, 안정감과 존중감을 느끼도록 하라. 공감, 따뜻

함, 존중, 수용, 진정성을 보이는 것이 중요하다.

- 유아에게 올바른 언행으로 훌륭한 모델이 되어라. 유아는 다른 사람의 행동을 관찰함으로써 그들의 가치관, 행동, 태도를 모방하고 이를 무의식 중에 내면화한다. 따라서 부모의 애정 정도를 풍부하고 따뜻하게 하는 것이 좋다.

- 유아의 바람직한 행동에 대한 강화를 적절하게 활용하라. 유아의 행동과 태도가 바람직해 보일 때는 구체적으로 그리고 곧바로 칭찬해 주고 격려한다면 행동을 강화시키는 효과가 있다. 연령이 높아지면 보상보다는 내면화된 동기에서 가 치 체계를 행동으로 옮기도록 칭찬하고 대화하라.

- TV, 대중매체에 대한 영향력을 최소화하도록 하라. 폭력적이고 선정적 내용이 유아에게 노출되지 않도록 꼭 시청해야 할 프로그램과 시간을 지정하고, 정해진 시간에만 시청하도록 지정하는 것이 좋다. 이를 습관화하기 위해서 처음에는 부모가 함께 시청하거나 참여하는 것이 좋다.

- 유아에게 사회적 조망능력이 생기도록 도와라. 타인의 입장에서 생각하고 행동하기 위한 집단토의, 협동적 경험하기, 역할놀이하기, 게임 등과 같은 경험을 갖도록 하는 것이 좋다.

요 약

1. 영유아의 발달은 출생과 동시에 자신을 둘러싼 심리적, 물리적 환경을 접하면서 점진적으로 발달하는데, 영유아 사회교육은 그들이 속한 사회와 환경을 이해하면서 공동체의 일원으로서 살아가도록 돕는 것이다.

2. 사회성발달을 위한 발달과업에는 긍정적 자아개념, 감정이입능력, 친사회적 행동, 성역할발달 등이 있다.

3. 영유아들에게 놀이는 그 자체로서 재미있는 활동이며 학습이고 발달을 촉진하므로, 사회성을 향상시키는 훌륭한 방법이다. 영유아는 놀이를 통해서 또래 친구를 사귀고, 놀이 수준을 조절하며, 언어기술, 사회적 협상, 사물과 사태를 대하는 풍부한 연습기회가 되기 때문이다.

4. 사회성을 측정해 주는 도구들을 이용하여 협동성, 타인이해성, 자율성, 또래 간 상호작용을 측정할 수 있다.

5. 발달에 영향을 주는 변인은 가정, 또래, 유아교육기관, 교사, 지역사회, 대중매체이다.

1. 콜버그의 도덕성 발달이론으로 연결이 옳지 않은 것은 무엇인가?

① 전인습적 수준–벌과 복종의 단계

② 후인습적 수준–보편적 윤리원칙의 단계

③ 인습적 수준–도구적 목적와 교환의 단계

④ 후인습적 수준–사회적 계약과 합법성의 단계

해설   도구적 목적과 교환의 단계는 전인습적 수준이다.

2. 시크(Seek)가 주장한 유아기에 획득되고 증진되어야 할 개념과 거리가 먼 것은?

① 유아의 자아개념

② 유능함 인식하기

③ 소속한 집단, 사회의 이해

④ 개인의 다양한 능력과 가치의 인정

해설   유아기에 획득되고 증진되어야 할 개념: ① 유아의 자아개념, ② 개인의 다양한 능력과 가치의 인정, ③ 소속한 집단, 사회의 이해, ④ 세계와 다양한 문화에 대한 인식, ⑤ 과거의 사건과 이들의 현재 또는 미래에 대한 영향 인식, ⑥ 의사결정에 기초가 되는 문제해결 및 가치와 기술, ⑦ 의사소통을 증진시키는 사회적 기술, ⑧ 경제, 정치활동에 효율적으로 참여할 수 있는 지식 ⑨ 집단의 구성원으로서 적극적이고 긍정적으로 참여하는 태도

3. 친사회적 행동의 이점과 거리가 먼 것은?

① 보상하기   ② 유능함 인식하기

③ 긍정적인 집단 분위기   ④ 타인과 사회적 관계 맺기

해설   보상하기는 친사회적 행동 개발원리에 포함된다.

4. 영유아의 놀이유형 중 다른 영유아들이 노는 것을 바라보고 구경하며 관심을 보이지만, 또래에게 말을 걸거나 놀이에 직접 참여하지는 <u>않는</u> 것은 무엇인가?

① 비참여적 놀이   ② 혼자놀이

③ 방관자적 놀이   ④ 병행놀이

5. 가정, 학교, 매스미디어, 사회 등이 영유아 사회성발달에 미치는 영향과 관련하여 거리가 <u>먼</u> 것은 어떤 것인가?

① 공동체 및 지역사회의 사회화 기능이 약화되고 있다.

② 부모는 유아발달에 직접적 영향을 주나 가정의 사회화 기능이 점점 약화되고 있다.

③ 영유아들이 유아교육기관을 이용하는 연령이 높아지고 그 수가 급감하면서 유아교육기관에서의 사회화 기능이 강조되고 있다.

④ 매스미디어의 급격한 보급은 어려서부터 혼자서 기계와 노는 유아들을 양산하고 있으며 더 나아가 핸드폰, 컴퓨터 중독으로까지 이어지고 있다.

해설   영유아들이 유아교육기관을 이용하는 연령이 낮아지고, 그 숫자가 급증하고 있다.

정답   1. ③,   2. ②,   3. ①,   4. ③,   5. ③

제3부

영유아기 발달 2

제 9 장

영유아기 창의성발달

☀ 학습목표

1. 창의성의 정의와 개념에 대해 설명할 수 있다.
2. 창의적 사고에 대해서 설명할 수 있다.
3. 영유아기 지능과 창의성에 대해 비교분석할 수 있다.

☀ 주요용어

창의성, 창의적 사고, 지능, 수렴적 사고, 확산적 사고 창의성이란 일반적으로 새롭고 적절한 것을 산출하는 능력(Baer, 1997; Sternberg & Lubart, 1999)을 말한다. 창의적 사고에서 일반적인 사고(thinking)의 정의는 이해를 목적으로 하는 상징적 활동을 의미하며, 사려 깊고 규제적이며 창의적인 판단과 문제해결을 목적으로 하는 목표 지향적 활동이다. 영유아기 창의성발달은 연령별로 이해할 수 있고, 창의성의 이론적 접근으로는 인지적 접근, 사회 · 심리적 접근, 다원적 접근 등이 있다.

창의성은 누구에게나 있으며 길러질 수 있는 특성으로서 영유아기는 발달과정상 창의성과 밀접한 관계가 있다. 듀덱과 홀(Dudek & Hall, 1991)은 창의성은 보편적이고 선천적인 인간의 능력이라고 하였으며, 데시(Dacey, 1989)는 창의성은 전 생애를 통해 발달하는 것이지만 출생 후 5세경까지가 가장 중요한 시기라고 한 바 있다. 토랜스(Torrance)는 출생 후 2세 사이에 상상력이 발달하기 시작하며, 4세에서 4.5세 사이에는 그 발달이 절정에 이르게 된다고도 하였다. 또한 지능은 최근 유전과 환경 양쪽의 상호작용이라고 보고 있다. 유아기의 지능과 창의성과의 관련성은 네 개 집단단계로 나누어서 생각해 볼 수 있는데, 이런 분류는 아이들에게 아주 중요한 창의성과 재능을 놓쳐 버릴 수 있다는 점을 조심해야 한다.

1. 창의성의 정의와 개념

앞에서 창의성이란 일반적으로 새롭고 적절한 것을 산출하는 능력(Baer, 1997; Sternberg & Lubart, 1999)이라고 하였는데, '새롭다'는 지금까지 존재하지 않았던 독창적이라는 뜻이며, '적절하다'라는 것은 생산된 산출물이 필요로 하는 대상의 목적이나 의도에 적절해야 한다는 것이다. 유아에게 있어서는 이런 정의가 어느 정도 재해석되어야 하는데, 유아를 대상으로 할 때에는 유아에게 새로우면서 적절하면 창의적으로 봐야 할 것이다.

토랜스(Torrance, 1958)는 "창의성이란 새롭고 독특한 아이디어와 다른 관점 그리고 문제를 새로운 시각으로 보는 것"이라고 주장하였다. 창의성에 대한 다양한 관점의 정의는 연구적 정의(research definition), 생존적 정의(survival definition), 예술표현적 정의(artistic definition) 등으로 제시된다. 칙센트미하이(Csikszentmihalyi, 1988)는 창의성이란 개인의 인지적, 정의적 요소뿐만 아니라 환경적 요소 등이 함께 상호작용하여 발현되는 것으로 보았다. 길포드(Guilford, 1970)는 "창의성이란 새롭고 신기한 것을 산출하는 힘"으로 보고 인간의 사고를 수렴적 사고와 발산적 사고로 구분하였다. 창조적 사고는 유창성, 융통성, 독창성, 정교성, 민감성, 재정의 및 재구성력 등이다.

　창의성 개념에서 창의력(creative ability)이란 발산적 사고, 창의적 사고와 상상력을 포함한 일체의 창의적 과정뿐만 아니라 산출물까지 포함한다. 또한 창의성(creative personality)이란 창의적인 과정과 산출물을 이끌어 내는 창의자의 성격과 환경에 관한 것까지도 일컫는다.

2. 창의적 사고

1) 사고의 개념

　사고(thinking), 인지, 지식, 지능과 같은 용어에 대한 정의는 학자들의 이론적 관점에 따라 다양하다. 이런 정의에서 인지(cognition)는 특히 포괄적인 개념으로 지식, 지능, 사고, 상상력, 창의력, 추리, 문제해결, 개념화, 상징화 등과 같은 고등 사고과정에 속하는 다양한 요소가 포함되어 있으며, 최근에는 지각, 심상, 학습, 사회인지 그리고 사회적 의사소통 등의 요소를 첨가시키고 있다.

　일반적인 사고의 정의는 이해를 목적으로 하는 상징적 활동을 의미하며, 사려 깊고 규제적이며 창의적인 판단과 문제를 해결하고자 하는 목표 지향적 활동이다(김영채, 1998; 윤애희, 김온기, 이혜경, 2002). 사고는 지식이란 도구 없이는 불가능하므로 지식을 도구처럼 사용하는 것으로 볼 수 있다. 즉, 가용한 지식은 얼마나 많은 양을 보유하고 있으며 이에 따라서 지식이 얼마나 유의미하게 사용되는가를 말한다. 이러한 유의미 정도에 따라 사고의 질적 수준이 달라진다. 최근 사고의 개념은 총체적 · 통합적인 정신과정으로 이해되고 있으며, 사고활동은 의식적 과정이지만 무의식적 과정도 제외시키지 않고 포함하는 활동을 말한다. 이러한 사고활동은 개인적이지만 개별적으로 분리된 상태에서 이루어지는 것이 아니며, 사회적 맥락에서 함께 활발히 일어날 수 있고 사회문화와 환경에 의해 영향을 받는다(조선희, 유연옥, 1999).

종합적으로 정리해 보면, 인지는 모든 심리적 과정과 활동에 개입하는 정신적 과정을 의미하는 포괄적 개념으로 볼 수 있다. 사고는 이해를 목적으로 하는 정신활동으로, 이러한 사고활동을 통해서 기존의 사고를 조합하거나 새로운 사고구조를 형성해 나감으로써 사회의 변화에 쉽게 적응할 수 있도록 한다.

2) 영유아기 사고

영유아기 사고교육은 영유아에게 이미 습득된 지식과 사고발달의 특성에 의해 영향을 받는다. 지금까지 영유아기 인지발달과 사고발달에 대해 발달심리학자들은 전반적으로 부정적인 면을 주장하였다. 즉, 피아제는 영유아기 사고의 특징이 자기중심적이고 직관적이라는 점에서 한계를 가지고 있음을 지적하면서, 직관적 사고기인 4~7세경에는 다양한 개념이 발달하지만 이 무렵에는 언어발달이 충분히 이루어지지 않고 있어서 사고교육이 부적절하다고 하였다. 그러나 최근의 연구결과에서는 성인이 생각하는 것과는 달리 19~24개월 정도가 되면 재생과 기억능력이 발달되므로 창의력의 기본 요소인 상상력을 통한 사고발달에 도움을 주는 활동을 시작하는 것이 좋다. 그 예로, 가상놀이와 문제해결 능력도 이전과 비교해서 더욱 발달되는 시기이다. 단순한 표상이 지배적인 수준에서는 2세 반경부터 모방놀이가 시작되는데, 이 시기에는 호기심과 질문이 더 많아지고 상상력과 더불어 추리력 등이 발달하게 된다(김재은, 1991; 한순미 외, 2005).

영유아는 나름대로 풍부한 사고의 세계를 지니고 있을 뿐만 아니라 사고하는 활동을 즐겨 하는 것으로 밝혀지고 있다. 후기 피아제 학파는 자료수집의 방법, 과제의 양이나 복잡성, 과제의 친숙성 정도에 따라 특히 유아기의 사고교육이 충분히 가능함을 주장하였다.

3) 영유아기 사고교육과 창의적 사고 개념

영아기 이후 유아기 사고교육을 내용으로 분류하면 비판적 사고와 창의적 사고, 배려적 사고능력의 개발 그리고 일상적인 삶 속에서 통합적 사고 형태로 적용할 줄 아는 상위 수준의 사고능력 개발 등이 포함된다(Lipman, 1995).

비판적 사고능력은 합리적 사고과정을 중시하며 의미와 이해 그리고 언어와 논리의 관계를 강조한다. 유아기 사고교육은 유아에게 주어진 많은 정보 가운데 자신에게 적절한 정보를 선택하고 분석하며 활용할 줄 아는 비판적 사고능력을 길러 주는 것이 매우 중요하다. 또한 문제를 파악하고 이해하며 문제해결의 대안을 탐색하는 과정에서 중요하게 강조되는 사고가 창의적 사고이다. 즉, 기존의 방법과는 달리 새롭고 동시에 가치가 있는 대안들을 제시할 수 있다면 이를 창의적이라고 말할 수 있다. 이러한 창의성 개발은 사고교육에 의해 유아기부터 시작되어야 한다.

유아기에는 비판적·창의적 사고의 근원이 되는 상상력을 길러 주고 끊임없이 사물에 대한 호기심을 잃지 않도록 분위기를 조성해 주며, 개방적으로 마음껏 질문하는 성향 개발에 중점을 두어야 할 것이다. 유아는 어린 시절부터 주위 사물과 사건, 자연 현상에 대해 민감하며 호기심을 갖고 자발적으로 탐색하려는 성향이 강하다. 이러한 호기심을 격려하고 문제에 부딪혔을 때 적극적으로 해결하려는 태도를 가지도록 유아 사고교육 프로그램의 개발이 필요하다. 다음에서는 사고력 개발을 위한 창의적 사고개념과 그 예를 알아본다.

(1) 수렴적 사고

수렴적 사고(convergent thinking)는 문제해결을 위해 다양한 답이나 해결 방법에서 가장 적합한 해결책이나 정확한 답을 모색해 가는 사고로서 치밀하고 분석적이며 비교적 허점이 없다는 장점이 있다. 그러나 한 방향으로만 사고 영역을 좁게 함으로써 다양하고 순발력을 요하는 문제에 관해서는 적절하지 못하여 창의성과는 관련이 없다.

〈표 9-1〉 수렴적 사고의 개념과 예

구분		개념	예
수렴적 사고	비판 및 평가	어떠한 사실(상황)의 옳고 그름과 좋고 나쁨을 가려내는 능력	젖으면 색깔이 변하는 우산, 모자처럼 쓸 수 있는 우산, 핸즈프리 우산, 반구모양의 투명우산 등이 실생활에 유용할지 판단해 본다.
	논리, 추론	경험적 증거나 타당한 논리를 근거로 사고를 전개하며 전후관계가 일치하도록 하는 능력	반구 모양의 투명우산을 만들어 여러 사람에게 사용해 보도록 한 후, 장단점을 도출해 낸다.
	분석	언뜻 보기에는 하나처럼 통일되어 보이는 개념이나 사물을 그 속성이나 요소로 분해하여 이해하는 능력	비닐하우스에서 새로운 우산을 만들기 위한 아이디어를 얻기 위해 비닐하우스의 구조와 재료 등을 분석해 본다.
	종합	나열되거나 대립되어 있는 사물의 개념을 통합하여 하나의 의미로 정립시키는 능력	반구 모양의 투명우산은 더 가볍게 만들고 시야를 확보한다면 유용한 발명품이 될 것이라는 결론을 내린다.

출처: 김미영(2014).

(2) 확산적 사고

확산적 사고(divergent thinking)는 정답이 없는 문제에 대해 다양한 아이디어나 해결책을 생각해 내는 사고력을 말한다. 일방적으로만 생각해 내는 방식을 탈피하여 여러 방향으로 넓게 사고함을 말하는데, 이로 인해 확산적 사고는 치밀성이 부족하고 허점이 따를 수도 있다는 단점이 있다. 그러나 확산적 사고는 상황에 따라 다양하게 아이디어를 사고함으로써 문제를 쉽게 풀어 갈 수 있다는 점에서 더 큰 장점을 가지고 있다.

〈표 9-2〉 확산적 사고의 개념과 예

구분		개념	예
확산적 사고	유창성	특정한 문제 상황에서 많은 양의 아이디어를 산출해 내는 능력	"우산의 불편한 점은 무엇일까?"라는 질문에 무겁다, 들고 다니기 힘들다, 비가 들이친다, 자외선 차단이 되지 않는다, 모양이 단조롭다, 잘 고장 난다 등 다양한 문제점을 생각해 낼 수 있다.

확산적 사고	융통성	일방적인 사고방식이나 고정된 시각 자체를 변환시켜 다양한 해결책을 찾아내는 능력	우산을 뒤집어서 화분을 심는 등 우산의 다른 용도로 생각할 수 있다.
	상상력	과거의 경험을 기반으로 앞으로의 행동을 계획할 수 있도록 하는 새로운 표상을 만드는 능력	비닐하우스를 보며, '비닐하우스에 들어간 것처럼 비를 맞지 않도록 제작된 우산을 만들 수는 없을까?'라고 생각하며, 비닐하우스에서 새로운 우산을 만들기 위한 아이디어를 얻는다.
	독창성	기존의 사고에서 완전 탈피하여 희귀하고 신기하며 참신한 아이디어나 해결책을 산출하는 능력	젖으면 색깔이 변하는 우산, 모자처럼 쓸 수 있는 우산, 핸즈프리 우산, 반구 모양의 투명우산 등 독특한 아이디어를 낸다.
	정교성	생각한 아이디어를 세심하게 다듬어 더욱 심화 · 발전시켜 표현하는 능력	반구 모양의 투명우산을 만들어 보기 위해서 그 모습을 상상하며 자세히 그려 본다.

출처: 김미영(2014).

4) 영유아기 창의성발달의 이해

영유아의 창의성발달을 이해하기 위해서는 지능과 창의성 간의 관계에 따른 영유아기 성격에 대해 살펴보아야 한다(김미영, 2014).

- 지능과 창의성이 높은 영유아의 경우, 성격적으로 안정된 태도를 가지고 있다.
- 지능이 낮지만 창의성이 높은 영유아의 경우, 불안정하며 침착하지 못한 면이 있다.
- 지능은 높지만 창의성이 낮은 영유아의 경우, 게임이나 경쟁구도에서는 우수성이 나타나 성취 지향적일 우려가 있어 불안을 많이 갖고 있는 것이 특징이다.
- 지능도 낮고 창의성도 낮은 영유아의 경우, 매우 불안정한 성격의 소유자로 자신에게 주어진 역할을 수행할 때 적극적이거나 자발적이지 못하며, 타인의 지시에만 수동적으로 행동하는 경향이 높다.

영유아기는 창의성발달에 매우 중요한 시기로서 토랜스(Torrance)는 출생 후 2세 사이에 상상력이 발달하기 시작하며 4세에서 5세 사이에 최고조가 된다고 보았다. 유아기 창의성 발달을 연령별 4단계로 나누어서 살펴보면 다음과 같다.

(1) 0세(9~12개월)

창의성의 기본 요인인 민감성을 키우기 위한 기반이 구축된다. 보통의 경우 13~18개월에는 소리를 듣고 소리 나는 물체를 찾아보게 하거나, 따뜻한 것과 찬 것을 변별하는 활동 등으로 창의성의 기본이 되는 민감성이 계속 발달한다.

(2) 9~24개월

민감성을 발달시키기 위해서 기본적인 감각 변별 기능을 길러 주도록 하는 것이 중요하다. 재생과 기억능력이 발달되면서 창의성의 기본 요인인 상상력발달에 도움이 되고, 가상놀이와 문제해결능력도 이전과 비교해 볼 때 더욱 발달한다.

(3) 2~3세

신체적인 발달이 왕성하며, 인형놀이, 병원놀이, 혼자놀이 등에서 상상력이 더욱 가미되고 가상놀이를 위한 다양한 놀잇감을 가지고 논다. 역할놀이와 창의적인 행동을 한다.

(4) 4~5세

4~5세는 창의적인 사고가 매우 발전되어 창의적인 행동이 뚜렷하게 나타나기 시작한다(전경원, 2000). 이 시기 유아는 붓과 손을 사용하여 '색칠하기'에서 하는 새로운 기법들을 알게 되고 다양한 색을 이것저것 섞어 보고 싶어 하며, '단어놀이'를 하면서 단어의 뜻을 이해하고 여러 가지 소리를 즐기게 된다. 또한 '춤추기' 활동에서는 신체적인 동작을 하며 감정을 표현할 수 있고, 흥미롭고 새로운 형태의 동작으로 표현하려고 한다(Amabile, 1989).

완벽한 도형은 아니지만 재미있는 상상력을 발휘하여 흥미로운 그림을 그리며, 언어발달도 매우 빠르게 일어나서 낱말놀이를 즐겨 하면서 언어창의성도 활발하게 발달한다. 교사(부모)의 전래동화나 창작동화를 듣고 동화 속 등장인물의 느낌이나 생각,

표정 등을 상상하면서 새로운 형태의 창의적인 동작을 만들어 낸다. 가상놀이에서는 가상의 친구를 만들어 놀이를 하며, 등장하는 사람과 사물의 특성을 잘 표현하고 사람과 사람 사이에서 일어나는 사건들도 흉내 낸다. 이 시기는 가상놀이에 가장 흥미가 많을 때이므로, 가상놀이의 내용을 확대·발전시켜야 한다. 상품화된 놀잇감 및 다양한 블록과 같은 놀잇감을 사용하여 사람이나 동물 및 사물들을 만들어 사용한다. 이 시기는 초등학교에 들어가기 직전으로 유아의 창의성이 최고조로 발달할 때이므로, 창의성이 최대한 계발되도록 주위 환경에 신경을 써서 최적의 인적·물적 환경을 조성해야 한다(전경원, 2014).

5) 창의성의 이론적 접근

창의성의 이론적 접근에 대해서는 다양한 접근이 가능한데 크게 세 가지로 정리해볼 수 있다.

첫째, 인지적 접근으로, 창의성의 이론적 접근 중 인지적 접근이 가장 지배적이다. 창의성을 인지능력으로 접근하는 학자들(예: Guilford, Torrance)은 과정(process)과 산출물(product)을 강조하였으며, Gardner, Wallas, Osborn, Sternberg, Weisberg 역시 인지발달론적 입장을 취하고 있다.

둘째, 사회·심리적 접근으로, 자아실현, 성격특성, 환경 등에 기반을 두고 창의성을 이해하는 관점이다. 창의성을 자아실현이라고 주장하는 인본주의 심리학자로는 Maslow, Rogers가 대표적이다.

셋째, 다원적 접근은 창의성 연구의 상호작용 접근방법으로 창의성은 단일 요소가 아니라 복합적인 요소들의 상호작용으로 발생되는 것이며, 학자에 따라 사용하는 용어는 생태학적 접근과 상호작용 모델, 다원적 접근을 강조하는 투자이론 그리고 체계이론, 창의적 행동의 상호작용 모델 등이 있다(전경원, 2014).

3. 영유아기 지능과 창의성

1) 영유아기 지능

(1) 영유아기 지능발달

유아기 지능발달의 경우 2세경에는 50%, 4세경에는 75%, 6세경에는 90%, 10세가 되면 거의 두뇌발달이 완성된다고 보고 있다. 블룸(Bloom)의 연구결과에 따르면, 17세에 측정한 지능을 100%라고 볼 때, 약 50% 발달이 임신에서부터 4세 사이에, 약 30%의 발달이 4~8세 사이에, 그리고 나머지 20%의 발달이 8~17세 사이에 이루어진다. 유아기는 신경계 및 뇌발달이 이루어지는 중요한 기간이므로 이 시기 활발한 신체활동을 통한 신경계의 직간접적인 자극은 지능발달의 중요한 요인이 된다.

(2) 지능발달의 쟁점

지능의 쟁점 중에 유전이 지능을 결정한다고 주장하는 대표적인 학자 제이슨(Jasen)은 쌍생아 연구를 통해 유전적 요인이 환경적 요인보다 더 중요하다고 주장하였다. 그러나 최근 많은 학자는 제이슨의 주장에 대해 반론을 펴며, 유전이 지능에 큰 영향을 미친다고 볼 수 없으며, 유전과 환경의 영향은 양쪽 모두의 상호작용이라고 보고 있다. 이것은 좀 더 나은 환경을 개선하고 제공함으로써 IQ를 향상시킬 수 있다는 점을 의미하며, 실제로 미국에서 빈곤 아동을 대상으로 한 헤드스타트 프로그램에서도 이런 관점을 지지해 주었다.

① 유전적 요인

지능지수의 상관성에 대해 유전적 요인이 환경적 요인보다 더 높게 나타났다고 보고 유전적 요인이 지능을 좌우한다고 주장하는 관점이다. [그림 9-1]은 지능과 유전 간의 상관을 알려 주는 그래프이다.

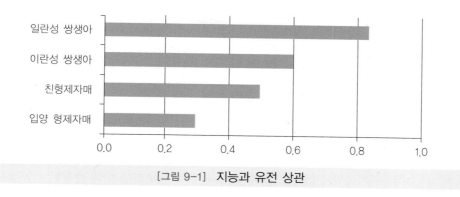

[그림 9-1] 지능과 유전 상관

② 환경적 요인

최근에 이르러서 지적 능력이 환경에 의해 많이 좌우된다는 증거에 따라 환경적인 영향에 대한 관심이 고조되고 있다. 1965년 미국 빈곤 아동을 대상으로 한 연구에서 헤드스타트 프로그램에 참여한 아동들의 지능점수가 평균 10점 정도 향상되었다고 보고하였다(Clark & Clark, 1989; Ramey & Ramey, 1990).

③ 유전과 환경 간의 상호작용

오랫동안 발달심리학자들 사이에서 지능의 발달이 유전적 영향에 따른 것인지, 환경적 영향에 따른 것인지에 대한 논쟁이 계속되고 있다. 우선 유전적 요인과 환경의 차이에 따라 지능지수의 변화가 일어날 수 있다는 점에 주목해야 한다. 스킬스(Skeels)의 연구에 따르면, 보육원에서 생활하다가 입양되어 양육된 유아와 기존 보육원에 남아 있던 유아를 비교한 결과, 좋은 환경에서 자란 유아의 지능지수는 평균 28점이 높아졌고, 그렇지 못한 유아는 평균 26점이 낮아졌다고 한다. 따라서 유전 및 환경의 변화에 따른 지능발달을 이해하고 유아에게 따뜻하고 긍정적인 상호작용이 많은 환경을 만들어 주는 것이 필요하다.

④ 범문화적 지능검사

지능검사의 결과를 보면 문화와 인종에 따라 차이가 있는 것으로 나타난다. 특정 집단에 유리하게 제작된 지능검사를 문화가 다른 집단에 그대로 적용한다는 것은 문제가 많다고 보고 있다. 이러한 문화적 편견을 막기 위해 범문화적 지능검사를 제작하여 실시하고 있다. 그러나 문화적 편견을 완전히 배제한 범문화적 지능검사의 개발은 실제로는 상당히 어려운 일이다. 지금까지 개발된 범문화적 지능검사는 아직은 나름대로의 한계가 있다.

⑤ 지능의 안정성

지능점수에 대한 실용적 가치 면에서 안정성이라고 말할 수 있는데 일반적으로 2세 이전 지능점수는 큰 의미가 없다고 볼 수 있으나, 유아기나 아동기 때 측정된 지능점수는 예측력을 알 수 있는 것으로 보인다. 영아기의 지능점수와 아동기의 지능점수는 거의 상관이 없는 것으로 보이나 아동기 동안의 지능점수와 지적능력과는 상관이 있는 것으로 보인다. 그러나 지능검사 점수를 아동의 지적 능력이라고 단정 지어 평가하는 것은 위험하다.

⑥ 지능검사의 오용

지능검사는 유용한 도구이지만 오용될 수 있으며 많은 전문가는 지능검사가 모든 형태의 지능을 다 포함하지는 못한다는 데 의견을 같이한다. 따라서 지능검사 결과 외에 아동의 발달내력, 학교 성적, 사회적 능력, 가족배경 등도 함께 고려해야 한다.

2) 지능검사의 유형

〈표 9-3〉 지능검사의 유형과 대상 연령

단계	검사의 유형	대상 연령
영아기	게젤(Gesell)의 발달시간표	생후 6주~6세까지
	커텔(Cattell)의 영아지능척도	생후 2~30개월까지
	베일리(Bayley)의 척도	출생~15개월까지
유아기	유아용 스탠포드-비네(Stanford-Binet)검사	3~8세
	유아용 웩슬러 지능검사 (The Wechsler Preschool and Primary Scale of Intelligence)	4세~6세 반

아동기	아동용 스탠포드-비네(Stanford-Binet)검사	5~15세
	아동용 웩슬러 지능검사 (The Wechsler children Scale of Intelligence)	5~15세
	오티스-레논 정신능력검사 (The Otis-Lennon Mental Ability Test)	유치원과 1학년 아동
	로지-손다이크 다차원검사 (The Lorge-Thorndike Multi-Level Battery)	4학년~고등학생

출처: 김미영(2014).

(1) 비네의 지능검사

1900년대 초 프랑스 파리에서 비네(Binet)는 정규학급에서 강의진도를 따라오는 데 문제가 있는 학생들을 선별하여 특별반을 구성하고자 하는 목적으로 지능검사를 제작하였다. 비네는 정신연령(MA)이라는 개념을 구성했는데 지능이 보통인 사람(평균지능)의 지능은 정신연령(MA)과 생활연령(CA)이 일치하는 경우이고, 머리가 좋은 사람은 생활연령보다 정신연령이 높은 경우이며, 머리가 나쁜 사람은 정신연령이 생활연령보다 낮은 경우라고 보았다. 그 당시 비네의 지능검사 내용은 학교에서 배우는 내용과 유사했기 때문에 이 지능검사와 학업성취도는 매우 높은 상관이 있는 것으로 보았다.

지능의 정상분포 곡선에 따르면, 지능지수 85에서 115 사이는 정상 혹은 평균으로 분류되며 약 68%가 이에 해당한다. 지능지수가 140 혹은 그 이상이면 영재아이고, 약

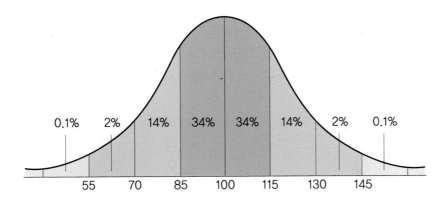

[그림 9-2] **지능의 정상분포 곡선**

2%의 분포도 평균 85 이하의 지능지수는 평균에서 하위 수준, 경계선급, 혹은 지적장애 등의 발달지체를 보이게 되며 약 16%의 분포도에 속한다.

(2) 웩슬러의 지능검사

웩슬러(Wechsler)의 지능검사는 웩슬러가 1939년에 제작한 것으로 일반적인 지적능력을 평가하기 위한 것일 뿐만 아니라 특수교육의 요구가 있는 아동을 위한 판별과 진단 그리고 교육 계획과 배치 평가에 사용되며, 그 밖의 임상적 현장평가 장면에서도 널리 활용되고 있다. 웩슬러에 의해 개발된 지능검사는 아동용과 성인용이 있다.

우리나라에서도 한국판 아동용(Korean-Wechsler Intelligence Scale for Children IV: K-WISC-IV), 유아용(Korean-Wechsler Preschool and Primary Scale of Intelligence-IV: K-WPPSI-IV) 지능검사를 개발하였다.

K-WISC-IV는 15개의 소검사로 구성되어 있다. K-WISC-III와 동일한 10개 소검사와 5개의 새로운 소검사(공통그림찾기, 순차처리, 행렬추리, 선택, 단어추리)가 추가되었다. 인지 능력이 평균 이하로 추정되는 아동, 아동의 인지기능을 재평가해야 하는 아동, 낮은 지적능력이 아닌 신체적·언어적·감각적 제한이 있는 아동, 청각장애아 또는 듣는 데 어려움이 있는 아동의 평가 등이 가능하다. 하위분류의 내용은 〈표 9-4〉와 같다.

〈표 9-4〉 웩슬러 지능검사의 하위분류(K-WISC-IV)

소검사	약자	설 명
토막짜기	BD	아동이 제한시간 내에 흰색과 빨간색으로 이루어진 토막을 사용하여 제시된 모형이나 그림과 똑같은 모양을 만든다.
공통성	SI	아동이 공통적인 사물이나 개념을 나타내는 두 개의 단어를 듣고, 두 단어가 어떻게 유사한지를 말한다.
숫자	DS	숫자 바로 따라하기에서는 검사자가 큰소리로 읽어 준 것과 같은 순서로 아동이 따라한다. 숫자 거꾸로 따라하기에서는 검사자가 읽어준 것과 반대 방향으로 아동이 따라한다.
공통그림찾기	PCn	아동에게 두 줄 또는 세 줄로 이루어진 그림들을 제시하면, 아동은 공통된 특성으로 묶일 수 있는 그림을 각 줄에서 한 가지씩 고른다.

기호쓰기	CD	아동은 간단한 기하학적 모양이나 숫자에 대응하는 기호를 그린다. 기호표를 이용하여 아동은 해당하는 모양이나 빈칸 안에 각각의 기호를 주어진 시간 안에 그린다.
어휘	VC	그림문항에서 아동은 소책자에 있는 그림들의 이름을 말한다. 말하기 문항에서는 아동은 검사자가 크게 읽어주는 단어의 정의를 말한다.
순차연결	LN	아동에게 연속되는 숫자와 글자를 읽어주고, 숫자가 많아지는 순서와 한글의 가나다 순서대로 암기하도록 한다.
행렬추리	MR	아동은 불완전한 행렬을 보고, 다섯 개의 반응 선택지에서 제시된 행렬의 빠진 부분을 찾아낸다.
이해	CO	아동은 일반적인 원칙과 사회적 상황에 대한 이해에 기초하여 질문에 대답한다.
동형찾기	SS	아동은 반응 부분을 훑어보고 반응 부분의 모양 중 표적 모양과 일치하는 것이 있는지를 제한 시간 내에 표시한다.
빠진 곳 찾기	PCm	아동이 그림을 보고 제한시간 내에 빠져있는 중요한 부분을 가리키거나 말한다.
선택	CA	아동이 무선으로 배열된 그림과 일렬로 배열된 그림을 훑어본다. 그리고 제한 시간 안에 표적 그림들에 표시한다.
상식	IN	아동이 일반적 지식에 관한 광범위한 주제를 다루는 질문에 대답을 한다.
산수	AR	아동이 구두로 주어지는 일련의 산수 문제를 제한 시간 내에 암산으로 푼다.
단어추리	WR	아동이 일련의 단서에서 공통된 개념을 찾아내어 단어로 말한다.

출처: 인싸이트(http://inpsyt.co.kr).

　　한국 웩슬러 유아지능검사 4판(Korean Wechsler Preschool and Primary Scale of Intelligence-IV: K-WPPSI-IV)은 2세 6개월~7세 7개월 사이 유아의 인지능력을 임상적으로 평가할 수 있도록 개발된 개인지능검사이다. 전반적인 지능(전체 IQ)과 더불어 특정 인지영역의 지적 기능을 나타내는 15가지(2:6~3:11세는 7가지) 소검사와 5가지(2:6~3:11세는 3가지) 기본지표 및 4가지(2:6~3:11세는 3가지) 추가지표를 제공해 준다(〈표 9-5〉 참조). 이 검사는 아동의 인지영역별 강점과 약점을 상세히 평가할 수 있을 뿐 아니라 영재, 정신지체 등을 포함하는 전반적인 인지 기능에 대한 평가가 가능하다.

〈표 9-5〉 웩슬러 지능검사의 하위분류(K-WPPSI-IV)

	소검사	설명
1.	토막짜기 (Block Design)	제한시간 내에 제시된 모형 또는 토막그림을 보고, 한 가지나 두 가지 색으로 된 토막을 사용하여 똑같은 모양을 만든다.
2.	상식 (Information)	그림문항의 경우, 일반 상식에 관한 질문에 가장 적절한 보기를 선택한다. 언어문항의 경우, 일반 상식에 관한 광범위한 주제를 다루는 질문에 답한다.
3.	행렬추리 (Matrix Reasoning)	완성되지 않은 행렬을 보고 행렬을 완성시키기 위해 적절한 보기를 선택한다.
4.	동형찾기 (Bug Search)	제한시간 내에 제시된 벌레그림과 같은 벌레그림을 보기 중에서 찾아 표시한다.
5.	그림기억 (Picture Memory)	일정시간 동안 1개 이상의 그림이 있는 자극페이지를 보고 난 후, 반응페이지의 보기 중에서 해당 그림을 찾아낸다.
6.	공통성 (Similarities)	그림문항의 경우, 제시된 2개의 사물과 같은 범주의 사물을 보기 중에서 선택한다. 언어문항의 경우, 공통된 사물이나 개념 을 나타내는 2개의 단어를 듣고 공통점을 말한다.
7.	공통그림찾기 (Picture Concepts)	2줄 또는 3줄의 그림을 보고, 각 줄에서 공통된 특성을 지닌 그림을 하나씩 선택한다.
8.	선택하기 (Cancellation)	제한시간 내에 비정렬 또는 정렬된 그림을 훑어보고 목표그림을 찾아 표시한다.
9.	위치찾기 (Zoo Location)	일정시간 동안 울타리 안에 있는 1개 이상의 동물카드를 보고 난 후, 각 카드를 보았던 위치에 동물카드를 배치한다.
10.	모양맞추기 (Object Assembly)	제한시간 내에 사물의 표상을 만들기 위해 조각을 맞춘다.
11.	어휘 (Vocabulary)	그림문항의 경우, 검사책자에 있는 그림의 이름을 말한다. 언어문항의 경우, 검사자가 읽어 준 단어의 정의를 말한다.
12.	동물짝짓기 (Animal Coding)	제한시간 내에 동물과 모양의 대응표를 보고, 동물그림에 해당하는 모양에 표시한다.
13.	이해 (Comprehension)	그림문항에서 일반적인 원칙이나 사회적 상황을 가장 잘 나타내는 보기를 선택한다. 언어문항에서 일반적인 원칙과 사회적 상황에 대한 이해를 기초로 질문에 답한다.
14.	수용어휘 (Receptive Vocabulary)	검사자가 읽어 주는 단어를 가장 잘 표현하는 보기를 선택한다.
15.	그림명명 (Picture Naming)	그림으로 제시된 사물의 이름을 말한다.

출처: 인싸이트(http://inpsyt.co.kr).

3) 지능이론의 관점

(1) 스턴버그의 삼원이론

스턴버그(Sternberg)는 삼원이론을 주장하였는데, 삼원이란 지능은 세 가지 요소, 즉 구성적 지능, 경험적 지능, 상황적 지능으로 구성된다는 것이다. 구성적 지능은 정보를 얼마나 효율적으로 처리하는가 하는 것이며, 또한 문제에 어떻게 접근하며 해결하고 결과를 어떻게 평가하는가에 대한 것이다. 경험적 지능은 새

롭거나 친숙한 과제에 어떻게 접근하는가 하는 것으로, 통찰력 차원의 지능으로서 어떤 과제(문제)에 접근하는 데 있어서 새로운 정보를 투입시켜서 이미 알고 있는 정보와 비교하여 과거의 경험을 바탕으로 새로운 해결방법을 찾는 능력이라고 할 수 있다. 환경에 어떻게 대처하는가 하는 것은 상황적 지능으로 볼 수 있는데 실제적이고 현실적인 측면으로서 학교에서 배우지 못했지만 실생활에서만 얻어지는 필요한 중요한 정

구성적 요소
- 문제해결을 위한 전략 강구
- 과제 관련 및 상위인지 지식 획득
- 차기규제

세 가지
요인 간의
균형

경험적 요소
- 새로운 문제해결 능력
- 익숙하지 않은 과업에 몰두할 수 있는 능력
- 창의력

상황적 요소
- 환경의 조정 및 선택
- 일상세계에서 욕구와 기대를 조절
- 실생활에서 필요한 정보 구함
- 실제적 능력

[그림 9-3] 삼위일체 이론의 세 가지 요인 간의 균형

보를 얻는 능력이다.

스턴버그는 지능을 측정할 때 이러한 세 가지 요소가 포함되어야 함을 주장하였다. 스턴버그의 지능 삼원이론에서는 지능의 세 가지 요소가 상호적으로 균형 있게 갖추어진 사람은 성공적인 삶을 달성하기 쉽다고 보고 있다.

(2) 가드너의 다중지능이론

미국 하버드 대학교 교육심리학과 교수인 하워드 가드너(Gardner)가 처음으로 다중지능이론을 주창하였다. 다중지능이론(multiple intelligence theory)은 25년간의 하버드 프로젝트 제로의 연구결과를 반영한 것이다. 하버드 프로젝트 제로(Harvard Project Zero)란 우리는 지능에 대해 아무것도 모른다는 뜻이다.

가드너는 지능검사가 주로 언어능력과 논리적 능력의 두 차원에 의해 측정된다는 한계점에 대한 우려로 일반적 지능을 반대하였다. 그러면서 문제를 해결해야 할 뿐 아니라 여러 분야에서 생산적인 일을 해내야 하기도 하고, 세상의 아름다움을 느끼고 창의적인 면을 발휘하여 예술을 창조해 내야 하며, 자신의 내면을 성찰할 줄 알고 또한 다른 사람들과 함께 살아가는 데 필요한 일곱 가지 지능(언어지능, 논리적-수학적 지능, 음악적 지능, 공간지능, 신체운동지능, 대인관계지능, 자신에 대한 이해지능)을 제시하였다.

언어지능은 문장의 뜻을 이해하고, 효과적인 의사소통을 할 수 있는 능력이며, 논리적-수학적 지능에는 논리적 사고와 수리능력이 포함된다. 이것은 기존의 일반지능과 비슷하다고 볼 수 있다. 다중지능이론에서 추가된 지능은 음악적 지능, 공간지능, 자연지능, 인간친화지능, 자기성찰지능 등으로, 지능의 차별화되고 독특한 범위를 모두 다루고 있다.

음악적 지능은 언어와 마찬가지로 음악 또한 자기표현의 수단이며, 이 지능은 주로 천재들에게서 나타난다. 또한 공간지능은 입체적 공간관계를 이해하는 능력으로 조각가나 화가들이 형상을 정확하게 지각할 뿐 아니라 재창조하는 능력을 말한다. 신체운동지능은 운동신경이 예민하고 대근육과 소근육을 사용하여 사물을 섬세하고 능숙하게 다룰 수 있는 능력이며, 대인관계지능(인간친화지능)은 상대방의 의도를 잘 파악하고 기분이나 동기를 잘 읽어 내며 상대방을 보다 더 잘 이해하는 능력이다. 마지막으로, 자신에 대한 이해지능(자기성찰지능)은 무엇보다 자신의 감정을 잘 이해하여 자신의 심리와 정서를 잘 표출하고 행동의 길잡이로 삼는 능력으로 정리할 수 있다(김미영, 2014).

4) 지능과 창의성

창의성의 개념은 지능과 마찬가지로 정의하기 쉽지 않지만, 창의성은 참신하고 색다른 사고를 하는 방식과 독특한 해결책을 제시해 내는 능력으로 정의할 수 있다. 일반적으로, 창의성은 영감을 수반한다고 생각하지만, 창의성은 마법의 샘물에서 솟아 나오는 그런 것이 아니며 영감으로 생겨나는 창의성은 아주 미약하다.

창의성은 일생을 통해서 오랫동안 계속되는 꾸준한 노력의 결과이며 산출결과로서 창의적 활동으로 나타난다. 유아 창의성은 창의성 검사에서 매우 독특한 답을 하는 아동이 확산적 사고를 하는 경향을 말한다. 아동기의 창의성에 관한 여러 연구에 따르면, 창의적인 아동은 자신감, 통찰력, 융통성, 모험심을 가지고 있으며, 솔직하며 가식으로 겸손한 척하지 않고 스스로 유능함을 인정한다.

창의성과 지능관계에 대해서 길포드와 가드너는 어느 한 영역에서의 지능은 그 영역에서의 창의적 능력으로 이어진다고 주장하였다. 또한 스턴버그와 루바트(Lubart)는 창의적인 사람은 뛰어난 투자가라는 투자이론을 제시하였으며, 창의성을 구성하는 하위구성요소로서 지능, 지식, 사고 스타일, 성격, 동기, 환경을 꼽았고 지능은 창의성의 부분적 개념으로 주장하였다.

스턴버그의 학자별 창의성과 지능의 관련성 연구에서 보면 렌줄리(Renjulli)는 창의성과 지능이 어느 부분에 있어서 중복되는 영역이 있다고 주장하면서 일반적으로 IQ 120 이상의 사람들에게서 오히려 창의성과는 상관관계가 낮거나 관련성이 없는 경우가 나타났으며, 이에 비해 IQ 120 이하의 사람들에게서 창의성과 상관관계가 있다는 것을 주장하였다.

퍼킨스(Perkins)와 웨버그(Weberg)는 창의성과 지능의 관련성은 특별한 것이 아닌 우연히 일치되는 개념으로 보고 창의성은 특별한 게 없을 수 있으며, 창의성에서 통찰

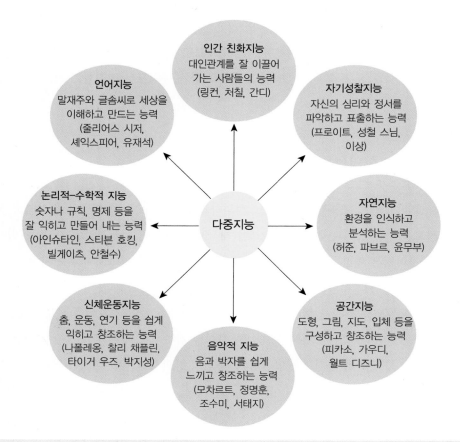

[그림 9-4] 가드너의 다중지능 영역과 각 영역에서 뛰어난 천재들

력을 갖고 있어도 문제해결의 문제는 여전히 어려울 수 있다고 보았다. 창의성과 지능의 관련성에만 국한해서 논의하거나 창의성은 지능과는 별개의 것으로 무조건 배제하는 것은 앞으로 창의성을 이해하고 학습하는 데 유용한 방법이 아니다. 창의성에 대한 학습과 개발은 지능을 배제하지 않고 포함하여 고려해야 하며, 개인의 인지능력과 태도, 성격, 지각, 동기 등과 연계된 다양한 삶의 맥락에서 이루어져야 한다.

커텔(Cattell)은 개인의 지능을 유동적 지능과 결정적 지능으로 나누어서 설명하였는데, 유동적 지능은 유전과 성숙의 변화에 따라 발달한다고 보고 유아기 때부터 16~20세 전후로 꾸준히 증가하다가 그 이후 연령이 증가함에 따라 점차 쇠퇴하는 것으로 보았다. 반면, 결정적 지능은 경험과 학습 그리고 환경의 영향을 받으며 발달하는 지능으로, 성인 중기 이후에도 꾸준히 경험과 학습의 질에 따라 여전히 유지 혹은 증가될 수 있다고 보았다.

지능에 대한 과거의 생각을 살펴보면 지능이 높으면 대개는 공부를 잘한다고 믿어서 학교에서는 IQ 테스트를 통해 공부를 얼마나 잘할 것인지를 확인해 보려고 하였다. 즉, 지능이 높으면 공부를 잘할 것임을 알기 위해서이다. 그러나 지능은 학교 공부에만 국한되어 영향을 주는 것이 아니라, 다양한 다른 영역에서 광범위하게 영향을 미치기 때문에 학교 공부에만 관심을 갖지 말고 일생을 살아가는 데 필요한 여러 가지 영역에 대한 광범위한 이해가 필요하다. 창의성과 지능의 관련성에 대한 연구 역시 여러 학자에 의해 진행되고 있다. 즉, 지능이 높으면 과연 창의성이 높은지, 혹은 지능이 낮은 경우 과연 창의성도 낮은지 알아보려는 것이다. 또는 역으로 지능이 높은 경우 창의성이 낮은지, 지능이 낮으면 창의성은 높은지에 대한 연구도 진행되었다. 지능과 창의성의 관련성에 대해 다음과 같이 네 개의 집단으로 나누어 볼 수 있다.

- 지능도 높고 창의성도 높은 아이
- 지능은 낮지만 창의성은 높은 아이
- 지능은 높지만 창의성은 낮은 아이
- 지능도 낮고 창의성도 낮은 아이

이렇게 네 개 집단으로 나누어서 교육 현장에서 연구가 이루어지고 있다. 예를 들면, 학교에서는 관찰을 통하여 네 개의 집단이 어떻게 행동하고 있는지, 사물에 대한 감수성 정도는 어떠한지, 개념 형성(사물에 대한 이해 정도)의 능력 정도는 어떤지, 불안도가 높은지 낮은지, 마음속의 불안 대처 능력 정도는 어떤지 등을 틈틈이 조사하였다. 연구 결과, 네 개 집단 아이들의 성격도 조금씩 다르다는 것을 알게 되었고, 지능과 창의성의 관련성은 다음과 같이 나타났다.

첫째, 지능도 높고 창의성도 높은 집단이다. 먼저, 지능도 높고 창의성도 높은 집단은 매우 성숙되고 안정성이 높은 성격을 가지고 있다. 이런 집단 아이들은 지도자의 리더십을 발휘하기도 하고, 복종자의 자리도 잘 지켜 낸다. 화를 내야 할 때에는 화를 내고, 화를 내서는 안 될 때에는 참을 수도 있다. 놀이나 운동을 하는 상황에서는 어린이답게 활달하게 행동하기도 하지만, 수업시간에는 집중력이 강하며 침착하고 조용히 행동을 한다. 매사에 행동이 매우 자유롭고, 상황에 적합한 행동을 한다.

둘째, 지능은 낮지만 창의성은 높은 집단이다. 자기 스스로에게도, 자신이 접해 있는 학교라는 환경에도 언제나 반발을 하고 불만을 표현할 때가 있다. 때에 따라서 안절부절못하면서 침착하지 못한 면을 보이기도 한다. 불안정감이 아주 높고 자신감이 없기 때문에 성적 문제가 나타날 수 있으며, 경쟁 상황에서는 자신의 능력을 충분히 발휘하지 못하는 경우가 있다. 그러나 학교생활에서 벗어나서 제한 없이 자유롭게 생각할 수 있는 상황에서는 도리어 가장 좋은 면을 내보이기도 한다. 즉, 자유로운 시간에는 실력 발휘가 잘된다고 할 수 있다.

셋째, 지능은 높지만 창의성은 낮은 집단이다. 이런 집단의 경우는 학교에서는 성적이 우수한 아이들이 많은 편이다. 이런 아이들은 학교 성적에 항상 관심을 가지고 있어서 만일 성적이 잘 안 나오게 되면 선생님과 부모에게 야단을 맞게 되고 매우 상심을 하게 된다. 이런 이유로 혹 야단을 맞을까 봐 신경을 많이 쓰면서 공부를 가장 열심히 한다. 이런 집단 아이들은 막연히 점수 따기에 급급할 뿐만 아니라, 시험 점수에 지나치게 신경 쓰기 때문에 시험불안을 가지고 있는 경우가 많다.

넷째, 지능도 낮고 창의성도 낮은 집단이다. 이런 집단 아이들은 매우 불안정한 성격의 소유자로 무엇을 해도 적극성과 자발성이 부족하고 지시에 의해서만 겨우 마지못해 하는 척하는 경향이 있다. 외부 동기를 주어서 부추기거나 격려해 주지 않으면 행동하려 하지 않는다. 또 심리적으로 불안하고 충격을 받으면 몸에 여러 가지 이상이 생기면서 병을 앓게 되는 부적응 상황을 보이기도 한다.

이와 같이 지능의 높고 낮음, 창의성의 많고 적음에 따라서 아이들의 행동이나 성격에 상당히 큰 차이가 있는 것을 알 수 있다. 이런 차이는 매우 흥미로우며 일상생활에서 아이들의 행동을 관찰해 보면 네 가지 집단 타입 중에서 어디에 속하는지를 알 수가 있을 것이다.

예를 들면, 창의성은 낮지만 지능이 높고 성적이 좋은 아이들은 시험에 강하고 학교생활에 잘 적응하는 아이라고 예측할 수 있다. 또 반대로 창의성은 높지만 지능검사 점수가 낮은 집단은 우리 주변에 많은데, 이들은 학교에 적응하기 어려워하고 학교생활에서 그리 평판이 좋지 않을 수 있다. 특히 선생님이나 어른들에게는 인기가 없는 경우가 많거나 침착하지 못하고, 조금만 열심히 하면 되거나 잘할 수 있는 것을 잘 안 하며,

성적이 일관성이 없고 기복이 많다.

학교 현장 선생님이나 일반적인 어른들은 아무래도 공부를 잘하고, 학습한 것을 잘 기억하는 아이들을 좋아하고 잘 기억한다. 치열한 경쟁시대에 이런 생각은 불가피한 일이고 어쩔 수 없는 사고이겠지만, 현실의 문제로만 치부한다면 자칫 아이들의 아주 중요한 창의성과 재능을 놓쳐 버릴 수 있다.

1. 창의성이란 일반적으로 새롭고 적절한 것을 산출하는 능력이다. 창의성 개념에서 창의력 (creative ability)이란 발산적 사고, 창의적 사고와 상상력을 포함한 일체의 창의적 과정뿐 만 아니라 산출물까지 포함한다.

2. 창의적 사고에서 일반적인 사고(thinking)의 정의는 이해를 목적으로 하는 상징적 활동을 의미하며, 사려 깊고 규제적이며 창의적인 판단과 문제해결을 목적으로 하는 목표 지향적 활동이다. 영유아기 사고에 대해 피아제는 자기중심적이고 직관적이라는 점에서 한계를 가 지고 있다고 했지만 신 피아제 학파들은 유아기의 사고교육이 충분히 가능성 있다는 것을 주장하였다. 유아 사고교육의 내용으로는 크게 비판적 사고, 창의적 사고, 배려적 사고능력 의 개발 그리고 일상적인 삶 속에서 통합적 사고 형태로 적용할 줄 아는 상위 수준의 사고 능력 개발 등이 포함된다. 영유아기 창의성발달은 연령별로 이해될 수 있으며, 창의성의 이 론적 접근으로 인지적 접근, 사회 · 심리적 접근, 다원적 접근 등이 있다.

3. 영유아기의 지능발달은 2세경에는 50%, 4세경에는 75%, 6세경에는 90%, 10세가 되면 거 의 두뇌발달이 완성된다고 보고 있다. 지능발달의 쟁점은 유전적 요인과 환경적 요인 중 어 느 쪽이 더 지능과 상관이 있는지에 대한 논란이었으나, 최근 많은 학자가 유전과 환경의 영향은 양쪽 모두의 상호작용이라고 보고 있다. 지능검사의 유형은 연령별(영아기~아동기) 로 나눌 수 있다. 지능이론의 관점은 스턴버그의 삼원이론, 가드너의 다중지능이론에서 살 펴볼 수 있다. 유아기의 지능과 창의성의 관련성은 네 개 집단 단계로 나누어서 생각해 볼 수 있는데 이런 분류로 유아들을 현실의 문제로 치부한다면 자칫 아이들의 아주 중요한 창 의성과 재능을 놓쳐 버릴 수 있다.

1. 다음 〈보기〉의 (　　)에 알맞은 학자의 이름은?

> 〈보기〉
>
> 영유아기 사고에 대해 (　　　)는(은) 자기중심적이고 직관적이라는 점에서 한계를 가지고 있다고 했지만 신 피아제 학파들은 유아기의 사고교육이 충분히 가능성 있다는 것을 주장하였다.

① 피아제　　　　　　　　　　② 비고츠키

③ 가드너　　　　　　　　　　④ 웩슬러

해설　영유아기 사고에 대해 피아제는 자기중심적이고 직관적이라는 점에서 한계를 가지고 있다고 했지만 신 피아제 학파들은 유아기의 사고교육이 충분히 가능성 있다는 것을 주장하였다.

2. 다음 〈보기〉는 확산적 사고의 개념이다. 잘 연결된 것은?

> 〈보기〉
>
> 가. 유창성: 특정한 문제 상황에서 가능한 많은 양의 아이디어를 산출해 내는 능력
>
> 나. 융통성: 고정적인 사고방식이나 시각 자체를 변환시켜 다양한 해결책을 찾아내는 능력
>
> 다. 상상력: 과거의 경험을 기초로 해서 앞으로의 행동을 계획할 수 있도록 하는 새로운 표상을 만드는 능력
>
> 라. 독창성: 기존의 사고에서 탈피하여 희귀하고 참신한 아이디어나 해결책을 산출능력
>
> 마. 정교성: 생각한 아이디어를 다듬어 발전시켜 표현하는 능력

① 가, 나, 다, 라, 마　　　　　② 가, 나, 다

③ 없다　　　　　　　　　　　④ 가, 나, 마

해설　가, 나, 다, 라, 마 모두 옳게 연결되었다.

3. 다음 중 창의성의 이론적 접근 세 가지는 무엇인가?

① 인간적 접근, 사회 심리적 접근, 다원적 접근

② 이론적 접근, 사회 심리적 접근, 다원적 접근

③ 이해적 접근, 사회 심리적 접근, 다원적 접근

④ 인지적 접근, 사회 심리적 접근, 다원적 접근

　해설　창의성의 이론적 접근 세 가지는 인지적 접근, 사회 심리적 접근, 다원적 접근이다.

4. 유아기의 지능과 창의성에 관한 내용 중 올바르지 <u>않은</u> 것은?

① 일반적으로 창의성은 참신하고 색다른 방법으로 사고하고 독특한 해결책을 생각해 낼 수 있는 능력으로 정의한다.

② 영감 같은 것은 창의성의 일부분이고 일생을 통해서 계속되는 꾸준한 노력의 결과가 창의적 활동으로 나타난다.

③ 창의성 검사에서 매우 보편적인 답을 하는 아동들은 확산적 사고를 하는 경향이 있다.

④ 창의성이 있는 유아는 솔직하고 거짓으로 겸손한 척하지 않으며 자신의 유능함을 인정한다.

　해설　창의성 검사에서 매우 독창적인 답을 하는 아동들은 확산적 사고를 하는 경향이 있다.

5. 다음 확산적 사고를 가장 잘 설명한 것은?

① 문제해결을 위해 다양한 답이나 해결 방법에서 가장 적합한 해결책이나 답을 모색해 가는 사고 치밀하고 분석적이어서 비교적 허점이 없다는 장점이 있다.

② 어떠한 사실이나 상황의 옳고 그림과 좋고 나쁨을 가려내는 능력이다.

③ 나열되거나 대립되어 있는 사물의 개념을 통일시켜 하나의 의미로 정립시키는 능력이다.

④ 정답이 없는 문제에 대해 다양한 아이디어나 해결책을 생각해 내는 사고력을 말한다.

　해설　①, ②, ③은 수렴적 사고(convergent thinking)에 대한 설명이다.

　정답　1. ①,　2. ①,　3. ④,　4. ③,　5. ④

제 **10** 장

문제행동과 이상발달

학습목표

1. 문제행동의 개념과 진단법에 대해 알 수 있다.
2. 긍정적 행동지원모형을 설명할 수 있다.
3. 영유아기 이상발달(발달장애)을 설명할 수 있다.

주요용어

문제행동, 긍정적 행동지원 모형, 발달장애

영유아기 문제행동과 발달장애는 성장과 발달의 측면에서 발달의 순서를 방해
하거나 해당 연령에 이루어져야 하는 발달이 성취되지 않은 상태를 말한다. 문제행동
이나 발달장애에 대해 조기에 적절한 도움을 받지 못하면 사회적 행동을 습득할 수 있
는 기회를 방해하고, 이후 언어와 학습발달에도 영향을 미치게 된다. 무엇보다도 영유
아기의 생활뿐 아니라 인생 전반에 걸쳐 위기에 처할 가능성이 높아지게 된다.

1. 문제행동의 개념과 진단기준

1) 문제행동의 정의

문제행동이라는 용어는 심리학이나 정신의학에서는 부적응행동, 이상행동 등의 용
어로, 사회병리학에서는 반사회적 행동이나 비행으로, 그리고 교육학에서는 문제행동
으로 불리는 경우가 많다.

문제행동이라는 용어는 1950년대 초기까지는 일반적으로 사회적 부적응이라는 용어
로 쓰여 오다가 50년대 이후 Freud의 심리학적 영향을 주로 받아 정서장애(emotional
disturbance)라는 용어로 쓰여 왔다. 그 후 1960년대 후기에 이르러 문제행동이라는 용
어가 강조되었다.

문제행동의 개념과 관련하여 국내 · 외 여러 학자의 견해를 살펴보면, 유아 연령에
기초한 규범적 행동으로 보기에 부적절한 행동이나 정상적인 적응 능력을 갖추지 못한
것으로 보이는 행동으로서 일반 부모나 교사의 일상적 지도 범위를 벗어나 어려움을
야기시키는 행동 목록을 의미한다고 하였다(신숙재, 정문자, 1998).

표미정(1997)은 유아의 문제행동이란 일상생활에서 유아들이 보이는 태도나 행동이
정상적인 유아들의 행동과는 달리 사회적인 규범에서 벗어나는 비정상적인 행동을 의
미하는 것으로서, 이는 유아가 생활하는 환경요인들로 인해 유발된 행동적, 심리적 부
적응의 결과이며 습관상의 이상이 있는 행동양식으로 규정하였다.

유아의 문제행동을 정의함에 있어 Kauffman(1981)은 유아 자신의 기대를 충족하지

못했을 때 문제행동을 나타내며 유아 자신들의 환경에 대해 사회적으로 용납될 수 없는 방법으로 보이는 반응이라고 정의하였다. Garber(1984)는 아동의 어떤 태도나 행동이 주어진 상황에 적절치 못하고 자기 멋대로 행동하는 경우를 문제행동으로 규정하고 있다. 따라서 아동의 동일한 행동이라도 그 행동이 어떤 사회적 상황하에서 일어났는지 또는 누가 그 행동의 적절성을 평가하느냐에 따라 문제행동이 정상적인 행동으로 평가되기도 하고 정상적인 행동이 문제행동으로 평가되기도 한다고 하였다.

즉, 어떤 개인이 가족이나 학교 기타 생활에서 행하는 개인적으로나 사회적으로 바람직하지 않은 행동을 의미한다. 문제행동이란 사회적으로 방해가 되는 외현화 문제행동에서부터 정서적, 사회적으로 위축되는 내재화 문제행동까지를 모두 포함한다.

종합해 보면, 영유아의 문제행동이란 사회 및 정서발달상에 나타나는 내재화된 또는 외현화된 역기능을 지칭하는 것이다. 또한 영유아의 연령에 기초한 규범적 행동으로, 보기에 부적절한 행동이나 정상적인 적응 능력을 갖추지 못한 것으로 보이는 행동이다. 그리고 일반 부모나 교사의 일상적인 지도 범위를 벗어나 어려움을 야기하는 행동으로 정의할 수 있다(이찬숙, 2008).

2) 문제행동의 진단기준

영유아들의 문제행동을 진단할 때 한 가지 기준이 아니라 종합적이고 다면적인 상황을 고려해서 판단해야 한다. 몇 가지 문제행동을 진단하는 기준을 살펴보면 다음과 같다.

(1) 통계적 기준

문제가 있는 영유아에 대한 지도나 상담의 경우 일반적으로 사용하는 판단기준은 이상심리학(abnormal psychology)에서 제시하고 있는 정상과 이상의 판단기준을 사용한다. 정상(normal)-이상(abnormal)이란 용어는 일반적으로 평균으로부터의 이탈의 정도를 나타내고 있다. 이 기준을 심리학적 관점에 적용하면 인간의 다양한 행동특성이나 능력에 대해 평균적인 범주를 만들어 이것으로부터 이탈하는 정도가 크면 클수록 비정상의 정도가 크다고 보게 되는 것이다. 지능지수의 경우에도 정상분포곡선에서 평균 100을 중심으로 한 칸을 내려올 때마다 15씩 내려간다고 하면 두 칸을 내려갔을 때 지능지수는 70이 된다. 정신지체를 판별할 때에는 지능지수가 70 이하를 기준으로 한다.

(2) 사회문화의 가치적 기준

규범이나 관습에 크게 벗어나 용인될 수 없는 행동을 이상이라고 간주한다. 이는 영유아의 성장에 대해 가지고 있는 많은 기대나 이상(ideal), 바람직한 것으로부터 생긴 가치 기준에 비추어 정상과 이상을 판단하는 것이다. 이 기준에 맞는 개인은 한 사회의 정상적인 구성인으로 받아들여질 가능성이 높다. 그러나 이 가치적 기준은 사회, 문화, 시대에 따라 차이가 있고 변하기 때문에 객관적인 기준이라고 하기 어려운 면도 있다.

(3) 의학적 기준

심리적인 이상을 신체적 이상과 관련지어 평가하는 방법으로, 심리측정학적 평가나 정신의학적 진단방법에 의한 기준을 말한다. 그러나 증상이 경미한 경우에는 의사들 간의 판단의 차이가 있을 수 있으며, 또한 심리적 이상이 바로 의학적 증상으로 나타나지 않는 경우도 많기 때문에 정상과 이상의 판단이 어렵고 그 경계선을 긋는 것도 쉽지 않다. 특히 영유아들의 많은 문제는 의학적 증상을 전혀 가지고 있지 않은 경우가 많기 때문에 이 기준을 적용하기 어렵다(이영훈, 주연희, 김성수, 2007).

(4) 발달적 기준

발달적 기준은 발달심리학과 교육학적 관점으로, 그 연령에 맞는 발달단계에 따라 발달이 이루어졌는가, 그렇지 않은가에 따라 정상과 이상의 판단 기준으로 삼는다. 발달검사 등에 나와 있는 항목은 발달의 일정한 순서라고 하는 기본적 틀에서 개발된 것이다. 이러한 발달지식은 영유아의 발달이 정상적인지 비정상적인지를 판단하는 데 도움을 준다. 그러나 발달영역 간 영유아 시기는 개인차가 심하기 때문에 문제행동이나 부적응행동에 대한 판단 시에는 시간을 두고 지켜보거나 다양한 측면을 종합적으로 검토하는 것이 필요하다.

(5) 일상적 개인생활기준

이 기준은 개인의 지금까지의 생활 경험, 즉 행동이나 태도, 발달의 경과를 판단의 기준으로 삼는 것을 말한다. 즉, 이상(abnormal)이라는 단어의 의미 그대로 평소와 다른 모습이나 상태가 판단의 기준이 되는 것이다. 일상생활 장면에서의 관찰을 통해서 유아의 상태나 행동, 태도의 변화에 주목하고, 그 변화를 문제 발생의 징후로 보는 것이다. 이 기준에서는 평소 영유아의 생활이나 행동을 잘 이해하고 있는 부모나 교사의 판단이 중요한 자료가 된다.

2. 긍정적 행동지원 모형

영유아들의 문제행동을 지도하는 모형으로 예방적 접근을 강조하는 모형 중 긍정적 행동지원 모형을 들 수 있다. 미국에서도 아동의 문제행동 지도를 위해 사용하는 모델과 전략은 모든 아동을 대상으로 하며 예방적 접근을 강조하는 접근이다. 긍정적 행동지원 모델을 살펴보면 이와 같은 문제행동 지도의 원리와 방향성을 쉽게 알 수 있다.

긍정적 행동지원 모델은 대상이나 지원 목적에 따라 삼차원으로 분류하고 있다.

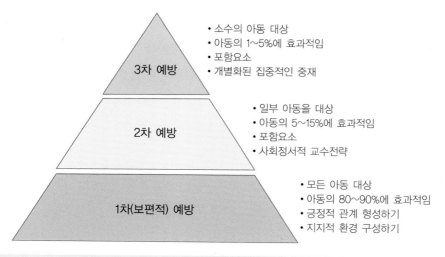

[그림 10-1] 긍정적 행동지원 피라미드 모델(Pyramid model)

먼저, 피라미드의 제일 아래 1단계에서의 보편적 지원(universal behavior support)은 학교나 학급 또는 프로그램 수준에서 전체 아동을 대상으로 실시하는 지원이라고 할 수 있다. 이 보편적 지원은 문제행동을 보이는 아동을 포함하여 전체 아동에 대해 광범위한 환경에서 교육적 중재를 실시한다는 점과 바람직한 사회적 기술을 배운다는 점에서 예방적 사전 활동에 속한다고 볼 수 있다. 보편적 지원은 아동의 80~90%에 효과적인 지원이다. 이 안에 포함되는 대표적인 전략은 긍정적인 사회적 관계 형성하기와 지지적인 환경 구성하기로 구분될 수 있다. 영유아들과 평소 긍정적인 관계를 쌓고 문제행동 예방을 위해 환경 자체를 지지적으로 구성해 주는 것이 핵심전략이라고 할 수 있다.

2단계는 특정 집단에 대한 지원(specialized group behavior support)으로 보편적 지원을 실시함에도 불구하고 문제행동을 지속적으로 보이는 특정 위험군 아동들, 예를 들어 학업에 실패했거나 또래 집단으로부터 일탈하거나 사회 정서적으로 위험이 있는 아동 등을 대상으로 지원되는 단계이다. 이는 문제행동이 위험 수준에 있어서 일차적인 예방보다 더욱 특별한 지원이 필요한 아동들을 대상으로 사회, 정서적 교수전략을 다루고 있다.

마지막 3단계는 특정 장애 아동에 대한 개별적 행동지원(specialized individual behavior support)으로 앞에서 일차적, 이차적 지원을 제공함에도 불구하고 만성적으로 심각한 문제행동을 보이는 특정 아동을 대상으로 실시하는 지원이다. 이는 심각한 행동문제를 보이는 정서 및 행동장애 아동이 그 대상인데 5% 정도의 아동이 해당되며 관찰과 기능평가에 근거한 집중적이고 개인적인 중재의 실행을 필요로 한다고 볼 수 있다.

3. 발달장애

1) 영아기 발달장애

긍정적 행동지원 모형에서 살펴보았듯이 문제행동과 장애를 예방하기 위해 모든 아동에게 지원하는 프로그램이 필요하며 문제행동의 정도와 장애의 유형과 정도에 따라 지원체계가 구별되어야 한다. 아동의 이상행동이나 심리적 장애는 주로 어린 연령에서 처음 시작된다. 따라서 조기 중재와 처치가 중요하다. 영유아의 발달단계에 따른 주요 발달장애를 이해하는 것은 매우 중요하다.

(1) 청각장애

청각장애란 청력 손상으로 인해 보청기를 사용하여도 청력을 통해 의사소통하는 데 어려움이 있는 상태로 경도에서 최고도에 이르는 청각장애를 의미하며 농과 난청을 포함한다. 듣기 능력에 제약을 받으며 이로 인해 사물의 특성을 지각하고 이해 · 사고하는 과정이 지체된다. 청각장애의 가장 주된 특성은 언어발달의 지체이다. 청력 정도는 dB(데시벨)로 표시하는데 청력 정도에 따라 언어를 이해하는 정도가 다르다.

〈표 10-1〉 **청력에 따른 언어이해 정도**

청력 정도	언어이해 정도
25dB 이하(정상)	일상적인 의사소통에 지장이 없다.
26~40dB(경도)	작은 소리를 인지하기 어렵고, 회화 거리를 유지하지 못하면 이해가 어려워 언어발달에 약간의 지체현상이 야기된다.
41~55dB(중등도)	입술 읽기와 말하기 훈련과 함께 보청기 사용이 필요하며, 언어습득과 발달이 지체되어 의사소통에 어려움과 함께 특정 발음이 어렵거나 되지 않는다.
56~70dB(준고도)	보조기를 착용하면 음을 이해할 수 있으며 큰 소리는 이해할 수 있으나 1:1 대화는 어려워 말하기와 언어훈련과 함께 교육보조 서비스가 필요하다.
71~90dB(고도)	큰 소리로 이야기해도 이해가 어려우며 보청기를 착용해도 음을 이해하기 어려워 어음명료도가 떨어진다. 부분적인 정규교육 배치 또는 전일제 특수교육을 받아야 하며 구화기술 훈련을 통해 부분적인 언어훈련이 가능하다.
91dB 이상(최고도)	청력에 의존한 학습활동이 어려우며 보청기를 사용해도 어음변별력이 현저하게 떨어져 특수한 프로그램이 요구된다.

〈표 10-2〉 **정상청력 아기의 반응**

신생아	신생아는 일반적으로 갑작스러운 큰 소리에 놀라거나 움찔하게 되며 소리가 난 방향으로 머리를 돌리기도 한다.
생후 2개월	영아의 청력이 발달되어 다양한 크기와 강도 및 톤의 소리를 들을 수 있다.
생후 3~4개월	영아는 부모의 목소리를 듣고 자음(ㄱ, ㅋ, ㅁ, ㅂ, ㅍ) 및 몇몇 모음의 소리를 낼 수 있다.
생후 5~6개월	영아는 이 시기를 전후로 감정을 나타낼 수 있어 단어에 가까운 소리를 내기 시작한다.
생후 8~9개월	영아는 단어와 몸짓과의 관계를 이해하기 시작한다.
생후 11~12개월	영아는 '우유' '병' 또는 '목욕'과 같은 간단한 단어들을 이해하기 시작한다. '엄마' 또는 '안녕'과 같은 단어들을 말할 수도 있어야 한다.

영아는 청각이 가장 먼저 발달하는데 수개월 내에 소리의 리듬과 억양을 듣고 인식하기 시작하며 생후 부모가 아기에게 말을 할 때 소리를 내어 반응하기도 한다. 그러나 청각의 문제가 적절하게 치료되지 않는 경우 학령기에 가서도 언어학습능력에 나쁜 영향을 미칠 수 있다.

청각발달장애의 적신호는 큰 소리에 반응하지 않거나 엄마의 목소리에 반응이 없는 경우, 옹알이를 하지 않는 경우, 소리 나는 쪽으로 고개를 돌리지 않는 경우로 주의 깊게 살펴보는 것이 필요하다.

(2) 시각장애

시각장애는 교정시력이 매우 낮거나 시야가 지나치게 좁은 경우를 모두 포함한다. 즉, 실명(맹)뿐 아니라 저시력, 단안 실명, 시야 각결손도 시각장애도 포함된다. 저시력은 안경, 렌즈 등을 이용해 시력을 측정해도 교정시력이 나오지 않는 경우를 말한다. 한편, 맹은 시각계 손상이 심하여 시각기능을 이용한 학습이 곤란하고 점자나 청각교재와 같은 촉각 또는 청각감각을 학습의 주요수단으로 사용하는 경우를 말한다.

시각장애아들은 정상아보다 사회적으로 미성숙하고 자기중심적인 경향을 보이는데 이러한 행동을 교정하지 않으면 시각적 제한성으로 타인의 관점으로 세상을 보는 능력에 영향을 준다. 시각장애아는 보행훈련, 점자훈련, 시기능훈련, 듣기훈련, 사회적 기

능훈련 등을 일반교육과정에 포함시켜 함께 지도할 수 있다.

(3) 의사소통장애

과거에는 말장애로 접근하였으나 최근에는 언어장애로 그 관심이 변화되고 있는데, 이는 말장애 그 자체보다는 의사소통에 있어서의 문제가 훨씬 더 심각한 장애임을 인식하였기 때문이다. 의사소통장애는 말뿐 아니라 개념이나 상징을 수용하고 전달하는 데도 어려움을 갖는 것을 말하며, 구어(말)장애와 언어장애로 나뉜다. 말장애는 조음장애, 유창성장애, 음성장애를 포함하며, 언어장애는 언어와 관련된 추상적 규칙체계와 상징적 체계의 이해장애와 표현장애를 말한다.

영아기는 초기 언어 획득의 시기로 중요한 의미를 갖는다. 발달의 속도에서는 개인차가 나타나기도 하지만 과정에서는 사회문화, 환경에 관계없이 유사성을 보이며 발달한다.

언어는 영아가 말을 시작하기 전 소리를 산출하는 단계로부터 시작되는데 이 시기에는 울음, 소리 내기, 옹알이 등이 포함된다. 출생 후 1년을 전후로 사람이나 사물의 이름을 지칭하는 몇 개의 어휘가 나타나는 것으로 발전된다.

연령의 증가와 함께 영유아의 어휘는 점차 증가하여 2세경이 되면 단어의 수가 500개가 넘게 되고 이 시기부터는 어떤 규칙에 의한 단어의 조합이 나타나기 시작한다. 말소리의 발달순서는 다음과 같다.

〈표 10-3〉 **말소리 발달순서**

연령	자음	모음
3세	ㅁ, ㅍ, ㅂ, ㅃ, ㄷ, ㄸ, ㅌ	ㅏ, ㅓ, ㅜ, ㅡ, ㅐ
4세	ㄴ, ㅇ, ㅎ	ㅔ, ㅟ, ㅗ, ㅑ, ㅕ
5세	ㅉ, ㅊ, ㅈ	ㅒ, ㅖ
6세	ㅅ, ㅆ, ㄹ	ㅛ, ㅘ, ㅠ, ㅙ, ㅞ, ㅝ

(4) 정신지체(지적장애)

지적장애라는 용어는 2007년 개정된 「장애인 복지법」에서 기존 '정신지체'를 대신

해 '지적장애'라는 새로운 법적 명칭으로 사용되고 있으나 「장애인 등에 대한 특수교육법」에서는 '정신지체'라는 명칭으로 사용되고 있다. 세계보건기구(World Health Oranization)에서는 정신지체란 "정신발달이 정지된 또는 불완전한 상태로서, 특히 발달기에 나타나는 지능의 장애로 특정지어진다. 이는 기능수행의 수준만이 낮을 때에는 정신지체로 보지 않으며, 지적 기능수행 수준이 낮아 정상적인 환경에서 적응하는 능력에 한계가 있을 경우에만 정신지체라 한다."라고 밝히고 있다.

일반적으로 지적장애는 지적 기능이 지연되는 것과 함께 자신과 관련된 일 처리와 사회생활인 적응행동의 어려움을 보이는 사람으로 18세 이전에 나타나는 경우를 의미한다.

정신지체아동들은 대부분 자신의 내부에서 일어나는 욕구통제와 상황에 따른 적절한 행동조절능력이 미숙하다. 특히 신경학적인 장애를 가지기 때문에 자신의 몸을 스스로 유지하는 데 필요한 신체 및 운동발달상에 현저한 미숙현상이 나타나는 특징을 보인다. 인지적으로는 일반아동에 비해 자극 변별이 어렵고, 주의집중시간이 짧으며 충동적인 성향이 있어 정확하게 문제해결을 못하기 때문에 학습에 실패할 가능성이 높게 나타난다. 사회성도 낮은 적응 정도를 보이기 때문에 언어발달 능력의 제한을 가지며 사물을 종합 처리하는 능력이 부족하다.

〈표 10-4〉 DSM-IV 정신지체 진단기준

A. 심하게 평균 수준 이하인 지적 수준: 개별적으로 실시된 지능검사에서 IQ 70 이하의 기능지수 (유아의 경우는 지적 기능이 유의하게 평균 이하라는 임상적 판단)

B. 다음 항목 가운데 적어도 두 가지 항목에서 현재의 적응지능(예: 개인이 연령이나 문화집단에서 기대되는 기준을 만족시키는 개인의 효율성) 손상이나 결함을 동반한다.

C. 18세 이전에 발병한다.
   지능장애의 수준을 반영하는 심각도에 근거한 진단부호

(5) 자폐성장애

자폐성장애는 미국정신의학협회의 정신장애 진단 및 통계편람(DSM-IV)에서 전반적 발달장애로 분류되며, 우리나라에서는 정서장애에 포함되어 있다가 2007년에 개정된 「장애인 등에 대한 특수교육법」에서 독립된 장애로 분류되고 있다. 자폐증은 크게 세 가지의 주된 증상을 나타낸다. 첫째는 사회적 상호작용의 심각한 곤란으로, 대인관계에 필요한 눈 마주치기, 얼굴표정, 몸짓 등이 매우 부적절하여 부모나 친구와 친밀한 관계를 형성하지 못한다. 둘째, 구어 및 비구어 의사소통에도 심각한 어려움이 나타나며 적절한 언어발달이 이루어지지 못하거나 괴상한 단어나 언어행동을 나타낸다. 셋째, 제한적이고 반복적이며 상동적인 관심과 행동을 보이고, 특정한 대상이나 일에 비정상적으로 고집스럽게 집착하는 행동을 나타내며 환경이나 일과의 변화에 저항을 보인다.

(6) 반응성 애착장애

애착(attachment)이란 영아와 양육자 사이의 정서적 유대관계로 애착행동은 울음, 미소, 소리 내기 등의 신호행동이나 애착대상 쳐다보기, 따라 하기, 접근하기, 기어오르기, 껴안기, 매달리기 등의 신체적 접촉행동을 말한다. 영유아가 생의 초기에 형성하는 양육자와의 특별한 유대관계는 인간의 발달에 매우 중요하다.

반응성 애착장애란 대부분의 상황에서 심하게 손상되고 발달적으로 부적절한 사회적 관계를 형성한 아동으로서 대부분 5세 이전에 시작된다.

2) 유아기 발달장애

(1) 섭식증

① 이식증

DSM-IV의 진단기준에 의하면, 이식증이란 비영양성 물질을 먹는 행동이 1개월 이상 지속되고 발달수준에 부적절하며 문화적으로 허용되지 않는 경우에 진단되는 장애이다. 음식에 대한 혐오는 없으며 먹는 행동이 아주 심각해져서 별도로 임상적 관심을 받아야 할 만큼 심각한 경우에만 이식증으로 진단된다.

② 반추장애

반추장애의 필수 증상은 음식을 반복적으로 토하고 다시 씹는 것으로서 적어도 1개월 동안 지속된다. 증상은 동반되는 위장애 또는 다른 일반적인 의학적 상태로 인한 것이 아니며, 신경성 식욕부진증이나 신경성 폭식증의 경과 중에만 일어나는 것이 아니다.

(2) 배변장애

① 유분증

유분증이란 적절치 않은 곳에 반복적으로 대변을 보는 것이다. 유분중이 있는 아동은 수줍음이 많고 난처한 일이 일어날 수 있는 상황은 피하려고 한다. 또한 유분증이 있는 아동은 유뇨증을 동반하기도 하며 유아의 생활연령은 최소한 4세는 되어야 한다.

② 유뇨증

유뇨증이란 밤이나 낮 동안 침구나 옷에 반복적으로 소변을 보는 것이다. 사회적 · 학업적 또는 중요한 기능영역에서 임상적으로 심각한 고통이나 장애를 일으킨다. 유뇨증은 남아보다 여아에게 흔하고 9세 이후에는 흔하지 않다.

(3) 주의력 결핍장애(Attention-Deficit/Hyperactivity Disorder: ADHD)

주의력결핍 과잉행동장애 증후군의 공식적인 명칭은 DSM-IV에서 소아기의 과잉운동반응이라고 명명하였고, DSM-III에서는 주의력결핍이 가장 중요한 임상적인 특성으로 간주되어 주의력결핍장애라고 명명하였으며, DSM-III-R에서는 주의력 결핍 과잉운동장애라고 명명하였다.

이 장애의 특성 중 과잉행동은 연령이 증가함에 따라 점차 줄어들기는 하지만, 주의력 결핍 과잉행동장애 아동은 여전히 주의산만과 충동성을 조절하지 못해 청소년기와 성인기에도 품행장애, 정서장애, 학습장애 등과 같은 심리적 행동문제들을 수반하게 되고 이들 청소년 주의력 결핍 과잉행동장애의 30~70%는 성인기에서도 반사회적 행동증상을 발달시켜 사회심리적 문제들을 야기한다.

ADHD의 전형적인 핵심 특징에는 부주의(inattention), 충동성(impulsive), 과잉행동(hyperactivity)이 있다.

① 부주의

부주의는 이 장애의 가장 핵심적인 특징으로 이러한 부주의는 학업뿐 아니라 직업 및 사회적 상황에서도 드러난다. 이들은 신중하게 생각하지 못하고 무질서하며 부주의하게 일한다. 일을 끝마칠 때까지 지속하지 못하며 흔히 다른 사람의 지시에 따라 일을 하지 못하는데, 이해하지 못하거나 반항적인 성격 때문이 아니라 부주의하기 때문이다.

② 충동성

ADHD의 아동들은 마음에 떠오르는 첫 번째 해결방법을 그대로 선택하여 사용하지 그 방법이 최적의 방법인지의 여부를 고려하지 않는다. 즉, 이들 아동들은 행동하기 전에 멈춰서 보고 듣고 생각하지 못하는 것이다. 그러므로 교사들은 이들이 문제해결자로서의 자신의 역할을 깨닫지 못한다고 불평하는 경향이 있다.

③ 과잉행동

ADHD 아동들은 정상 통제집단 아동들보다 24시간 단위의 일상생활에서는 더 활동적이다. 또한 이들은 정상통제집단 아동들보다 과제와 무관한 움직임들을 더 많이 보이고 제자리에 가만히 있지 못하며 자주 자리를 이동한다.

요약

1. 영유아의 문제행동이란 사회 및 정서 발달상에 나타나는 내재화된 또는 외현화된 역기능을 지칭하는 것으로 영유아의 연령에 기초한 규범적 행동으로 보기에 부적절한 행동이나 정상적인 적응 능력을 갖추지 못한 것으로 보이는 행동으로서, 일반 부모나 교사의 일상적인 지도 범위를 벗어나 어려움을 야기하는 행동으로 정의할 수 있다.

2. 영유아의 문제행동을 지도하기 위한 모형 중 긍정적 행동지원 모형은 문제행동과 장애를 예방하는 차원의 모형이라고 할 수 있다. 1단계는 모든 아동에게 적용되는 정서 사회적 프로그램이며, 2단계는 문제행동을 보이는 아동, 3단계는 개별화 교육이 필요한 장애아동들을 대상으로 하고 있다.

3. 발달장애는 영유아기부터 시작된다. 영아기의 발달장애는 청각장애, 시각장애, 의사소통장애, 정신지체, 자폐성장애, 반응성 애착장애로 나누어 살펴볼 수 있고, 유아기는 섭식증, 배변장애, ADHD로 나누어 살펴볼 수 있다.

 **연습문제**

1. 다음 문제행동 진단 개념 중 정상분포곡선에서 평균으로부터의 이탈 정도로 정상과 이상을 나누는 기준은?

① 사회문화적 기준　　　　　　　　② 발달적 기준
③ 통계적 기준　　　　　　　　　　④ 개인생활적 기준

　해설　 문제행동 진단 개념 중 정상분포곡선에서 평균으로부터의 이탈 정도로 정상과 이상을 나누는 기준은 통계적 기준이다.

2. 긍정적 행동지원에서 개별화교육이 필요한 장애아동을 다루는 부분은?

① 1차 예방　　　　　　　　　　　② 2차 예방
③ 3차 예방　　　　　　　　　　　④ 4차 예방

　해설　 긍정적 행동지원 모델에서 개별화교육이 필요한 장애아동을 다루는 부분은 피라미드 제일 윗층인 3차 예방 부분이다.

3. 다음 중 유아기 이상행동 중 비영양성 물질을 먹는 행동이 1개월 이상 지속되고 발달수준에 부적절하며 문화적으로 허용되지 않는 경우에 진단되는 장애는?

① 이식증 　　　　　　　　　② 유뇨증
③ 유분증 　　　　　　　　　④ ADHD

해설　유아기 이상행동 중 비영양성 물질을 먹는 행동이 1개월 이상 지속되고 발달수준에 부적절하며 문화적으로 허용되지 않는 경우에 진단되는 장애는 이식증이다.

정답　1. ③,　2. ③,　3. ①

제4부

영유아발달과 생태학적 맥락

제 11 장

가족

🌱 학습목표

1. 다양한 가족의 형태를 설명할 수 있다.
2. 부모의 양육태도를 비교분석할 수 있다.
3. 형제관계에 따른 영유아발달의 영향을 제시할 수 있다.

🌞 주요용어

한부모가족, 재혼가족, 다문화가족, 양육태도, 형제관계 영유아는 주변의 다양한 환경과 상호작용하면서 성장한다. 그중에서도 영유아의 발달에 가장 직접적이면서 가장 오랜 기간 동안 영향을 미치는 요인은 부모와 형제자매일 것이다. 최근 한국은 다양한 가족의 형태가 등장하면서 영유아들에게 직간접적인 영향요인으로 작용하고 있다. 이에 이 장에서는 가족의 변화, 한부모가족, 재혼가족, 다문화가족에 대해 살펴보고, 부모의 양육태도와 형제자매가 영유아의 발달에 미치는 영향에 대해서도 알아본다.

1. 다양한 가족의 형태

1) 가족의 변화

현대사회에서 가족을 정의하는 것은 어려운 문제가 되었다. 전통사회에서 가족은 결혼과 혈연관계로 이루어진 경제적 단위이자 주거생활의 공동체였던 것과는 달리 최근 들어서는 결혼과 성관계, 출산과 혈연, 입양, 정서적 유대, 주거생활 공동체 등 다양한 형태로 가족이 이루어지기 때문이다. 이러한 변화는 산업화가 진행되고, 여성취업이 증가하게 되면서 가족 내의 성역할, 전통적 가족의 기능 상실, 자녀양육에 대한 가족가치관의 근본적인 변화가 일어나기 시작하면서 사회적 문제로도 중요한 화두가 되었다. 가정 내에서 이루어졌던 교육과 생산이 국가가 함께 책임을 분담해야 한다는 인식으로 확산되었고, 이에 국가에서도 저출산, 일과 가정의 양립, 자녀양육 등에 대한 문제를 사회적 문제로 인식하게 되었다.

오늘날 우리나라 가족의 가장 큰 특징은 가족해체의 증가와 가족유형의 다양화라고 할 수 있다. 영유아발달에 가장 중요한 영향을 미치는 환경체계인 가족에 대해 살펴볼 필요가 있다.

2) 한부모가족

한부모가족은 흔히 한쪽의 부모와 자녀로 이루어진 가족을 의미한다. 사망이나 이혼, 유기, 별거나 미혼 등으로 인해 한 부모만이 부모역할을 한다. 한부모가족은 최근 이혼율이 증가함에 따라 증가하게 되었다(〈표 11-1〉 참조). 국내 연구에서 이혼 증가의 요인으로 꼽는 것은, 첫째, 전통적 가족의 기능이 약화되었고, 둘째, 대가족에서 부부중심의 핵가족으로 변화하고 있으며, 셋째, 여성의 경제력 증가와, 넷째, 점차 이혼에 대해 허용적인 태도로 변화하고 있다는 것을 들 수 있다. 2014년 사회조사 결과 이유가 있으면 이혼은 하는 것이 좋으며(12%), 할 수도 있고 하지 않을 수도 있다고(39.9%) 생각해, 절반 이상이 이혼에 대해 허용적인 태도를 보이는 것으로 나타났다(〈표 11-2〉 참조).

2007년 제정된 「한부모가족지원법」에서는 한부모가족을 모자(母子)가족 또는 부자(父子)가족이라고 정의한다(법제처, 2014). 예전에는 한부모가족 대신 편부모가족이란 용어를 사용했는데, 편부모란 단어에서 오는 결손, 부족 등의 사회적 낙인을 방지하기 위해 최근 한부모가족이란 용어로 바꾸어 사용하고 있다. 한부모가족과 관련된 법률은 1980년대 말 「모자복지법」에서 그 근간을 찾아볼 수 있다. 이 법의 취지는 남성에 비해 경제적으로 취약했던 여성들을 위해 그들이 어머니 역할을 할 수 있도록 지원하는 것이었다. 이것이 「모자복지법」 「모부자복지법」 「한부모가족지원법」으로 발전하게 되면서 여성은 물론, 남성 한부모가족에도 지원이 확대되었다.

우리나라의 한부모가족은 점차 증가하고 있는 추세이다(〈표 11-3〉 참조). 1995년에

〈표 11-1〉 이혼 건수, 조이혼율 및 유배우 이혼율

	2003	2004	2005	2006	2007	2008	2009	2010	2011	2012	2013	2014
총 이혼 건수(천 건)	166.6	138.9	128.0	124.5	124.1	116.5	124.0	116.9	114.3	114.3	115.3	115.5
증감(천 건)	21.7	-27.7	-10.9	-3.5	-0.5	-7.5	7.5	-7.1	-2.6	0.0	1.0	0.2
증감률(%)	15.0	-16.6	-7.8	-2.7	-0.4	-6.1	6.4	-5.8	-2.2	0.0	0.9	0.2
조이혼율*	3.4	2.9	2.6	2.5	2.5	2.4	2.5	2.3	2.3	2.3	2.3	2.3
유배우 이혼율**	7.2	6.0	5.5	5.3	5.2	4.9	5.2	4.8	4.7	4.7	4.7	4.7

* 인구 1천 명당 건, ** 15세 이상 유배우 인구 1천 명당 건
출처: 통계청(2015).

〈표 11-2〉 결혼·이혼·재혼에 대한 견해

단위: %

	계[1]	결혼			이혼			재혼		
		해야 한다[2]	해도 좋고 하지 않아도 좋다	하지 말아야 한다[3]	해서는 안 된다[4]	할 수도 있고 하지 않을 수도 있다	이유가 있으면 하는 것이 좋다	해야 한다[2]	해도 좋고 하지 않아도 좋다	하지 말아야 한다[3]
2012년	100.0	62.7	33.6	1.8	48.7	37.8	10.9	19.4	61.1	13.2
2014년	100.0	56.8	38.9	2.0	44.4	39.9	12.0	16.5	60.0	15.5
남자	100.0	61.5	34.4	1.6	49.1	36.1	10.3	19.9	59.1	12.4
여자	100.0	52.3	43.2	2.4	39.9	43.6	13.5	13.3	60.9	18.5
미혼 남자	100.0	51.8	41.6	1.8	36.0	41.4	13.6	16.0	61.8	8.9
미혼 여자	100.0	38.7	55.0	2.9	24.4	52.1	18.3	10.9	71.1	8.2
13~19세	100.0	45.3	45.6	2.0	34.9	43.0	12.5	10.7	63.4	10.1
20~29세	100.0	51.2	44.1	2.1	32.0	47.2	16.0	15.5	67.9	8.0
30~39세	100.0	45.7	50.7	2.3	34.6	49.1	13.0	13.9	67.9	11.3
40~49세	100.0	50.6	45.5	2.4	39.4	45.8	12.4	14.8	62.6	16.6
50~59세	100.0	64.0	32.8	1.9	50.8	36.0	10.9	18.2	56.3	18.8
60세 이상	100.0	75.8	20.8	1.5	65.5	23.0	8.4	22.5	46.5	23.2

주: 1) 각 항목별로 '잘 모르겠다' 있음
2) '반드시 해야 한다'와 '하는 것이 좋다'를 합한 수치임
3) '하지 않는 것이 좋다'와 '하지 말아야 한다'를 합한 수치임
4) '어떤 이유라도 이혼해서는 안 된다'와 '이유가 있더라도 가급적 이혼해서는 안 된다'를 합한 수치임
출처: 통계청(2014b).

〈표 11-3〉 전국 한부모가족 현황

단위: 1,000가구(%)

연도	총 가구수	한부모가구*		
		계	모자가구	부자가구
1995	12,958	960(7.4)	788(82)	172(18)
2000	14,312	1,124(7.9)	904(80)	220(20)
2005	15,887	1,370(8.6)	1,083(79)	287(21)
2010	17,339	1,594(9.2)	1,247(78)	347(22)
2011	17,687	1,639(9.3)	1,278(78)	361(22)
2012	17,951	1,677(9.3)	1,304(77.8)	373(22.2)
2013	18,206	1,714(9.4)	1,329(77.5)	385(22.5)

* 전체가구 대비 한부모가구 비율임
출처: 여성가족부(2014).

는 7.4%에 해당하였으나 2013년에는 9.4%인 것으로 나타났다. 특히 부자가족(22.5%)에 비해 모자가족(77.5%)의 비율이 월등히 높다는 특징을 보인다. 이는 이혼 시 여성이 자녀의 양육권을 가지는 경우가 많다는 것을 의미한다.

한부모가족이 영유아발달에 미치는 영향은 다양하게 거론된다. 먼저, 경제적 궁핍은 가장 큰 어려운 점이라고 할 수 있다. 한쪽 부모만이 경제적 책임을 지기 때문이다. 또한 이혼이나 별거 등으로 인한 스트레스를 받은 상태에서 혼자 힘으로 자녀들을 양육하면서 오는 정서적 혼란, 자녀양육 문제, 역할모델의 부재, 역할 변화에 따른 적응 문제는 영유아들에게 혼란을 줄 수 있는 요소들이 될 수 있다. 무엇보다 한부모가족들은 사회적 편견과 차별을 경험하는데, 「한부모가족지원법」에서는 이를 예방하고, 다양한 교육을 받을 수 있도록 지원하고 있다.

3) 재혼가족

최근 이혼율이 증가함에 따라 재혼율도 증가 추이를 보이고 있다([그림 11-1] 참조). 재혼가족은 한쪽 배우자가 재혼으로 이루어지는 가족을 말한다. 재혼가족은 자녀의 유무와 관계없이 당사자들의 혼인관계에 따라 구분하지만, 만약 전혼에서 자녀가 최소한 명 이상 있을 경우는 계부모가족(step family)으로 구분한다. 최근 10년간 재혼가족

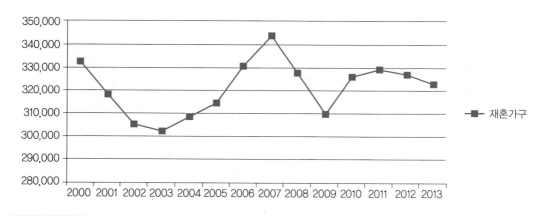

출처: 통계청(2014).

의 동향을 살펴보면, 재혼남성과 재혼여성의 비율이 가장 높은 것으로 나타났고, 이어 초혼남성과 재혼여성, 재혼남성과 초혼여성 순이었다(〈표 11-4〉 참조). 주목할 만한 것은 재혼남성과 초혼여성의 결혼은 감소하는 반면, 초혼남성과 재혼여성의 비율은 증가 추이 현상이 있다는 것이다. 이와 같은 결과는 전통사회에 비해 양성평등에 대한 가치관이 확산되면서 가족의 기능적 변화가 일어난 것으로 볼 수 있으며, 결국 가족구조의 변화를 초래한 것이라 해석된다.

재혼가족은 초혼가족과는 달리 다양한 문제를 갖는다. 특히 자녀가 있는 상태에서 재혼을 하게 된 가족들은 부부관계는 물론 부모-자녀가 복수관계를 맺기 때문에 복합적인 구조를 갖는다. 먼저, 부부관계에서는 새로운 부부로서의 역할에 적응이 필수적이다. 둘 사이에 신뢰감을 형성해야 하며, 새로운 생활방식에 대한 적응이 필요하고, 재혼에 대한 기대와 현실이 조화를 이룰 수 있도록 협의가 충분히 이루어져야 한다. 또한 이전의 수입과 지출방식에 대한 경제적 부분까지 면밀하게 고려되어야 한다.

한편, 부모-자녀관계는 전혼 자녀가 있는 상태에서 대부분 재혼이 이루어지기 때문에 자녀들은 친부모와 현재 동거하는 부모 사이에 충성심 갈등을 경험한다. 이는 재혼가족의 자녀들에게 가장 두드러지게 나타나는 특징인데, 친부모와 새로운 부모 사이에서 누구를 섬겨야 할 것인지에 대해 갈등을 경험하는 것이다. 또한 새롭게 형성된 형제자매들은 경쟁적인 구도에 놓일 가능성이 크며, 각기 다른 자녀의 발달로 부모들은

〈표 11-4〉 혼인종류별 건수 및 구성비

단위: 천 건, %

		2003	2004	2005	2006	2007	2008	2009	2010	2011	2012	2013	구성비	전년대비 증감률
계*		302.5	308.6	314.3	330.6	343.6	327.7	309.8	326.1	329.1	327.1	322.8	100.0	-1.3
남자	초혼	251.4	250.6	252.5	273.7	285.4	270.2	255.8	273.0	277.4	275.9	273.8	84.8	-0.8
	재혼	50.0	56.5	59.7	55.6	57.1	57.2	53.8	53.0	51.6	51.1	48.9	15.2	-4.2
여자	초혼	245.7	243.4	245.2	269.3	280.7	264.5	250.7	268.5	272.6	270.5	268.4	83.2	-0.8
	재혼	55.6	63.5	66.6	59.7	61.9	62.8	58.8	57.5	56.4	56.5	54.3	16.8	-3.8
남(초)+여(초)		233.9	231.3	232.0	255.2	265.5	249.4	236.7	254.6	258.6	257.0	255.6	79.2	-0.6
남(재)+여(초)		11.8	12.1	13.1	14.0	14.9	15.0	13.9	13.9	13.9	13.5	12.8	4.0	-4.7
남(초)+여(재)		17.4	19.0	20.1	18.2	19.6	20.6	19.0	18.3	18.7	18.9	18.2	5.6	-3.4
남(재)+여(재)		38.1	44.3	46.3	41.3	41.9	42.1	39.8	39.1	37.7	37.6	36.1	11.2	-4.1

* 미상 포함, 남(초): 초혼남성, 남(재): 재혼남성, 여(초): 초혼여성, 여(재): 재혼여성

출처: 통계청(2014b).

어려움을 겪게 된다. 따라서 재혼가족의 다층적 관계가 고려된 상담프로그램, 적응 프로그램 등의 지원이 필요하다.

4) 다문화가족

2008년 한국에서는 「다문화가족지원법」이 제정되었다. 1990년대 후반부터 이주노동자의 유입, 국제결혼의 증가, 새터민의 탈북으로 인해 한국은 본격적인 다문화사회로 접어들었기 때문이다. 최근 행정자치부(2015)의 외국인주민현황에 따르면 외국인주민은 174만 1,919명으로 전년 대비 10.98%증가하였으며, 10년 전 53만 6,627명이었던 것에 비해 매년 약 13만 명이 증가하여 현재 주민등록인구 대비 3.4%에 해당하는 것으로 나타났다(〈표 11-5〉 참조). 이는 한국 내에서 다문화가족이 점차 증가하고 있다는 것을 의미하며, 다문화가족 자녀들도 계속해서 늘어날 것으로 전망할 수 있다. 특히 현재 다문화가족 자녀들의 대부분이 6세 이하의 연령(60.3%)을 차지(안전행정부, 2014)하고 있어 영유아의 발달과 교육에 대한 관심이 요구된다.

「다문화가족지원법」에서 정의한 다문화가족이라 함은 결혼이민자 및 관련법에 따라 태어날 때부터 대한민국 국적을 취득하거나 귀화허가를 받은 사람으로 이루어진 가족을 말한다(법제처, 2014). 즉, 남성이든 여성이든 어느 한쪽이 한국의 국적을 소지하고 있는 상태에서 형성된 부모와 자녀를 포함한 가족을 의미한다.

여성가족부(2013)의 전국다문화가족 실태조사에 따르면, 다문화가족의 부모는 자녀들이 4년제 이상의 교육을 받기를 희망하고 있으나, 실제 다문화가족 자녀들은 학교에서 어려움을 겪고 있는 것으로 나타났다. 초, 중, 고등학교 재학률이 67.2%, 대학교나 대학원 진학률이 11.5%로 전체 78.7%가 학교를 다니고 있는 반면, 21.3%는 학교를

〈표 11-5〉 **외국인주민 현황**   단위: 명

구분	주민등록인구	비율	합계			한국국적을 가지지 않은 자			한국국적을 취득한 자			외국인주민 자녀			외국인주민 세대수
			계	남	여	소계			소계			소계			계
						계	남	여	계	남	여	계	남	여	
합계	51,327,916	3.4%	1,741,919	904,938	836,981	1,376,162	769,515	606,647	158,064	29,346	128,718	207,693	106,077	101,616	297,021

출처: 행정자치부(2015).

<표 11-6> 다문화가족 자녀의 학교 재학상태   단위: %(명)

구분		초등학교, 중학교, 고등학교 재학	대학교, 대학원 재학	학교를 다니지 않음 (중퇴, 미취학, 졸업 등)	합계
전체		67.2 (44,693)	11.5 (7,638)	21.3 (14,205)	100.0 (66,536)
성별	여성	67.0	11.2	21.8	100.0
	남성	67.3	11.8	20.9	100.0
연령	9~11세	99.9	0.0	0.1	100.0
	12~14세	99.3	0.0	0.7	100.0
	15~17세	93.7	0.0	6.3	100.0
	18세 이상	8.0	33.3	58.7	100.0

출처: 여성가족부(2013).

다니지 않거나 중퇴, 미취학인 경우였다(〈표 11-6〉 참조). 이들이 학업을 중단하는 이유는 친구나 선생님과의 관계 문제(23.8%)가 가장 많았고, 가정 형편의 어려움(18.6%), 학교공부가 어려워서(9.7%) 순이었다. 이와 같은 결과는 다문화가족에 대한 사회적 편견이 있음을 의미한다. 다문화가족의 자녀들의 학교 중도탈락률을 감소시키기 위해서는 사회적 관심이 필요하다. 다문화가족에 대한 차별 금지와 긍정적 방향으로의 인식 개선이 우선되어야 하며, 다문화가족 자녀들이 순조롭게 사회에 진입할 수 있도록 다양한 지원이 요구된다.

2. 부모의 양육태도와 영유아발달

결혼을 한 대부분의 부모는 자녀를 출산함으로써 부모가 된다. 부모는 아동이 태어나서 처음 맺는 인간관계의 대상이 되며, 동시에 성장하는 동안 사회화의 모델링이 된다. 사회화는 2세 전후로 시작하게 되는데, 이때 부모가 어떠한 양육태도(child-rearing style)를 가지고 자녀와 상호작용하느냐에 따라 아동의 성격발달과 영유아기, 아동기 이후 성인 시기까지 발달에 영향을 미친다.

양육태도는 자녀를 양육하면서 나타나는 다양한 부모의 행동이라고 할 수 있다. 부

모가 된다는 것은 생물학적인 변화는 물론, 심리사회적으로도 많은 변화를 초래한다. 바움린드(Baumrind)는 이와 같은 부모의 양육행동을 유형화한 대표적인 학자이다. 그는 유아원의 아동들을 관찰하여 '허용과 참여' '통제' '자율성의 인정' 등의 세 집단으로 나누고, 세 집단에 속하는 아동의 부모들을 다시 연구하여 권위가 있는 부모(authoritative), 권위주의적 부모(authoritarian), 허용적 부모(permissive), 무관심한 부모(neglectful)로 유형화하였다([그림 11-2] 참조). 각 유형별 특성은 다음과 같다.

먼저, 권위가 있는 부모(authoritative)는 온정적이고, 자녀의 요구에 민감하게 반응을 한다. 이들은 통제적이지만 합리적으로 규칙을 설정하고, 이를 지킬 것을 요구한다. 자녀들은 부모가 자신들에게 애정을 갖고 있으며, 규칙을 설명하기 때문에 이를 수용하고 따르게 된다. 또한 가족들의 의사결정이 필요한 사항이라면 자녀들을 의사결정에 참여시키고 자녀들의 관점을 존중하며 민주적인 방식으로 결정할 수 있도록 격려한다.

둘째, 권위주의적 부모(authoritarian)는 허용의 범위가 낮고 통제는 높은 매우 엄격한 양육태도를 지닌다. 의사결정 시 자녀와 의논하지 않고, 절대적으로 복종할 것을 기대한다. 이들은 절대적 규칙이 존재하고, 이를 끼워 맞추기 위해 자녀의 행동과 태도를 통제한다. 때문에 이와 반대되는 행동을 한 경우 자녀들에게 엄중한 벌을 준다. 권위주의적 부모 밑에서 자라난 자녀들은 성인이 되었을 때 사회적으로 유능성이 부족하며,

	높음	권위가 있는 부모 (authoritative)	허용적 부모 (permissive)
허용 (애정)	↑ ↓ 낮음	권위주의적 부모 (authoritarian)	무관심한 부모 (neglectful)

높음 ➡ 낮음
통제

[그림 11-2] 바움린드의 자녀양육 유형

출처: Baumrind(1975, 1991).

위축되는 경향을 보이고, 반항적인 성격특성을 지닌다.

셋째, 허용적 부모(permissive)는 자녀에 대한 허용이 높고, 통제는 낮아 자녀들에게 요구를 거의 하지 않으며, 자녀들이 감정과 욕구를 자유롭게 표현할 수 있도록 허용한다. 또한 자녀들의 행동을 세심하게 관찰하지 않으며, 엄격한 통제를 거의 하지 않는다. 때문에 그릇된 행동을 보여도 무조건적인 수용을 한다. 자녀들은 자신감을 갖고 있는 편이나 제멋대로 행동을 하며, 규칙을 무시한다.

넷째, 무관심한 부모(neglectful)는 영유아의 신체적, 정서적 욕구에 둔감하며, 반응하지 않는다. 즉, 애정적인 면이 적고, 통제도 거의 하지 않는다. 이와 같은 양육태도를 보이는 부모들은 자신의 문제나 스트레스로 인해 자녀들에게 시간과 에너지를 쏟지 못하는 방임의 유형이라고 할 수 있다. 이들의 자녀들은 부모들에게 관심을 받기 위해 공격성을 보이며, 문제행동을 나타낸다. 또한 자기통제력이 부족하고, 부적응 경향을 보인다.

부모는 자녀들에게 절대적인 영향을 주는 존재이다. 때문에 부모의 양육태도에 따라 영유아들은 매우 다른 양상으로 성장하게 될 것이다. 자녀가 의존적이지 않으면서도 자존감이 높고, 안정적인 정서를 가진 아동으로 키우고자 한다면 부모 스스로 신체적으로나 심리적으로 안정적이어야 할 것이다. 부모 스스로가 역기능을 어떻게 순기능으로 바꾸는가에 대한 역할수행들은 자녀들의 사회성훈련에 밑바탕이 된다.

3. 형제관계와 영유아발달

가족 내에서 부모 외에 가장 많은 영향을 미치는 주요인물은 형제이다. 형제관계는 대인관계 중에서 가장 오랫동안 지속되는 관계이며, 또래보다 갈등과 다툼이 많다. 또래와의 갈등이 생겼을 경우 적극적으로 갈등을 해소하기 위해 노력하지만, 형제자매는 부모의 중재가 있기 전까지 계속해서 다투는 경우가 많다. 이는 형제자매관계가 부모-자녀관계에 비해 상호적이며,

평등한 관계이기 때문이다.

하지만 형제는 나이가 들어 가면서 형은 동생에 비해 우월한 위치에 있으며, 동생은 형에게 보호받고 있는 것을 수용하게 된다. 또한 동생이 아동기 후기가 될 무렵 형제간에 차이가 사라지기 시작하면서 평등한 관계를 유지하고, 애정이 쌓이며 갈등은 다소 약해지는 경향을 보인다. 형제간의 상호작용은 마치 또래와의 상호작용과 유사하다. 놀이과정에서 서로 모방하려는 경향을 보이며, 이는 동생이 형을 모방하는 경향이 강하다. 형제자매는 서로 정서적 지지를 하면서 비밀을 공유하고 서로 위로가 되어 준다. 서로에게 솔직하게 정서를 표현하고, 상호 간의 관심과 애착의 증거들을 찾을 수 있다. 즉, 형제관계는 경쟁적인 동시에 협동적인 관계를 형성하는 독특한 특성을 보인다.

부모의 양육태도는 이러한 긍정적인 형제관계에 영향을 미친다. 칭찬을 많이 하고, 비폭력적인 통제방법을 사용하는 경우 형제 사이가 더욱 돈독해지며, 긍정적 관계를 형성한다. 형제관계에 영향을 미치는 또 다른 하나는 출생순위이다. 대부분 가정에서 첫째는 부모와 친척들에게 관심의 대상이 된다. 부모는 첫 자녀에게 지적 자극과 경제적인 지원을 가장 많이 한다. 때문에 첫째는 성취지향적이며, 인지발달이 뛰어난 경향을 보인다. 한편, 부모는 첫째에 대한 기대치가 높아 애정적이기는 하나 다소 엄격하고 과보호적인 태도를 보인다. 이로 인해 첫째는 책임감이 강하고 다소 권위적인 경향이 있다.

둘째는 자신보다 우월한 손위 형제가 있음으로써 무력감과 좌절감을 느낀다. 때문에 자신의 자리를 확보하기 위해 경쟁적이게 되며, 손위형제와는 다른 자신만의 독특한 특성을 형성한다. 둘째는 대부분 독립심이 강하며, 사회성이 발달하지만, 불공평함을 경험한다.

막내는 애교를 부리거나 귀엽게 보임으로써 자신의 위치를 확보하려고 노력한다. 자신이 독자적으로 혼자 하려기보다는 가족구성원들의 지원을 받아 하기를 원하기 때문에 다소 미성숙한 성격특성을 보이는 경우가 있다.

외동의 경우 부모님의 관심을 단독으로 받기 때문에 다소 맏이와 비슷한 성격특성을 보인다. 또한 경쟁적인 형제가 없어 자신만을 생각하는 이기적인 경향을 보이기도 하는 반면, 수줍어하거나 무기력한 경우도 있다. 하지만 자신보다 성숙한 성인들과 상호작용을 많이 경험하기 때문에 지적인 경향이 높고, 성인과 같은 행동특성을 보이기도 한다.

지금까지 살펴본 바와 같이 부모의 양육방식과 출생 순위는 형제자매관계를 형성하는 데 영향을 미친다. 부모는 첫째 자녀를 키울 때의 경험을 토대로 둘째 이후의 자녀들을 양육하기 때문에 다소 관대한 경향이 있다. 부모는 출생순위에 따라 자녀들을 편애하지 말고, 경쟁적인 관계보다는 상호적 관계를 맺을 수 있도록 격려해야 한다. 첫째에게는 동생이 사용할 물건들을 미리 준비하고, 함께 정리해 봄으로써 동생을 맞을 준비를 시켜야 한다. 동생이 태어난다는 것에 대한 불안감을 덜어 주고, 동생이 태어난 후에도 일정 시간을 정해 놓고 첫째와 시간을 보낼 수 있어야 한다. 마찬가지로 막내가 태어날 경우 둘째와도 막내를 맞을 준비를 함께하면서 경쟁구도를 완화시킬 수 있도록 노력해야 한다.

또한 갈등의 상황에서 무조건적으로 손위형제가 양보를 해야 하거나 참는 것은 부적절하며, 부모가 개입하기보다는 형제끼리 해결하도록 기회를 준다. 형제를 서로 비교하지 말고, 개성과 강점을 살려 존중하는 태도로 대해야 한다.

1. 현대사회는 가족 규모의 축소, 구조의 변화와 더불어 가족기능과 가치관이 변화되면서 다양한 가족의 유형이 나타나고 있다. 이혼이 증가함에 따라 재혼가족도 증가하고 있으며, 다양한 국가의 인구 유입으로 인해 새로운 형태인 다문화가족의 유형이 나타나기 시작하였다.

2. 가정 내에 자녀가 탄생함으로써 남자와 여자는 부모가 된다. 부모는 자녀들을 사회화하는 것을 목표로 삼으며 자녀가 성장함에 따라 부모의 사회화 강도는 점차 높아진다. 자녀를 양육하면서 부모들은 네 가지 양육태도가 나타난다. 대표적인 양육태도는 바움린드의 권위가 있는 부모, 허용적인 부모, 권위주의적 부모, 무관심한 부모로 나눌 수 있다.

3. 영유아발달에서 가정 내 형제자매는 부모와는 또 다른 영향을 미치는 중요한 인물이다. 형제자매관계는 대인관계 중 가장 오래 지속되는 관계이며, 부모가 사망한 이후까지 지속된다. 또한 단순히 상호작용의 양뿐만 아니라, 다른 관계에서 나타나지 않는 강도와 독특성이 있다. 특히 출생순위에 따라 다양한 특성이 나타난다.

1. 다음 (   ) 안에 들어갈 말이 바르게 짝지어진 것은?

> 현대사회는 가족규모의 (가), 구조의 변화와 더불어 가족의 기능과 가치관이 변화됨
> 에 따라 이혼가족의 (나), 재혼가족의 (다) 현상이 나타났다.

① 가: 확대, 나: 증가, 다: 감소　　　② 가: 확대, 나: 감소, 다: 감소
③ 가: 축소, 나: 증가, 다: 증가　　　④ 가: 축소, 나: 감소, 다: 증가

해설　현대사회는 가족규모의 축소, 구조의 변화와 더불어 가족의 기능과 가치관이 변화됨에 따라 이혼가족의 증가, 재혼가족의 증가 현상이 나타났다.

2. 한부모가족에 대한 설명으로 옳은 것은?
① 「한부모가족지원법」에 의하면 한부모가족은 모자가족으로 이루어진 가족을 말한다.
② 최근 이혼으로 인한 한부모가족이 증가하였다.
③ 사별로 인한 한부모가족이 증가하는 추세이다.
④ 이혼에 대한 견해는 여전히 부정적이다.

해설　「한부모가족지원법」에 따르면 한부모가족은 모자(母子)가족 또는 부자(父子)가족을 말한다. 2000년 이전에는 사별로 인한 한부모가족이 많았던 반면, 최근에는 이혼으로 인한 한부모가족이 증가추세이다. 또한 이혼에 대한 부정적인 생각이 점차 완화되면서 이혼에 대해 허용적 태도가 점차 증가하고 있다.

3. 다문화가족에 대한 설명으로 옳지 않은 것은?
① 다문화혼인의 대부분은 여성이 높은 비율을 차지한다.
② 다문화가족을 공식적으로 지원하는 법은 마련되지 않았다.
③ 다문화가족은 사회적 편견 외에도 자녀양육의 어려움을 경험한다.
④ 다문화가족은 이주노동자의 유입, 국제결혼 증가, 새터민의 탈북으로 이루어진 가족이다.

해설　다문화가족은 이주노동자의 유입, 국제결혼 증가, 새터민의 탈북으로 인해 형성된 가족을 말한다. 점차 인구가 증가하자 국가에서는 2008년 「다문화가족지원법」을 공식 선포하면서 다문화가족들을 지원하기 시작하였다. 다문화혼인은 대부분 여성들이 높은 비율을 차지하고 있으며, 이들은 사회적 편견, 자녀양육의 어려움을 경험한다.

4. 바움린드의 양육태도에 대한 설명으로 옳은 것은?

① 권위주의적(authoritarian) 부모: 부모는 온정적으로 자녀를 돌보기는 하지만 통제는 거의 하지 않는다.

② 무관심한(neglectful) 부모: 온정적인 면은 적으면서 통제는 많이 하는데, 자녀와 의논 하지 않으며 자녀는 부모의 말에 복종해야 한다고 생각한다.

③ 허용적(permissive) 부모: 부모는 온화한 것도 아니고 통제하는 것도 아니며, 유아의 신체적 욕구와 정서적 욕구에 가장 적게 반응한다.

④ 권위가 있는(authoritative) 부모: 부모는 온정적이고 자녀의 정서적 요구에 민감하면서 적정한 수준에서 통제하며 규칙을 설명하고 토론을 격려한다.

해설 * 권위가 있는(authoritative) 부모는 온정적이고 자녀의 정서적 요구에 민감하면서 적정한 수준에서 통제하며 규칙을 설명하고 토론을 격려한다.

* 권위주의적(authoritarian) 부모는 온정적인 면은 적으면서 통제는 많이 하는데, 자녀와 의논 하지 않으며 자녀는 부모의 말에 복종해야 한다고 생각한다.

* 허용적(permissive) 부모는 온정적으로 자녀를 돌보기는 하지만 통제는 거의 하지 않는다.

* 무관심한(neglectful) 부모는 온화한 것도 아니고 통제하는 것도 아니며, 유아의 신체적 욕구와 정서적 욕구에 가장 적게 반응한다.

5. 다음 〈보기〉는 무엇에 대한 설명인가?

〈보기〉
– 부모–자녀관계에 비하면 상호적이고 평등한 관계이다.
– 상호작용은 또래 간의 상호작용과 매우 흡사하다.
– 솔직한 정서표현, 상호 간의 관심과 애착의 증거를 볼 수 있다.

① 형제관계

② 또래관계

③ 교사–아동관계

④ 부부관계

해설 형제관계는 부모–자녀관계에 비하면 상호적이고 평등한 관계이다. 형제끼리의 상호작용은 또래간의 상호작용과 매우 흡사하다. 또한 솔직한 정서 표현, 상호 간의 관심과 애착의 증거를 볼 수 있다.

정답 1. ③, 2. ②, 3. ②, 4. ④, 5. ①

제 **12** 장

또래와 대중매체

🌞 **학습목표**

1. 영유아기 또래의 특성과 역할을 설명할 수 있다.
2. 유아기 또래수용 유형을 비교할 수 있다.
3. 유아기 대중매체(컴퓨터, 스마트폰)의 영향을 파악할 수 있다.

🌞 **주요용어**

또래, 또래관계, 또래수용, 대중매체

영유아가 최초로 접하는 환경인 가정에서는 영유아의 건강한 성장과 발달을 위해 적합한 자극과 경험을 제공해야 한다. 영유아는 성장하면서 부모, 형제자매, 또래, 다양한 매체와 상호작용하면서 성장하고 발달해 나가며, 이는 이후 발달에 기초가 된다. 이 장에서는 영유아발달에 영향을 미치는 또래의 특성과 역할, 또래수용, 대중매체의 영향에 대해 살펴본다.

1. 또래관계

1) 영유아기 또래의 특성

영유아는 성장하면서 가정 내 가족들과 맺었던 관계의 범위가 확대된다. 어린이집이나 유치원에 입학하고, 지역사회의 다양한 사람과 접촉을 하면서 나와 타인의 관계를 배운다. 특히 부모-자녀관계와는 다른 또래들과의 수평적인 사회적 관계를 경험함으로써 균형적인 상호작용을 하며, 비슷한 행동을 추구하게 되고, 신체, 언어, 인지, 사회, 정서 등 전 영역에 걸쳐 발달이 이루어진다. 사전적인 의미에서의 또래는 나이나 수준이 서로 비슷한 무리(국립국어원, 2016)를 말한다. 즉, 단순히 같은 연령의 유아가 아니라 공통의 관심, 능력, 행동이 비슷한 수준에서 상호작용하는 영유아를 또래라고 할 수 있다.

1세 이전의 영아는 또래와의 관계를 맺기보다는 놀잇감 탐색이 주를 이룬다. 또래와 함께 있다고 해도 장난감에 더 많은 관심을 보이며, 또래와의 상호작용은 자기중심적이고 초보적인 수준으로 단순하며 지속시간이 짧다. 하지만 생후 9~12개월 사이에 이르게 되면 다른 영아들의 머리카락이나 옷을 잡아당기면서 관심을 표시하거나, 또래에게 장난감을 건네주는 등 친구다운 관계를 형성하기 시작한다.

　영아기 또래관계는 1세 이후 급격하게 발달하기 시작한다. 13~18개월 사이 영아들은 다른 영유아들의 웃음, 울음을 모방하고, 나란히 앉아 비슷한 놀이를 할 수 있다. 또한 2세가 되어 자유롭게 이동할 수 있게 되면서 타인과의 기초적인 의사소통이 가능해진다. 점차 부모와 떨어져서 친구에게 신체적 접촉과 만지는 행동을 하면서 적극적으로 관심을 표현하고, 놀면서 우정을 형성하기 시작한다. 하지만 영아기의 우정은 일시적이고 시간이 지나면 금방 잊어버리기 때문에 비연속적이고 제한적인 편이다.

　한편, 유아기 또래관계는 영아기 때 제한적이었던 언어가 확장되면서 발달된다. 특히 유아들의 사회성발달은 놀이를 통해 이루어진다. 유아들은 전화기, 인형 등의 장난감을 가지고 혼자놀이하던 영아기를 벗어나 3세경이 되면 또래들과 놀기 시작한다. 처음에는 혼자놀이하며 방관자적 역할을 하던 영아들은 점차 친구들과 병행놀이와 연합

혼자놀이

병행놀이

연합놀이

협동놀이

[그림 12-1] **영유아놀이의 발달**

〈표 12-1〉 Parten의 놀이발달

비사회적 놀이	혼자놀이, 방관자놀이 (solitarily play, onlooker play)	• 2~3세 • 같은 공간에는 있지만 각자 다른 장난감을 가지고 놀이함 • 또래와 가까워지기 위한 노력을 기울이지 않음
제한된 사회적 놀이	병행놀이 (parallel play)	• 3~4세 • 옆의 또래와 동일한 장난감을 가지고 독립적으로 놀이함 • 같은 공간, 같은 놀이이지만 또래와의 교류는 없음
사회적 놀이	연합놀이 (associative play)	• 4~5세 • 또래와 장난감을 나누고, 대화하며 놀이함 • 자기중심성 경향이 있어 자신의 뜻대로 놀이함
	협동놀이 (cooperative play)	• 5세 이후 • 공동의 놀이과제를 가지고 함께 놀이함 • 서로 협력하고 역할을 나눠 놀이함

놀이, 협동놀이가 가능해진다([그림 12-1] 참조). 유아들을 직접관찰하면서 유아놀이발달을 정립시킨 Parten(1932)에 따르면 3세가 되면 제한적이기는 하나 사회적 놀이를 시작한다고 하였다(〈표 12-1〉 참조).

홍미로운 것은 3세 미만의 유아들은 같은 공간에서 동일한 장난감을 가지고 놀이하더라도 또래들과의 상호작용이 이루어지지 않는다는 것이다. 유아들은 4~5세가 되어서야 하나의 장난감을 가지고 놀이할 수 있고, 소꿉놀이, 미용놀이 등의 가상놀이의 형태로 발전된다. 5세 이후가 되면 서로 협동하며 역할을 나눠 놀이하게 된다. 이처럼 유아는 또래들과 상호작용을 하며 사회화 기능을 학습해 나간다.

하지만 유아기 발달의 특성상 자기중심적 사고를 하고, 조망수용능력이 제한적이기 때문에 친구들과 협동하기, 나누기, 양보하기 등의 사회적 기술이 완전하지는 못하다. 일반적으로 3세의 유아들은 고집 부리던 것이 좀 나아지고, 자신을 표현하는 데 신체적인 것보다 언어를 사용하게 된다. 또한 욕구가 생겼을 때 기다릴 수 있게 되며, 다른 사람에게 친절하고 도우려는 자세를 갖고 있고, 다른 사회적 환경 영역에 대해 적절하게 행동하는 것을 배우기 시작한다. 4세 유아들은 이야기를 좋아하며, 성인과 또래들에게 매우 사교적이게 된다. 집단으로 또래와 함께 놀이하며, 극놀이에 참여하고 상상

력을 발휘하여 놀이하는 것을 즐긴다. 때문에 역할놀이를 하는 데 많은 시간을 보낸다. 5세의 경우 또래들과 놀기를 좋아하고 구조화된 게임을 할 수 있게 된다. 또한 독립심이 생기며, 타인들에게 친절하고 예의바르게 행동할 수 있다.

2) 유아기 또래의 역할

(1) 사회화 기능

또래관계에서 유아들은 강화와 모방을 통해 서로 배운다. 그동안 부모나 교사와의 관계에서 사회화과정을 경험했던 유아들은 또래들과 친밀감을 쌓고, 즐거움을 나누며, 때로는 갈등 상황에서 타협한다. 이 시기 유아들은 성인보다 자신과 비슷한 또래의 영향을 더 받는다. 자신과 유사하다고 생각해 더욱 친밀감을 느끼며, 사회화하는 데 적절한 모델이라고 여긴다. 때문에 또래의 행동을 유심히 관찰하고 모방한다.

만약, 또래의 긍정적인 행동에 강화를 받았다면 유아는 이를 스스로 내면화하고 재연함으로써 사회화된다. 즉, 도덕적 행동이나 만족지연행동, 성 유형화된 행동, 성취 행동 등을 학습한다면 바람직한 태도나 가치관을 습득할 수 있다. 비고츠키(Vygotsky)는 유아들이 자신보다 유능한 또래와의 상호작용을 통해 지적, 사회적 능력이 향상된다고 보았다.

또래들과의 친밀감

갈등과 타협

[그림 12-2] **또래의 사회화 기능**

(2) 정서적 안정감과 사회적 지원

유아들은 점차 또래의 칭찬과 비난에 민감해진다. 또래의 반응에 따라 자신의 행동을 수정하거나 강화하면서 또래들에게 인정받고 싶어 한다. 자신의 행동이 또래에게 수용되었다면 정서적 안정감을 갖으며, 긍정적 자아개념을 형성한다. 반면, 또래로부터 거부되었다면 정서적으로 위축되고 불안을 경험한다.

한편, 또래는 사회적 문제를 해결해 가는 데 중요한 역할을 한다. 예를 들어, 놀이를 하다 블록이 부족한 상황이라면 블록이 많은 친구에게 지원(물리적 지원)을 받을 수 있고, 놀이상황에서 다른 유아가 참여함으로써 놀이는 더욱 다양(사회적 상호작용 지원)해질 수 있다. 이처럼 사회적 지원은 물리적 지원 외에도 사회적 상호작용 지원을 의미하기도 한다.

(3) 자아개념 발달에 기여

유아들은 또래들과 접촉이 늘어나면서 인지적 변화가 일어나고, 사회적 행동이 변화한다. 사회적 모델이 되는 또래를 기준으로 자신을 정의하며, 비교 대상을 삼기도 한다. 즉, 유아들은 사회관계 속에서 자신을 정의하기 시작한다. 예를 들어, '나는 ○○○이고, 별님반이다. 별님반 친구들은 △△△가 있고, □□□가 있다. 그중에 축구를 제일 잘하는 친구는 △△△이고, 종이접기는 내가 제일 잘한다.'와 같이 유아들은 자신의 성격, 능력, 태도 등을 다른 또래들의 행동 및 성취 결과와 비교함으로써 판단한다. 따라서 좋은 또래관계를 맺고 유지하는 것은 자아발달에 기초가 된다. 피아제(Piaget)는 또래와의 상호작용은 자아중심성을 감소시키고, 사회적 교류능력을 커지게 하며, 나아가 다른 사람의 조망을 고려하게 되면서 사회적 조망능력으로 발전한다고 보았다.

3) 유아기 또래수용

또래수용(peer acceptance)은 또래들에게 받아들여지는 정도, 즉 한 개인을 좋아하거나 혹은 싫어할 가능성을 측정하는 것을 말한다. 일반적으로 또래수용은 '사회측정기법(sociometric techniques)'이라는 자가 보고를 통해 이루어진다. 예를 들어, 가장 좋아하는 친구와 가장 싫어하는 친구를 말하게 하고, 좋아하는 정도와 싫어하는 정도를 각각 5점 척도(매우 함께 놀고 싶다 ~ 전혀 함께 놀고 싶지 않다)로 평가하게 한다. 또래수용은 이렇게 조사된 결과로 인기 있는 유아와 그렇지 않은 유아를 알게 한다. 대부분 또래들의 평가는 교사의 평가와 상당 부분 일치하며, 또래수용은 크게 다섯 가지로 구분된다.

(1) 인기아동(popular children)

인기 있는 아동은 많은 또래가 좋아하며 좋아하지 않는 아이가 거의 없다. 놀이상황에서 인기 있는 아동들은 주도적이며, 상황에 따라 자신의 행동을 조절하기 때문에 그룹 내에서 방해를 주거나 거부되는 행동 없이 합류하게 된다. 또한 의사소통 기술이 뛰어나 또래의 관심을 주도하고 유지하는 능력을 가지고 있다. 갈등이 발생하였을 경우 비공격적인 방법으로 해결하고자 하며, 상대 또래의 특성을 파악하여 갈등 해결을 위한 적절한 행동을 한다. 따라서 인기 있는 아동들은 또래들에게 리더자로 평가받게 된다.

(2) 배척아동(rejected children)

배척되는 아동들은 대부분 부정적이고 불쾌감을 많이 표현한다. 또래들과 상호작용을 할 때 공격적인 행동을 보이거나, 과잉행동을 보여 또래로부터 적대적인 감정을 느끼게 한다. 또한 미성숙한 사회적 행동을 자주 보이고, 또래들과 부정적인 상호작용이 반복되면서 또래들의 의도를 파악하는 기술을 얻지 못한다. 따라서 또래들을 회피하고 혼자놀이하는 행동패턴을 보인다. 더욱이 성장하면서 일탈적이고 반사회적 행동 및 적응문제를 보일 가능성이 크다.

(3) 논란이 되는 아동(controversial children)

논란이 되는 아동은 소위 특이한 아동으로 평가받는다. 이들은 또래로부터 좋아하는 아동으로도 지명받고, 싫어하는 아동으로도 지명받는다. 즉, 논란이 되는 아동들을 두고 어떤 또래들은 긍정적인 평가를 하는 동시에 다른 또래들은 부정적인 평가를 하기도 한다. 따라서 논란이 되는 아동은 인기아동과 배척아동의 특징을 동시에 보인다.

(4) 무시된 아동(neglected children)

무시된 아동은 언뜻 보면 배척아동과 비슷한 특징을 보이는 것처럼 보이지만, 이들은 또래집단 내에서 좋다거나 싫은 친구로 지명을 거의 받지 못하는 아동이다. 또래들로부터 비교적 관심을 덜 받는 아동이다. 이들은 적극적으로 또래들과 상호작용하는 경우가 드물고, 혼자놀이하거나 자신에게만 집중하며, 공격적인 행동을 보이지 않는다. 무시된 아동 중 일부는 배척아동보다 부적절한 행동을 보이거나 주도성이 부족하기는 하나 대부분 사회적으로 잘 적응된 아동인 경우가 많다.

(5) 평균지위 아동(average-status children)

사회측정기법으로 또래수용을 분석하면 인기아동, 배척아동, 논란이 되는 아동, 무시된 아동들은 2/3를 차지하는 반면, 그 나머지 1/3의 아동들은 평균 지위 아동에 속한다. 즉, 또래들로부터 좋아하는 아이와 싫어하는 아이의 중간 정도로 지명을 받는 아동들이다.

2. 대중매체

1) 컴퓨터와 유아발달

오늘날 컴퓨터가 보급되면서 일상생활이 편리해졌고, 컴퓨터를 활용한 다양한 활동이 증가하게 되었다. 이제 컴퓨터는 유아에게도 익숙한 매체가 되었다. 3세 유아도 컴퓨터를 이용하여 게임이나 놀이를 즐기는가 하면 키보드를 활용하기도 한다. 이는 유아가 문해력과 조작능력이 발달되고, 인지능력이 향상됨에 따라 가능해진 것이다. 컴퓨터를 활용하는 아동들은 다음과 같은 긍정적인 영향을 받는다(이소희, 2005).

첫째, 컴퓨터는 아동의 자아개념을 증진시켜 준다.
둘째, 컴퓨터는 아동이 개념을 구성하고 수정하도록 도움을 준다.
셋째, 컴퓨터는 아동의 사고력, 추리력, 문제해결력을 길러 준다.

넷째, 컴퓨터는 아동의 놀이를 자극하는 매개자 구실을 한다.

다섯째, 컴퓨터는 아동의 사회적 상호작용과 협동을 증진시키는 데 기여한다.

여섯째, 유아기 컴퓨터 이용은 컴퓨터 관련 기능을 익히고, 나아가서 컴퓨터에 대한 긍정적인 태도를 갖게 한다.

일곱째, 컴퓨터는 성 고정관념을 타파하고, 양성의 가치를 가르치는 데 도움이 된다.

하지만 컴퓨터를 잘못 사용하였을 경우 부정적인 영향을 미치기도 한다. 미래창조과학부와 한국정보화진흥원(2014)에서 발표한 인터넷중독 실태조사 따르면, 하루 평균 인터넷 이용시간은 2.3시간(138.6분)으로 주로 온라인게임(42.8%), 뉴스 검색(35.9%), 메신저(34.6%), 일반적 웹서핑(19.2%)을 하고 있는 것으로 나타났다. 특히 유아들의 대부분은 온라인게임을 가장 많이 하는 것으로 나타났다([그림 12-3] 참조).

우리나라의 인터넷중독은 전체 인터넷 이용자(3~59세) 중 6.9%에 해당하였는데, 연령대별 위험군을 살펴보면, 10대(12.5%), 20대(11.6%), 30대(6.0%), 유아동(5.6%) 순으로 나타났다([그림 12-4] 참조). 유아동이 40대(3.6%)와 50대(2.5%)에 비해 높은 비율

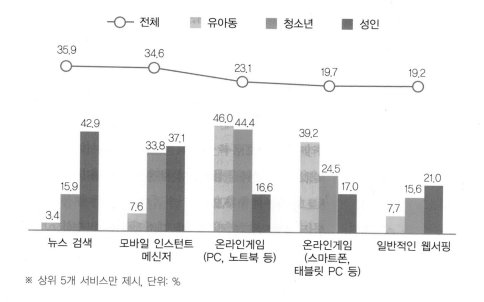

※ 상위 5개 서비스만 제시, 단위: %

[그림 12-3] 연령별 인터넷 주 이용목적

출처: 미래창조과학부, 한국정보화진흥원(2014).

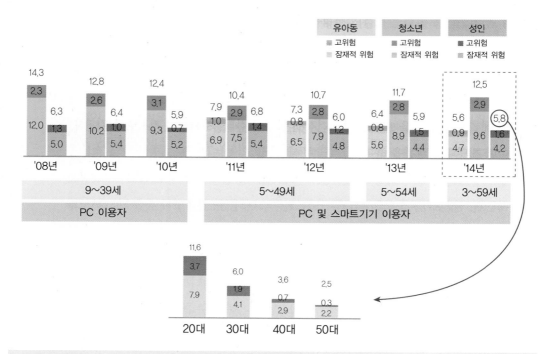

[그림 12-4] 연령별 인터넷중독 현황 및 중독위험군

출처: 미래창조과학부, 한국정보화진흥원(2014).

을 보인다는 것은 주목할 만하다. 유아동기 컴퓨터 사용이 유아의 창의적 사고, 추론능력, 문제해결능력, 수학능력, 언어발달에 도움이 되기는 하나 과도한 사용은 심각한 문제를 야기하기 때문이다. 실제로 인터넷을 이용하는 유아들은 중독위험 요인 중 가상세계지향(77.1%), 내성(65.7%), 금단(63.3%), 일상생활장애(51.8%) 순서로 중독이 높은 것으로 나타났다(미래창조과학부, 한국정보화진흥원, 2014). 즉, 과도하게 인터넷을 사용하는 유아들은 일상생활과 가상세계를 구분하지 못하고, 내성을 가지고 있으며, 금단현상을 보이고, 일상생활에 어려움을 경험하는 것으로 해석할 수 있다.

유아기는 부모, 선생님, 또래, 지역사회의 사람들과 사회적 관계를 맺는 중요한 시기이다. 이 시기 사람들과의 상호작용은 인격 형성에 기초가 될 뿐 아니라 이후 성격발달에도 지대한 영향을 미친다. 하지만 컴퓨터로 혼자놀이하거나 과몰입하는 경우, 유아들은 신체, 언어, 인지, 사회 정서 모두 부적절한 발달을 이루게 된다. 다음은 컴퓨터 사용의 부정적인 영향이다.

첫째, 다른 사람과의 상호작용이 제한적이어서 사회적 기술을 익힐 수 있는 기회가
　　　박탈되어 사회적 고립감을 초래할 수 있다.

둘째, 단순히 소근육 활동만 이루어지기 때문에 소근육과 대근육의 균형 잡힌 발달
　　　을 저해하며, 시력의 이상을 가져올 수 있다.

셋째, 가상공간을 지속적으로 경험함으로써 현실세계와 구분하지 못하고 괴리감을
　　　경험할 수 있다.

넷째, 게임 속 공격성, 충동성 등을 모방하게 되어 정서발달에 부정적인 요인이 된다.

다섯째, 주변인들과 제한적인 언어적 의사소통을 하므로 언어발달이 지연될 수 있다.

2) 스마트폰과 유아발달

한국의 스마트폰 보급률은 아랍에미리트(UAE, 90.8%), 싱가포르(87.7%), 사우디아라
비아(86.1%)에 이어 세계 4위를 차지한다(KT경제경영연구소, 2015). 글로벌 56개국 성인
인구의 스마트폰 보급률이 평균 60%인 것을 감안하면, 한국의 83%라는 보급률은 성인
이하의 연령들도 스마트폰을 소유하고 있다는 것으로 해석할 수 있다. 실제로 일상생활
에서 청소년은 물론 유아동들도 스마트폰을 소유하고 사용하는 것을 볼 수 있다.

미래창조과학부와 한국정보화진흥원(2014)에서 조사한 결과에 따르면, 유아동 자녀
를 둔 성인 가운데 자녀의 52%는 스마트폰을 사용하고 있고, 자녀의 연령이 증가할수
록 스마트폰 이용률이 높으며, 평균 5~6세에 스마트폰 사용을 시작하는 것으로 나타
났다. 하지만 4세부터 시작했다는 응답률이 가장 높게 나타나 어린 시기부터 스마트폰
을 사용하는 것을 알 수 있다. 또한 유아동 자녀가 스마트폰을 이용하는 시간은 하루
평균 1.4시간(81.4, 22.6분×3.6회)이며, 대부분 아이가 사용하고 싶어 하거나(69.4%),
심심해할 때(63.8%), 양육자가 해야 할 일이 있을 때(20.0%), 아이를 조용히 시키기 위
해(13.9%) 사용하는 것으로 나타났다(〈표 12-2〉 참조).

주목할 것은 부모들은 유아동 자녀에게 스마트폰 사용이 필요하지 않다(58.1%)고
여기는 반면(그림 12-5] 참조), 자녀를 돌보기 위해서나(57.7%), 다른 아이들도 다 사
용하며(52.6%), 재미 있으라고(47.5%) 스마트폰 사용을 허락하는 것으로 나타났다는
점이다(그림 12-6] 참조).

〈표 12-2〉 유아동(3~9세) 자녀 스마트폰 이용 상황(1순위+2순위)

(단위: %)

구분		아이가 사용하고 싶어 할 때	아이가 심심해 할 때	양육자가 해야 할 일이 있을 때	시끄러운 아이를 조용히 시키기 위해	아이가 짜증을 낼 때	습관적으로/이유 없이	밥 먹을 때	기타
	전체	69.4	63.8	20.0	13.9	12.9	10.9	4.8	1.7*
스마트폰 이용시간별	1시간 미만	70.5	64.7	18.7	16.1	13.0	8.2	3.7	2.2
	1시간 이상~2시간 미만	67.2	62.0	20.4	11.6	13.8	13.8	7.7	0.9
	2시간 이상	68.5	62.9	24.7	8.6	10.7	17.5	4.9	0.7
연령별	3~4세	62.0	60.2	16.7	21.5	24.5	4.9	4.5	2.7
	5~6세	70.6	63.6	20.1	14.6	13.6	7.6	6.7	0.9
	7~9세	71.6	65.8	21.5	9.4	6.4	17.8	2.7	2.0
성별	남성	71.4	62.1	19.2	16.1	12.2	10.2	4.9	1.5
	여성	67.2	65.7	20.9	11.5	13.6	11.7	4.7	1.8
맞벌이	맞벌이가정	68.8	65.2	17.3	13.6	13.1	11.0	5.9	2.6
	외벌이가정	69.9	62.7	22.3	14.2	12.7	10.9	3.9	0.8
부모 직업별	전문/관리직(전체)	73.7	64.8	25.5	5.2	12.9	6.0	4.9	0.5
	사무직(전체)	67.3	62.2	22.8	15.9	13.0	8.5	6.1	1.6
	서비스판매직(전체)	67.2	66.3	15.6	15.9	14.7	11.4	4.2	2.6
	농/임/어업(전체)	84.3	62.7	10.6	8.3	10.5	23.7	0.0	0.0
	생산관련직/기타(전체)	77.6	62.9	20.1	7.4	8.4	18.4	2.7	0.4
가구 소득별	200만원 미만	82.5	70.1	13.8	10.6	4.2	7.2	8.2	0.0
	200~400만원 미만	71.6	63.1	19.3	15.0	13.0	11.2	2.8	1.3
	400~600만원 미만	62.7	63.6	22.6	13.0	14.2	10.2	8.7	2.6
	600만원 이상	76.0	75.1	14.1	1.7	7.6	23.0	0.0	0.0
도시 규모별	대도시	66.8	61.8	21.2	16.0	13.8	9.5	6.7	1.6
	중소도시	73.0	70.0	15.1	8.0	11.2	16.8	1.0	3.3
	읍/면지역	75.1	67.0	18.7	10.4	11.0	12.6	1.0	1.3

출처: 미래창조과학부, 한국정보화진흥원(2014).

[그림 12-5] 유아동 자녀 스마트폰 사용 필요성

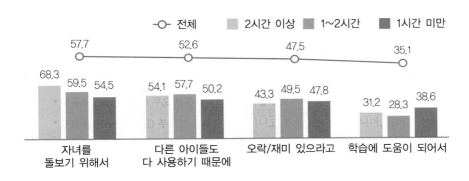

[그림 12-6] 유아동 자녀 스마트폰 사용 허락 이유(1순위+2순위)

출처: 미래창조과학부, 한국정보화진흥원(2014).

이와 같은 결과는 유아동을 위한 스마트폰 예방교육과 부모들을 위한 올바른 부모교육의 필요성을 보여 준다. 이에 정부에서는 전국의 스마트쉼센터를 통해 예방교육, 가정방문상담, 캠페인 등 인터넷 및 스마트미디어 중독 문제를 해결하기 위한 다양한 정책을 추진하고 있다. 특히 유아동과 학부모를 위한 온라인자가학습의 과정을 마련하고, 유아동창작동화, 스마트 미디어 중독예방([그림 12-7] 참조)교육을 실시하고 있다. 또한 학부모들에게 영유아 스마트기기 중독예방 프로그램을 진행하고 있다(〈표 12-3〉 참조).

[그림 12-7] 유아 스마트 미디어 예방교육

출처: 스마트쉼센터(http://www.iapc.or.kr/)

〈표 12-3〉 부모용 영유아 스마트기기 중독예방 프로그램

단계	회기/제목	목표	활동과정	
I. 관계 형성 및 문제 제기	1회기	• 영유아기 과도한 스마트기기 사용의 위험성 인식 • 자녀 및 보호자의 스마트기기 사용 점검	STEP 1	• 도입 활동 및 인사하기
	우리 아이는 스마트기기를 어떻게 사용하나요?		STEP 2	• 우리 아이가 스마트기기를 사용하는 이유는?
			STEP 3	• 영유아의 스마트기기 사용과 최근 이슈들
			STEP 4	• 스마트기기 중독 경향성 예측도 작성
			STEP 5	• 회기 마무리 및 나눔
II. 문제 인식 및 자기 이해	2회기	• 스마트기기 사용의 현실적 제한점 토의 • 보호자의 양육스타일 점검 • 스마트기기 사용규칙 수립	STEP 1	• 도입 활동 및 인사하기
	나는 어떤 부모일까?		STEP 2	• 스마트기기를 사용할 수밖에 없는 이유
			STEP 3	• 나의 양육스타일과 우리 아이의 스마트기기 사용
			STEP 4	• 스마트기기 사용 규칙 수립
			STEP 5	• 회기 마무리 및 나눔
III. 문제 해결 기술 강화	3회기	• 자녀가 보이는 행동 특성 공유 • 영유아 발달에 대한 개념 이해 • 자녀 행동에 대한 대처기술 습득	STEP 1	• 도입 활동 및 인사하기
	내 아이의 발달단계는 어디쯤일까?		STEP 2	• 내 아이의 발달단계는 어디쯤일까? PART I – 전반적인 아동발달 이론
			STEP 3	• 내 아이의 발달단계는 어디쯤일까? PART II – 인지발달, 신체발달, 사회정서 발달, 언어발달
			STEP 4	• 민주적 부모의 양육 know HOW?
			STEP 5	• 회기 마무리 및 나눔

			STEP 1	• 도입 활동 및 인사하기
III. 문제 해결 기술 강화	4회기 아이들은 왜 놀아야 하나요?	• 영유아기 발달적 놀이에 대한 이해 • 보호자의 놀이 활동에 대한 의식점검	STEP 2	• 아이들은 왜 놀아야 할까요?
			STEP 3	• 자녀의 놀이에 대한 의식 점검
			STEP 4	• 아이들의 놀이에는 무엇이 있을까요?
			STEP 5	• 회기 마무리 및 나눔
	5회기 아이와 어떻게 놀아야 할까요?	• 놀이 활동에 대한 편견 탐색 • 보호자의 놀이성 계발	STEP 1	• 도입 활동 및 인사하기
			STEP 2	• 무엇으로 놀 수 있을까?
			STEP 3	• 놀이에 대한 편견 깨트리기
			STEP 4	• 놀이 활동 방법 탐색하기
			STEP 5	• 회기 마무리 및 나눔
IV. 종결	6회기 우리 아이 스마트 기기, 이렇게 사용해요!	• 양육, 발달단계, 놀이 활동 강의 내용 점검 • 프로그램 활동 내용 점검 • 영유아 스마트기기 사용 가이드라인 교육	STEP 1	• 도입 활동 및 인사하기
			STEP 2	• 우리 아이의 양육, 발달, 놀이
			STEP 3	• 스마트기기 사용규칙 실천점검 / 스마트기기 중독경향성 점검
			STEP 4	• 영유아 스마트기기 사용 가이드라인 교육
			STEP 5	• 회기 마무리 및 나눔

출처: 한국정보화진흥원(2015).

요약

1. 또래란 연령의 동일성에 국한하지 않고 행동수준이나 복합성이 거의 같은 수준으로 상호작용하는 무리를 말한다. 영아는 1세 이후 또래관계가 발달하기 시작하며, 2세가 되면 타인과의 기초적 의사소통이 가능해진다. 유아는 출생 이후 성인들과 많은 상호작용을 하다가 점차 또래와 상호작용하는 시간이 증가한다. 혼자놀이를 하던 영아들이 유아기가 되면서 점차 병행놀이, 연합놀이, 협동놀이가 가능해진다. 놀이를 통해 형성된 또래관계는 사회화 기능을 도우며, 정서적 안정감을 느끼게 하고, 사회적 지원과 자아개념 발달에 기여한다.

2. 유아기의 또래수용은 또래들에게 받아들여지는 정도로 사회측정기법에 의해 측정된다. 유아들은 자신이 가장 놀이하고 싶은 친구와 그렇지 않은 친구를 지목한 결과 인기아동, 배척아동, 논란이 되는 아동, 무시된 아동, 평균지위 아동의 유형으로 나뉜다.

3. 다양한 매체에서 제공되는 정보는 유아들이 지식을 구성해 가고 더 넓은 사회로 시각을 넓혀 가는 데 도움을 주게 되지만, 과하게 사용하였을 경우 부정적인 영향도 동시에 나타난다. 컴퓨터와 스마트폰의 사용이 영유아발달에 미치는 부정적인 영향을 고려해 올바른 지도가 동반되어야 한다.

1. 많은 아동으로부터 좋아하는 아동으로 지명을 받기도 하고, 싫어하는 아동으로 지명받기도 하는 아동은 어떤 유형인가?

① 배척아동   ② 인기아동

③ 논란이 되는 아동   ④ 무시된 아동

해설   논란이 되는 아동은 많은 아동으로부터 좋아하는 아동과 동시에 싫어하는 아동으로 지목된 경우를 말한다. 이들은 인기아동과 배척아동의 특징을 동시에 갖고 있다.

2. 상호작용적 놀이유형에 대한 설명 중 올바른 것은 무엇인가?

① 혼자놀이는 2~3세 유아가 같은 공간에는 있지만 각자 다른 장난감을 가지고 놀이하는 경우를 말한다.

② 협동놀이는 3~4세의 또래와 장난감을 나누고 대화를 하며 놀이하는 유형을 말한다.

③ 병행놀이는 4~5세 유아가 옆의 또래와 동일한 장난감을 가지고 독립적으로 놀이하는 것을 말한다.

④ 연합놀이는 공동의 놀이과제를 가지고 함께 놀이하는 것을 말한다.

해설   병행놀이는 2~4세 유아들이 옆의 또래와 동일한 장난감을 가지고 독립적으로 놀이하는 것을 말하며, 연합놀이는 4~5세 유아가 또래와 장난감을 나누고, 대화하며 놀이하는 것을 말한다. 또한 협동놀이는 5세 이후의 유아들이 공동의 놀이과제를 가지고 함께 놀이하는 것을 말한다.

3. 유아기 또래의 역할에 해당하지 <u>않는</u> 것은?

① 사회화 기능   ② 사회적 경쟁

③ 정서적 안정감   ④ 자아개념 발달

해설   유아기 또래의 역할은 사회화 기능, 정서적 안정감, 사회적 지원, 자아개념 발달에 기여 등이다.

4. 유아기 컴퓨터 사용의 부정적인 영향에 대한 설명으로 바르지 <u>않은</u> 것은?

① 다른 사람과 상호작용이 제한적이어서 사회적 기술을 익힐 기회가 박탈된다.

② 고른 신체발달이 이루어지지 않는다.

③ 현실세계와 괴리감을 경험할 수 있다.

④ 아동의 사고력, 추리력, 문제해결력을 길러 준다.

해설 아동의 사고력, 추리력, 문제해결력을 길러 주는 것은 컴퓨터 사용의 긍정적인 영향에 해당한다.

5. 다음 중 놀이의 순서로 올바른 것은?

① 병행-혼자-연합-협동   ② 병행-연합-협동-혼자

③ 혼자-병행-연합-협동   ④ 혼자-협동-병행-연합

해설 유아들은 혼자-병행-연합-협동의 순서대로 놀이를 한다.

정답 1. ③,   2. ①,   3. ②,   4. ④,   5. ③

제 13장
표준보육과정과
누리과정

🌤️ 학습목표

1. 표준보육과정과 누리과정의 기본 개념에 대해 설명할 수 있다.
2. 표준보육과정과 누리과정의 목적, 기본 방향을 파악할 수 있다.
3. 표준보육과정과 누리과정의 영역을 비교 · 분석할 수 있다.

☀️ 주요용어

표준보육과정, 누리과정, 기본생활, 신체운동 · 건강, 의사소통, 사회관계, 예술경험,
자연탐구

「영유아보육법」의 제정은 단순 탁아사업에서 보육사업으로 확대, 발전하는 기초를 마련하였다. 하지만 어린이집마다 질적 수준이 다르고, 보육목표나 내용이 달라 국가 수준의 지침이 필요하게 되었다. 이에 국가는 2004년 표준보육과정을 개발·보급함을 명시하였고, 나아가 2013년부터 3~5세 유아가 어린이집이나 유치원 어느 곳에 다니더라도 동일한 교육을 받을 수 있도록 누리과정을 개발·보급하였다. 유아교육과정과 표준보육과정을 일원화시키면서 취학 전 모든 유아에게 공정한 출발을 보장하도록 한 것이다. 이 장에서는 0~2세 표준보육과정, 3~5세 누리과정의 기본 개념, 목적, 기본 방향, 영역에 대해 구체적으로 살펴보고자 한다.

1. 표준보육과정

1) 표준보육과정의 기본 개념

어린이집 표준보육과정은 어린이집에 다니는 0~5세 영유아들에게 국가 수준에서 제공하는 보편적이고 공통적인 보육의 목표와 내용을 제시하는 것을 말한다. 국가가 표준보육과정을 시행하는 것은 영유아의 전인적 발달과 우리 문화에 적합한 내용을 일관성 있고 연계적으로 실천하기 위함이며, 궁극적으로는 사회에서 추구하는 인간상을 구현하고 전국 어린이집의 질적 수준을 높이는 데 기여하고자 함이다. 표준보육과정은 0~1세, 2세, 3~5세 보육과정(누리과정 포함)으로 구성되어 있다. 이 장에서는 0~2세까지의 표준보육과정에 대해 설명하고자 한다(보건복지부, 중앙보육정보센터, 2013).

2) 표준보육과정의 목적

표준보육과정은 영유아의 심신의 건강과 전인적 발달을 도와 행복을 도모하며 민주시민의 기초를 형성하는 것을 목적으로 한다. 이와 같은 목적을 실천하기 위해 표준보육과정의 6개 영역(기본생활, 신체운동, 의사소통, 사회관계, 예술경험, 자연탐구)과 연계한 연령별 세부적 목표를 갖는다.

(1) 0~1세 보육과정
① 건강하고 안전한 일상생활을 경험한다.

② 감각 및 기본 신체운동 능력을 기른다.

③ 말소리를 구분하고 의사소통의 기초를 마련한다.

④ 친숙한 사람과 관계를 형성한다.

⑤ 아름다움에 관심을 가진다.

⑥ 보고, 듣고, 만지면서 주변 환경에 관심을 가진다.

(2) 2세 보육과정
① 건강하고 안전한 생활습관의 기초를 마련한다.

② 감각, 신체조절 및 기본 운동 능력을 기른다.

③ 의사소통 능력의 기초를 기른다.

④ 나를 인식하고 다른 사람과 더불어 생활하는 경험을 한다.

⑤ 아름다움에 관심을 가지고 예술경험을 즐긴다.

⑥ 주변 환경에 호기심을 갖고 탐색하기를 즐긴다.

3) 표준보육과정의 구성방향

표준보육과정은 기본적으로 영유아에 대한 철학적, 학문적, 발달적 경험에 근거하여 선정되었다. 다음은 구성방향과 구성체계이다.

(1) 구성방향
① 영유아의 발달특성과 개인차를 고려하여 연령 및 수준별로 구성한다.

② 어린이집에서 편안하고 행복한 일상생활이 되도록 중점을 두어 구성한다.

③ 질서, 배려, 협력 등 기본생활습관과 바른 인성을 기르는 데 중점을 두어 구성한다.

④ 자율성과 창의성을 기르는 데 중점을 두고, 전인발달을 이루도록 구성한다.

⑤ 사람과 자연을 존중하고, 우리 문화를 이해하는 데 중점을 두어 구성한다.

(2) 구성체계

① 어린이집 표준보육과정은 0~1세 보육과정, 2세 보육과정, 3~5세 보육과정으로 구성한다.

② 어린이집 표준보육과정은 영역, 내용 범주, 내용, 세부내용으로 구분하고, 내용 간에 연계가 이루어지도록 구성한다.

③ 세부내용이라 함은 0~1세 보육과정, 2세 보육과정에서는 수준별 세부내용을 의미하고, 3~5세 보육과정에서는 연령별 세부내용을 의미한다([그림 13-1] 참고).

④ 0~1세 보육과정은 기본생활, 신체운동, 의사소통, 사회관계, 예술경험, 자연탐구의 6개 영역을 중심으로 구성한다.

⑤ 2세 보육과정은 기본생활, 신체운동, 의사소통, 사회관계, 예술경험, 자연탐구의 6개 영역을 중심으로 구성한다.

⑥ 3~5세 보육과정은 신체운동 · 건강, 의사소통, 사회관계, 예술경험, 자연탐구의 5개 영역을 중심으로 구성한다.

⑦ 3~5세 보육과정은 초등학교 교육과정과의 연계성을 고려하여 구성한다.

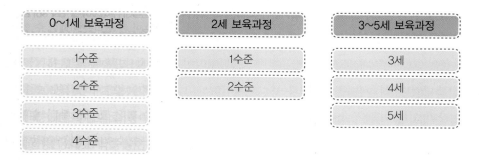

[그림 13-1] 표준보육과정 내용의 세부내용체계

4) 0~1세와 2세 표준보육과정의 영역

(1) 기본생활

기본생활 영역은 일상생활에 기본이 되는 건강, 영양, 안전에 관한 지식과 기술을 습득하고 건강하고 안전하게 생활하는 태도를 기르기 위한 영역이다. 따라서 건강하게 생활하기, 안전하게 생활하기의 목표를 가지고 있으며, 이는 내용범주와 연결되어 있다. 또한 연령이 높아질수록 기본생활 영역의 내용이 점차 확장된다.

〈표 13-1〉 기본생활 영역의 내용범주와 내용

내용범주	0~1세 보육과정	2세 보육과정
건강하게 생활하기	몸을 깨끗이 하기	몸을 깨끗이 하기
	즐겁게 먹기	바르게 먹기
	건강한 일상생활하기	건강한 일상생활하기
		질병에 대해 알기
안전하게 생활하기	안전하게 지내기	안전하게 놀이하기
	위험한 상황에 반응하기	교통안전 알기
		위험한 상황 알기

(2) 신체운동

신체운동 영역은 다양한 신체활동을 통하여 자신의 신체에 대해 긍정적으로 인식하고 일상생활에 필요한 기본운동능력을 기르며, 신체활동에 즐겁게 참여하도록 하기 위한 영역이다. 이 영역에서는 감각과 신체 인식하기, 신체조절과 기본운동하기, 신체활동에 참여하기의 세 가지 내용범주로 구성되어 있다.

〈표 13-2〉 신체운동 영역의 내용범주와 내용

내용범주	0~1세 보육과정	2세 보육과정
감각과 신체 인식하기	감각적 자극에 반응하기	감각능력 기르기
	감각기관으로 탐색하기	감각기관 활용하기
	신체 탐색하기	신체를 인식하고 움직이기

신체조절과 기본운동하기	신체 균형잡기	신체 균형잡기
	대근육 조절하기	대근육 조절하기
	소근육 조절하기	소근육 조절하기
	기본운동하기	기본운동하기
신체활동에 참여하기	몸 움직임 즐기기	신체활동에 참여하기
	바깥에서 신체 움직이기	바깥에서 신체활동하기
	기구를 이용하여 신체활동 시도하기	기구를 이용하여 신체활동하기

(3) 의사소통

의사소통 영역은 듣고 말하는 것을 즐기며 상황에 맞는 언어를 익혀 바른 언어생활을 하도록 하고 일상생활에 필요한 의사소통 능력과 기초적인 문해능력을 기르기 위한 영역이다. 이 영역은 듣기, 말하기, 읽기, 쓰기 네 가지 범주로 구성되어 있다. 연령이 높아질수록 연령별 목표와 내용이 세분화, 확장되고 있다.

〈표 13-3〉 **의사소통 영역의 내용범주와 내용**

내용범주	0~1세 보육과정	2세 보육과정
듣기	주변의 소리와 말소리 구분하여 듣기	말소리 구분하여 듣고 의미알기
	경험과 관련된 말 듣고 알기	짧은 문장 듣고 알기
	운율이 있는 말 듣기	짧은 이야기 듣기
	말하는 사람을 보기	말하는 사람을 주의 깊게 보기
말하기	발성과 발음으로 소리내기	낱말과 간단한 문장으로 말하기
	표정, 몸짓, 말소리로 말하기	자신의 원하는 것을 말하기
	말할 순서 구별하기	상대방을 바라보며 말하기
읽기	그림책과 환경 인쇄물에 관심 가지기	그림책과 환경 인쇄물에 흥미 가지기
쓰기	끼적이기	끼적이며 즐기기

(4) 사회관계

사회관계 영역은 우리나라 영유아들이 올바른 판단과 합리적인 의사결정을 할 수 있고, 책임감 있는 민주시민으로 성장하도록 돕는 영역이다. 따라서 나를 시작으로 점차 범주가 확장된다. 즉, 나를 알고 존중하기, 나와 다른 사람의 감정 알기, 더불어 생활하기 세 가지 내용범주로 구성되어 있다.

〈표 13-4〉 사회관계 영역의 내용범주와 내용

내용범주	0~1세 보육과정	2세 보육과정
나를 알고 존중하기	나를 구별하기	나를 구별하기
	나의 것 인식하기	좋아하는 것 해 보기
나와 다른 사람의 감정 알기	나의 감정을 나타내기	나의 감정을 나타내기
	다른 사람에게 주의 기울이기	다른 사람의 감정에 반응하기
더불어 생활하기	안정적인 애착 형성하기	내 가족 알기
	또래에 관심 갖기	또래와 관계하기
	자신이 속한 집단 알기	자신이 속한 집단 알기
	사회적 가치를 알기	사회적 가치를 알기

(5) 예술경험

예술경험은 출생 후부터 영아가 주변 환경 및 생활 속에서 다양한 예술적 요소들을 흥미롭게 경험하고 즐기도록 돕는 영역이다. 이를 위해 아름다움 찾아보기, 예술적 표현하기, 예술 감상하기 세 가지 내용범주로 구성되어 있다.

〈표 13-5〉 예술경험 영역의 내용범주와 내용

내용범주	0~1세 보육과정	2세 보육과정
아름다움 찾아보기	예술적 요소에 호기심 가지기	예술적 요소 탐색하기
예술적 표현하기	리듬 있는 소리로 반응하기	리듬 있는 소리와 노래로 표현하기
	움직임으로 반응하기	움직임으로 표현하기
	단순한 미술 경험하기	자발적으로 미술활동하기
	모방행동 즐기기	모방과 상상놀이하기
예술 감상하기	아름다움 경험하기	아름다움 즐기기

(6) 자연탐구

자연탐구는 영아들이 다양한 감각과 호기심을 가지고 주변 사물과 자연환경의 특징을 지각하고, 탐색하는 데 필요한 기초능력과 태도를 기르기 위한 영역이다. 여기에서는 탐구하는 태도 기르기, 수학적 탐구하기, 과학적 탐구하기 세 가지 내용범주로 구성되어 있다.

〈표 13-6〉 **자연탐구 영역의 내용범주와 내용**

내용범주	0~1세 보육과정	2세 보육과정
탐구하는 태도 기르기	사물에 관심 가지기	호기심 가지기
	탐색 시도하기	반복적 탐색 즐기기
수학적 탐구하기	수량 지각하기	수량 인식하기
	주변 공간 탐색하기	공간과 도형에 관심 가지기
	차이를 지각하기	차이에 관심 가지기
	간단한 규칙성 지각하기	단순한 규칙성에 관심 가지기
		구분하기
과학적 탐구하기	물체와 물질 탐색하기	물체와 물질 탐색하기
	주변 동식물에 관심 가지기	주변 동식물에 관심 가지기
	주변 자연에 관심 가지기	자연을 탐색하기
	생활도구 탐색하기	생활도구 사용하기

2. 누리과정

1) 누리과정의 기본개념

누리과정은 대한민국의 3~5세 유아라면 누구나 누릴 수 있도록 국가가 공정한 보육과 교육의 기회를 보장하는 제도를 말한다. 교육기관의 유형, 부모의 소득과 관계없이 모든 계층에 동일한 교육이 제공된다. 유아발달의 중요성이 점차 부각됨에 따라 유아들을 보육하고 교육하는 것은 부모의 책임을 넘어 국가적 책임이라는 인식이 확산되면서 보육과 교육의 통합적 움직임이 시작되었다. 즉, 누리과정은 아동을 양육하는 것이 가족 책임에서 점차 국가 책임이라는 패러다임의 변화에 따른 결과물이라고 할 수 있다. 따라서 2012년 5세 유아에만 적용되었던 것이 2013년부터는 어린이집이나 유치원을 다니는 3~5세 유아들 모두 국가 수준의 동일한 내용의 교육을 보장받게 되었다.

누리과정은 대한민국의 유아 모두의 공동 출발선을 보장한다는 데 의의가 있다. 생애 초기 평등한 출발선을 위해 정부는 유치원 교육과정과 표준보육과정으로 이원화되었던 것을 일원화시켜 누리과정을 개발·보급하게 되었다. 2013년 이전에는 소득 하

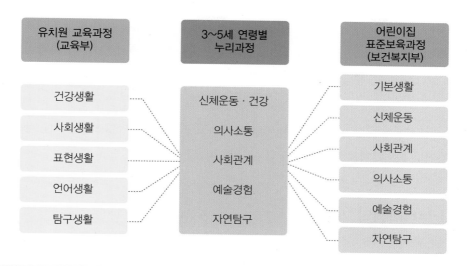

[그림 13-2] 유치원 교육과정과 어린이집 표준보육과정의 영역 통합

위 70% 이하 가정에 일부 금액을 지원하였으나, 2013년부터는 소득과 관계없이 전액 지원받게 되는 시스템으로 변경되었다. 이로써 초등 6년, 중학교 3년 총 9년이었던 의무교육기간이 취학 전 3년의 누리과정을 포함하여 총 12년으로 확대된 셈이다. 유치원의 교육과정과 어린이집의 표준보육과정이 통합된 과정은 [그림 13-2]와 같다. 이 절에서는 교육과학기술부와 보건복지부(2013)가 발표한 연령별 누리과정의 해설서를 기준으로 그 내용을 살펴본다.

2) 누리과정의 목적

누리과정은 3~5세 유아의 심신의 건강과 조화로운 발달을 도와 민주 시민의 기초를 형성하는 것을 목적으로 한다. 이 목적을 달성하기 위해 다섯 가지의 목표를 갖는다.

첫째, 기본운동능력과 건강하고 안전한 생활 습관을 기른다.
둘째, 일상생활에 필요한 의사소통 능력과 바른 언어 사용 습관을 기른다.
셋째, 자신을 존중하고 다른 사람과 더불어 생활하는 능력과 태도를 기른다.
넷째, 아름다움에 관심을 가지고 예술 경험을 즐기며, 창의적으로 표현하는 능력을 기른다.

다섯째, 호기심을 가지고 주변세계를 탐구하며, 일상생활에서 수학적·과학적으로 생각하는 능력과 태도를 기른다.

즉, 각각의 목표는 누리과정의 영역인 신체운동·건강, 의사소통, 사회관계, 예술경험, 자연탐구의 목적과 연계된다.

3) 누리과정의 기본방향

교사들이 현장에서 양질의 누리과정을 전개해 나가기 위해서는 충실하고 균등하게 적용하는 기본 틀이 동일해야 한다. 또한 누리과정의 지도 원리나 유의점, 지침, 실내외 교육환경 구성 등에 대해 국가 수준의 기준을 이해할 필요가 있다. 누리과정의 구성방향을 살펴보면, 다음과 같다.

(1) 질서, 배려, 협력 등 기본생활습관과 바른 인성을 기르는 데 중점을 두어 구성한다.

유아기는 인성의 기초를 형성하는 시기임과 동시에 교육적 효과가 극대화되는 시기이다. 이 시기 사회라는 공동체 안에서 바람직한 관계를 맺고, 정해진 규칙을 준수하는 것은 바른 기본생활습관과 올바른 인성을 내면화하는 데 도움이 된다. 이렇게 형성된 습관과 태도는 평생 지속될 가능성이 크다. 질서와 배려, 협력은 일상생활에서 지속적으로 실시되어야 한다. 이에 따라 누리과정은 연령별로 질서, 배려, 협력 등의 기본생활습관과 바른 인성을 기르는 데 중점을 두어 구성되었다.

(2) 자율성과 창의성을 기르는 데 중점을 두고, 전인발달을 이루도록 구성한다.

유아는 주변세계에 관심을 가지고 자신만의 독특한 탐색방법을 형성해 나간다. 스스로 찾아보고 탐색하며, 새로운 환경이나 문제에 당면했을 때 해결하고자 노력한다.

이와 같은 태도는 급변하는 사회에 잘 적응하기 위한 필수요소가 된다. 때문에 이 시기 유아들에게는 자신이 하고자 하는 일이 어려움에 부딪혔을 때 통제하거나 스스로 조절할 수 있도록 자율성과 창의성을 길러 주어야 한다. 이를 위해서는 신체, 언어, 인지, 정서, 사회성 등 전인발달이 이루어질 수 있도록 교육이 제공되어야 한다. 누리과정은 유아의 지·덕·체의 조화로운 발달이 이루어질 수 있도록 구성되었다.

(3) 사람과 자연을 존중하고, 우리 문화를 이해하는 데 중점을 두어 구성한다.

미래 사회는 상호 교류와 의존성이 더욱 높아질 것이다. 인간 중심의 교류를 넘어 인간과 자연의 조화, 인간 간의 소외, 환경 문제 등 다양한 문제가 발생될 것이다. 이를 예방하기 위해서는 유아기부터 자신 및 타인을 존중하고 자연을 소중히 여기는 태도가 필요하다. 자연은 단순히 경치를 의미하기보다는 생명을 탄생시키는 기반일 뿐 아니라, 우리의 문화 역시 오랜 역사 속에서 내려오는 공동의 가치이자 정체성이다. 따라서 3~5세 누리과정은 유아기부터 공생의 의미와 우리의 전통문화에 대한 이해가 이루어질 수 있도록 구성되었다.

(4) 3~5세아의 발달 특성을 고려하여 연령별로 구성한다.

3~5세는 유아기라는 동일한 발달과정에 속하지만 수행해야 하는 학습내용이나 행동특성은 연령별로 차이가 있다. 누리과정을 구성 시 인지발달과 생활 경험 등을 고려하여 세부내용을 선정하였다. 유아기 연령대에서 모두 다루어야 하는 내용은 동일하게 구성하되, 적절하지 않거나 4~5세에서만 다루어야 하는 내용은 3세를 제외하기도 하였다. 누리과정은 연령별 발달에 따라 위계성, 연속성, 계열성을 고려하여 구성되었다.

(5) 신체운동·건강, 의사소통, 사회관계, 예술경험, 자연탐구의 5개 영역을 중심으로 구성한다.

누리과정은 다섯 가지의 유치원 교육과정(건강생활, 사회생활, 표현생활, 언어생활, 탐구생활)과 어린이집의 여섯 가지 표준보육과정(기본생활, 신체운동, 사회관계, 의사소통, 예술경험, 자연탐구)에 기초하여 신체운동·건강, 의사소통, 사회관계, 예술경험, 자연탐구 다섯 가지 영역으로 구성되었다. 유아는 신체를 움직이고, 상호작용하며 언어적 의사소통을 하고, 또래들과 사회적 관계를 맺는다. 또한 주변의 아름다움에 관심을 가지고 예술경험을 즐기며, 주변세계를 탐구한다. 누리과정은 다섯 개 영역에 걸쳐 유아가 주도적으로 활동할 수 있도록 이루어졌다.

(6) 초등학교 교육과정과 0~2세 표준보육과정과의 연계성을 고려하여 구성한다.

누리과정은 3세 아래 단계인 0~2세 표준보육과정과 초등학교 과정을 연계할 수 있도록 교육과정이 긴밀하게 연계되어 있다. 특히 5세의 경우 초등학교 저학년의 교육과정과 연계될 수 있도록 구성되었다([그림 13-3] 참조).

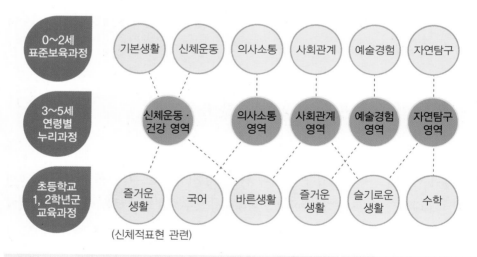

[그림 13-3] 표준보육과정-누리과정-초등1, 2학년 교육과정 연계

출처: 보건복지부, 육아정책연구소(2013).

4) 누리과정의 영역

(1) 신체운동 · 건강

신체운동 · 건강 영역은 기본운동능력과 건강하고 안전한 생활 습관을 기르는 것을 목표로 둔다. 이를 위해 감각 능력을 기르고, 자신의 신체를 긍정적으로 인식하며, 신체를 조절하고 기본운동능력을 기를 수 있도록 구성되었다. 또한 신체활동에 즐겁게 참여하고 건강한 생활 습관을 기르며, 안전한 생활 습관을 기르는 것에 중점을 두었다. 구체적 내용범주와 내용은 다음과 같다.

〈표 13-7〉 신체운동 · 건강 영역의 내용범주와 내용

내용범주	내용
신체 인식하기	• 감각능력 기르고 활용하기 • 신체를 인식하고 움직이기
신체 조절과 기본 운동하기	• 신체 조절하기 • 기본 운동하기
신체 활동에 참여하기	• 자발적으로 신체 활동에 참여하기 • 바깥에서 신체 활동하기 • 기구를 이용하여 신체 활동하기
건강하게 생활하기	• 몸과 주변을 깨끗이 하기 • 바른 식생활하기 • 건강한 일상생활하기 • 질병 예방하기
안전하게 생활하기	• 안전하게 놀이하기 • 교통안전 규칙 지키기 • 비상 시 적절히 대처하기

(2) 의사소통

의사소통 영역은 일상생활에 필요한 의사소통 능력과 바른 언어 사용 습관을 기르는 것을 목표로 한다. 이에 듣기, 말하기, 읽기, 쓰기의 네 가지 내용범주에 따라 다른 사람의 말을 주의 깊게 듣는 태도와 이해하는 능력을 기르고, 자신의 생각과 느낌을 말하는 능력을 기르며, 글자와 책에 친숙해지는 경험을 통해 글자 모양을 인식하고 읽기에

〈표 13-8〉 의사소통 영역의 내용범주와 내용

내용범주	내용
듣기	• 낱말과 문장 듣고 이해하기 • 이야기 듣고 이해하기 • 동요, 동시, 동화 듣고 이해하기 • 바른 태도로 듣기
말하기	• 낱말과 문장으로 말하기 • 느낌, 생각, 경험 말하기 • 상황에 맞게 바른 태도로 말하기
읽기	• 읽기에 흥미 가지기 • 책 읽기에 관심 가지기
쓰기	• 쓰기에 관심 가지기 • 쓰기 도구 사용하기

흥미를 가지는 것에 중점을 두었다. 또한 말과 글의 관계를 알고 자신의 생각, 느낌, 경험을 글로 표현하는 데 관심을 가지도록 구성되어 있다.

(3) 사회관계

사회관계는 자신을 존중하고 다른 사람과 더불어 생활하는 능력과 태도를 기르는 것에 목적을 둔다. 이 영역에서는 자신을 소중히 여기며 자율성을 기르고, 자신과 타인의 감정을 알고, 자신의 감정을 적절하게 표현하고 조절할 수 있으며, 가족과 화목하게 지내고 서로 협력하는 것에 중점을 두었다. 더불어 친구, 공동체 구성원들과 서로 돕고, 예의, 규칙 등 사회적 가치를 알고 지키며, 우리 동네, 우리나라, 다른 나라에 관심을 가질 수 있도록 내용이 구성되어 있다.

〈표 13-9〉 사회관계 영역의 내용범주와 내용

내용범주	내용
나를 알고 존중하기	• 나를 알고, 소중히 여기기 • 나의 일 스스로 하기
나와 다른 사람의 감정 알고 조절하기	• 나와 다른 사람의 감정 알고 표현하기 • 나의 감정 조절하기

가족을 소중히 여기기	• 가족과 화목하게 지내기 • 가족과 협력하기
다른 사람과 더불어 생활하기	• 친구와 사이좋게 지내기 • 공동체에서 화목하게 지내기 • 사회적 가치를 알고 지키기
사회에 관심 갖기	• 지역사회에 관심 갖고 이해하기 • 우리나라에 관심 갖고 이해하기 • 세계 여러 문화에 관심 가지기

(4) 예술경험

　예술경험은 유아가 아름다움에 관심을 가지고 예술경험을 즐기며, 창의적으로 표현하는 능력을 기르는 것을 목표로 한다. 유아들이 자연과 주변 환경에서 발견한 아름다움과 예술적 요소에 관심을 갖고 탐색하며, 자신의 생각과 느낌을 음악, 움직임과 춤, 미술, 극놀이를 통해 창의적으로 표현하는 것을 즐기는 것에 중점을 두었다. 이외에도 자연과 다양한 예술 작품을 감상하며, 풍부한 감성과 심미적 태도를 기를 수 있도록 내용을 구성하였다.

〈표 13-10〉 예술경험 영역의 내용범주와 내용

내용범주	내용
아름다움 찾아보기	• 음악적 요소 탐색하기 • 움직임과 춤 요소 탐색하기 • 미술적 요소 탐색하기
예술적 표현하기	• 음악으로 표현하기 • 움직임과 춤으로 표현하기 • 미술활동으로 표현하기 • 극놀이로 표현하기 • 통합적으로 표현하기
예술 감상하기	• 다양한 예술 감상하기 • 전통예술 감상하기

(5) 자연탐구

자연탐구 영역은 유아들이 호기심을 가지고 주변세계를 탐구하며, 일상생활에서 수학적, 과학적으로 생각하는 능력과 태도를 기르는 것을 목표로 하였다. 이를 위해 주변의 사물과 자연 세계에 대해 알고자 하는 호기심을 가지고 탐구하는 태도를 기르며, 생활 속의 여러 상황과 문제를 논리, 수학적으로 이해하고 해결하기 위한 기초 능력을 기를 수 있도록 구성되어 있다. 또한 주변의 관심 있는 사물과 생명체 및 자연현상을 탐구하기 위한 기초 능력을 기르는 것에 중점을 두었다.

〈표 13-11〉 **자연탐구 영역의 내용범주와 내용**

내용범주	내용
탐구하는 태도 기르기	• 호기심을 유지하고 확장하기 • 탐구과정 즐기기 • 탐구기술 활용하기
수학적 탐구하기	• 수와 연산의 기초개념 알아보기 • 공간과 도형의 기초개념 알아보기 • 기초적인 측정하기 • 규칙성 이해하기 • 기초적인 자료 수집과 결과 나타내기
과학적 탐구하기	• 물체와 물질 알아보기 • 생명체와 자연환경 알아보기 • 자연현상 알아보기 • 간단한 도구와 기계 활용하기

1. 표준보육과정은 어린이집에 다니는 0~5세 영유아들에게 국가 수준에서 제공하는 보편적이고 공통적인 보육의 목표와 내용을 제시하는 것을 말한다. 한편, 누리과정은 대한민국의 3~5세 유아라면 누구나 누릴 수 있도록 국가가 공정한 보육과 교육의 기회를 보장하는 제도를 말한다.

2. 표준보육과정은 영유아의 심신의 건강과 전인적 발달을 도와 행복을 도모하며 민주시민의 기초를 형성하는 것에 목적을 두고 영유아에 대한 철학적, 학문적, 발달적 경험에 근거하여 방향과 체계가 구성되었다. 한편, 누리과정은 유아의 심신과 건강의 조화로운 발달을 도모해 민주시민으로서 성장할 수 있도록 기초를 형성하는 데 목적을 두고 여섯 가지의 기본방향이 제시되어 있다.

3. 0~2세 표준보육과정의 영역은 기본생활, 신체운동, 의사소통, 사회관계, 예술경험, 자연탐구의 여섯 가지 영역으로 구성되어 있으며, 3~5세 누리과정의 영역은 신체운동 · 건강, 의사소통, 사회관계, 예술경험, 자연탐구의 다섯 개 영역으로 구성되어 있다.

1. 표준보육과정에 대해 바르게 설명한 것은?
   ① 표준보육과정은 3~5세만을 위한 보육프로그램이다.
   ② 표준보육과정은 0~1세, 2세, 3~5세 보육과정(누리과정 포함)으로 구성되어 있다.
   ③ 0~1세 보육과정과 2세 보육과정은 신체운동 · 건강, 의사소통, 사회관계, 예술경험, 자연탐구영역으로 구성되어 있다.
   ④ 0~1세, 2세 세부 내용은 연령별 세부 내용이고, 3~5세 세부 내용은 수준별 세부 내용이다.

   해설　표준보육과정은 0~5세 영유아들에게 국가 수준에서 제공하는 보편적이고 공통적인 보육의 목표와 내용을 제시하는 보육 프로그램이다. 따라서 0~1세, 2세, 3~5세로 구성되어 있으며, 0~1세, 2세는 기본생활, 신체운동, 의사소통, 사회관계, 예술경험, 자연탐구의 영역으로 구성되어 있다. 또한 세부 내용은 0~1세, 2세는 수준별로 나뉘어 있고, 3~5세는 연령별로 나뉘어 있다.

2. 누리과정에 대해 바르게 설명한 것은?

① 누리과정은 5세를 위한 국가수준의 프로그램이다.

② 누리과정은 신체운동 · 건강, 의사소통, 사회관계, 예술경험, 탐구생활로 이루어져 있다.

③ 누리과정의 목적은 유아의 심신과 건강의 조화로운 발달을 도모해 민주시민으로서 성장해 나아갈 수 있는 기초를 형성하는 것이다.

④ 누리과정은 표준보육과정 이후 어린이집에서만 받게 되는 프로그램이다.

해설 누리과정은 3~5세를 위한 국가수준의 프로그램으로 유치원과 어린이집에 다니는 모든 유아에게 적용되며, 신체운동 · 건강, 의사소통, 사회관계, 예술경험, 자연탐구로 구성되어 있다.

3. 다음 중 누리과정의 영역이 바르게 구성된 것은?

① 건강생활–사회관계–의사소통–예술경험–탐구생활

② 건강생활–사회생활–표현생활–언어생활–탐구생활

③ 신체운동 · 건강–사회생활–표현생활–기본생활–자연탐구

④ 신체운동 · 건강–의사소통–사회관계–예술경험–자연탐구

해설 누리과정은 신체운동 · 건강, 의사소통, 사회관계, 예술경험, 자연탐구로 구성되어 있다.

4. 다음 〈보기〉는 무슨 영역에 대한 설명인가?

〈보기〉

– 음악적 요소 탐색하기

– 극놀이로 표현하기

– 전통예술 감상하기

① 예술경험   ② 자연탐구

③ 의사소통   ④ 사회관계

해설 예술경험은 유아가 아름다움을 찾아보며, 예술적으로 표현하고 예술을 감상할 수 있도록 내용이 구성되어 있다. 구체적으로, 아름다움 찾아보기는 음악적 요소 탐색하기, 움직임과 춤 요소 탐색하기, 미술적 요소 탐색하기이며, 예술적 표현하기 범주의 내용은 음악으로 표현하기, 움직임과 춤으로 표현하기, 미술활동으로 표현하기, 극놀이로 표현하기, 통합적으로 표현하기이다. 또한 예술 감상하기 범주의 구체적 내용으로는 다양한 예술 감상하기, 전통예술 감상하기가 있다.

5. 누리과정의 기본방향으로 옳지 <u>않은</u> 것은?

① 질서, 배려, 협력 등 기본생활습관과 바른 인성을 기르는 데 중점을 두었다.

② 사람과 자연을 존중하고, 우리 문화를 이해하는 데 중점을 두었다.

③ 4세의 발달 특성만을 고려하여 구성하였다.

④ 초등학교 교육과정과 연계성을 고려하였다.

해설 누리과정의 기본방향은 총 여섯 가지로 구분된다. 첫째, 질서, 배려, 협력 등 기본생활습관과 바른 인성을 기르는 데 중점을 두어 구성한다. 둘째, 자율성과 창의성을 기르는데 중점을 두고, 전인발달을 이루도록 구성한다. 셋째, 사람과 자연을 존중하고, 우리 문화를 이해하는 데 중점을 두어 구성한다. 넷째, 3~5세아의 발달 특성을 고려하여 연령별로 구성한다. 다섯째, 신체운동·건강, 의사소통, 사회관계, 예술경험, 자연탐구의 다섯 개 영역을 중심으로 구성한다. 여섯째, 초등학교 교육과정과 0~2세 표준보육과정과의 연계성을 고려하여 구성한다.

정답 1. ②, 2. ③, 3. ④, 4. ①, 5. ③

실 제 편

활동 1 몸으로 표현해요

● **관련 주제:** 유치원(어린이집)과 친구

● **연령:** 5세

● **누리과정 활동영역:** 신체운동 · 건강

● **활동목표:** 우리 반 이름을 친구들과 협력하여 신체로 표현할 수 있다.

　　(신체운동 · 건강〉신체조절과 기본운동하기〉신체조절하기〉신체 각 부분의 움직임을 조절한다)

● **활동자료:** 우리 반 이름표, 사진기

활동방법	
도입	1. 우리 반에 대해 이야기를 나눈다. 　– 새로운 친구들을 만났어요. 　– 옆에 짝꿍 이름은 무엇인가요? 　– 우리 반 이름은 무엇인가요?
전개	2. 우리 반 이름을 신체로 표현한다. 　– 우리 반 이름을 친구들의 몸으로 표현하려면 어떻게 해야 할까요? 　– 친구들과 협력하여 몸으로 표현해 볼까요? 　　* 친구들과 조를 나눈다. 　　* 조에서 표현해야 하는 글자를 나눈다. 　　* 조별로 역할을 나눠 신체로 표현해 본다. 　– 친구들의 모습을 사진으로 담아 볼까요? 　　* 사진을 찍어 인화를 한다.

3. 찍은 사진으로 이야기를 나누어 본다.

- 여기 사진 속 친구들은 어떤 글자를 표현한 것 같나요?

- 우리 반 이름을 만들기 위해서는 어떻게 사진을 나열해야 할까요?

- 사진으로 우리 반 이름을 만들어 볼까요?

4. 활동에 대해 이야기를 나눈다.

- 오늘은 친구들과 협력하여 우리 반 이름을 만들어 봤어요.

마무리

- 가장 만들기 어려운 글자는 무엇이었나요?

- 가장 쉬운 글자는 무엇이었나요?

- 친구들이 더 필요한 글자가 있을 때는 어떻게 했나요?

참고사항	친구들과 협력하여 문제해결을 할 수 있도록 격려한다.
확장활동	우리 반의 다양한 영역 이름(음률, 수과학, 언어 등)을 몸으로 표현해 본다.

활동 2   문자도

● **관련 주제:** 생활도구

● **연령:** 5세

● **누리과정 활동영역:** 의사소통

● **활동목표:** 여러 가지 쓰기도구에 관심을 갖고 자신의 이름을 표현해 본다.

　(의사소통〉쓰기〉쓰기에 관심 가지기〉여러 가지 쓰기도구에 관심을 가진다)

● **활동자료:** 다양한 문자도 그림자료, 이름활동지, 각종 필기도구(사인펜, 색연필, 크레파스

　등)

활동방법	
도입	1. 문자도에 대해 이야기를 나눈다. 　– (문자도 그림자료) 친구들은 이것을 본 적이 있나요? 　– 이건 무엇일까요? 　– 문자도라고 하는 거예요. 　– 문자도(文字圖)는 '효(孝), 제(悌), 충(忠), 신(信), 예(禮), 의(義), 염(廉), 치(恥)' 여덟 자를 여러 가지로 변형시킨 거예요.
전개	2. 이름 속 뜻에 대해 이야기 나눈다. 　– 우리 모두는 이름을 가지고 있어요. 　– 우리의 이름에는 어떤 의미가 숨어 있을까요? 　– 선생님의 성은 ○, 이름은 ○○이에요. 　　선생님의 이름에는 ○○○○(이)라는 뜻이 숨어 있어요. 　– 자기의 이름 뜻을 발표해 볼까요?

	3. 이름활동지를 통해 문자도를 경험한다. 　－ 우리 모두의 이름도 문자도로 표현할 수 있어요. 　－ 친구들의 이름을 멋진 문자도로 표현해 보세요.
마무리	4. 이름 문자도를 발표한다. 　－ 자신이 만든 이름 문자도를 친구들에게 보여 줄까요? 　－ 다양한 친구의 이름 문자도를 전시해 볼까요? 　－ 문자도를 만들어 보니 어땠나요?
참고사항	유아들의 이름 뜻풀이를 미리 조사한다.
확장활동	다양한 곡식을 활용해 이름 문자도를 입체적으로 꾸며 본다.

키질을 해요

활동 **3**

- 🍎 **관련 주제:** 가을
- 🍎 **연령:** 5세
- 🍎 **누리과정 활동영역:** 사회관계
- 🍎 **활동목표:**
  - • 가을 곡식을 거두는 방법에 대해 안다.
  - • 친구들과 협동하여 키질을 경험한다.

    (사회관계〉다른 사람과 더불어 생활하기〉친구와 사이좋게 지내기〉친구와 협동하며 놀이한다)
- 🍎 **활동자료:** 키, 콩, 팥 등의 잡곡

활동방법	
도입	1. 가을에 대해 이야기를 나눈다. 　– 가을이 되면 무엇이 변할까요? 　– 나무도 예쁜 옷을 입고, 들판에는 많은 곡식이 열려요. 　– 가을에 볼 수 있는 곡식에는 무엇무엇이 있을까요? 　– 가을 곡식에 들어 있는 흙이나 돌 등은 어떻게 빼야 할까요?
전개	2. 키질에 대해 이야기를 나눈다. 　– (키를 보여 주며) 이게 무엇인지 아나요? 　– 키질이란 말을 들어 본 적이 있나요? 　– 키질은 곡식 안에 있는 흙이나 돌 등을 밖으로 내고, 곡식을 안으로 거두 　　어들이는 것을 말해요. 　* 선생님이 먼저 시범을 보인다.

	3. 키질을 경험한다. 　－ 친구들도 키질을 해 볼까요? 　－ 잡곡이 밖으로 나가지 않도록 조심해요.
마무리	4. 활동에 대해 이야기를 나눈다. 　－ 키질을 해 보니 어떤가요? 　－ 콩이나 팥이 밖으로 나갔나요? 　－ 어떤 부분이 가장 재미있었나요? 　－ 어떤 부분이 가장 어려웠나요?
참고사항	키질을 하기 전 곡식에 대한 소중한 마음을 갖도록 격려한다.
확장활동	두 개의 조를 나눠 키를 이용해 곡식 나르기 게임을 할 수 있다.

나는 피자배달부

● 관련 주제: 교통기관

● 연령: 5세

● 누리과정 활동영역: 예술경험

● 활동목표: 모형 오토바이를 타고, 신문지 미로를 통과한다.

(예술경험〉예술적 표현하기〉극놀이로 표현하기〉소품, 배경, 의상 등을 사용하여 협동적으로 극놀이를 한다)

● 활동자료: 신문지, 부드러운 끈, 백업, 피자, 피자박스

활동방법	
도입	1. 음식배달에 대해 이야기를 나눈다. – 친구들은 음식을 배달해서 먹은 적이 있나요? – 어떨 때 음식을 배달해서 먹나요? – 어떤 음식들을 배달하나요?
전개	2. 신문지 미로를 만든다. – 오늘은 친구들과 피자배달놀이를 해 볼 거예요. – 피자를 배달하기 위해서는 미로를 통과해야 돼요. – 신문지와 끈을 활용해 미로를 만들어 볼까요? 　* 끈을 공중에 고정하고, 신문지를 넣어 미로를 만든다. 　* 아이의 시야를 가리지 않도록 아이들의 키에 맞춰 신문지 높이를 조절한다.

	3. 모형 오토바이로 피자를 배달한다. 　– 이것은 무엇일까요? (모형 오토바이) 　　* 모형 오토바이는 백업을 활용하여 만든다. 　– 오토바이를 타고 피자를 배달해 볼까요? 　– 미로를 통과하기 위해서 우리가 조심해야 할 점은 무엇일까요?
마무리	4. 활동에 대해 이야기를 나눈다. 　– 피자를 배달해 보니 어땠나요? 　– 미로를 한 번에 잘 빠져나갈 수 있었나요? 　– 가장 빠르게 피자를 배달한 친구는 누구였나요? 　– 피자배달을 할 때 조심할 것은 무엇이었나요?
참고사항	신문지 미로는 복잡하지 않게 하며, 선생님이 먼저 시범을 보인 후 활동을 시작한다.
확장활동	신호등과 교통표지판을 만들어 교통규칙을 준수하는 활동을 할 수 있다.

 **활동 5   나는 무엇을 잡았을까?**

🍎 **관련 주제:** 나와 가족

🍎 **연령:** 5세

🍎 **누리과정 활동영역:** 자연탐구

🍎 **활동목표:** 나와 친구들의 돌잡이에 대해 알아볼 수 있다.

(자연탐구〉수학적 탐구하기〉기초적인 자료수집과 결과 나타내기〉그림, 사진, 기호나 숫자를 활용

해 그래프로 나타내 본다)

🍎 **활동자료:** 돌잡이 사진, 돌잡이 교구, 그래프, 필기도구(색연필, 연필, 크레파스 등)

활동방법	
도입	1. 나의 어릴 때 모습에 대해 이야기를 나눈다. – 친구들은 어렸을 적 모습이 생각이 나나요? – 첫 번째 생일은 어땠나요? – 오늘은 친구들과 자신의 첫 번째 생일에 대해 이야기를 나눠 보도록 해요.
전개	2. 돌잡이에 대해 이해할 수 있다. – 여기 선생님이 가지고 있는 물건이 무엇일까요? – 돌잡이에 대해 들어 본 적 있나요? – 친구들은 돌잡이 때 무엇을 잡았나요? – 돌잡이 물건에는 무엇무엇이 있을까요? – 돌잡이 물건의 의미에 대해 이야기를 나눈다.

	3. 우리 반 친구들의 돌잡이 물건에 대해 알아본다. 　－ 우리 반 친구들은 어떤 돌잡이 물건을 잡았을까요? 　－ 물건별로 알아볼까요? 　－ 막대그래프를 활용해 친구들의 돌잡이 물건을 조사한다.
마무리	4. 활동에 대해 이야기를 나눈다. 　－ 우리 반 친구들이 가장 많이 잡은 물건은 무엇일까요? 　－ 가장 적게 잡은 물건은 무엇일까요? 　－ 지금 돌잡이 물건을 잡는다고 한다면 어떤 물건을 잡고 싶은가요? 　－ 그 이유는 무엇인가요?
참고사항	사전 가정통신문을 통해 돌잡이 사진을 제공받는다. 하지만 경우에 따라 돌잡이를 하지 않은 친구들이 있으므로 각별히 유의한다.
확장활동	돌잡이 활동 전 친구들의 돌사진을 벽면에 게시하고, 어떤 친구의 어릴 적 모습인지 예측해 보도록 한다.

활동 6   물의 여행

● **관련 주제:** 환경과 생활
● **연령:** 5세
● **누리과정 활동영역:** 의사소통
● **활동목표:**

  • 동화 속에 포함된 단어나 어휘를 이해하고 활용할 수 있다.

  • 자신의 생각과 느낌을 그림과 글로 표현할 수 있다.

   (의사소통〉듣기〉동요, 동시, 동화 듣고 이해하기, 말하기〉느낌, 생각, 경험 말하기)

● **활동자료:** 그림동화『물의 여행』, 동화 재구성용 색지, 그림도구, 필기도구

활동방법	
도입	1. 우리 일상생활과 뗄 수 없는 '물'에 관해 이야기 나눈다. 　– '물'을 이용해서 할 수 있는 것은 무엇일까요? 　– (동화책의 제목『물의 여행』을 보며) 어디로 여행을 갈 수 있을까요? 　– 여행을 하면서 물은 어떻게 변하게 될까요?
전개	2. 그림동화를 듣는다. 　– 물은 어디로 흘러갔나요? 　– 여행을 하면서 누구를 만났나요? 　– 친구들도 물처럼 자유롭게 여행을 한다면 어디로 가고 싶은가요? 　– 물이 갈 수 없는 곳이 있다면 어디일까요?

	3. 『물의 여행』 뒷부분을 재구성해 본다.
	4. 내가 '물'이라면 어디로 가고 싶은지 그림과 글로 재구성한다.
	– 한 명씩 나와서 이야기해 봅시다.
	– 본인이 꾸민 색지를 색깔별로 모아서 벽에 붙여 보고, 이야기를 재미있게 지어 봅시다.
마무리	5. 『물의 여행』 뒷부분을 구성하면서 어려웠던 점과 즐거웠던 부분에 대해서 이야기를 나눈다.
	– 더 가 보고 싶은 곳이 있나요?
	– 혹시 물이 갈 수 없는 곳도 있을까요?
	–오늘 활동 중 아쉬웠던 부분은 무엇인가요?
참고사항	다양한 색지 사용이 가능하도록 여러 종류를 구비한다.
확장활동	• 동화 속의 단어나 어휘를 이해하고 있는지를 살펴보고, 단어카드를 만들어서 짧은 문장 짓기를 할 수 있다. • 물의 소중함을 다시 생각해 보기 위하여 물이 귀한 아프리카 지역의 사진들을 언어영역에 게시한다.

그런 게 친구야

- 🍎 **관련 주제:** 동식물과 자연
- 🍎 **연령:** 5세
- 🍎 **누리과정 활동영역:** 사회관계
- 🍎 **활동목표:**
  - 친구들의 소중함에 대해 안다.
  - 즐거운 마음을 가지고 참여한다.
  - 친구의 소중함을 알 수 있다.

    (사회관계>다른 사람과 더불어 생활하기>친구와 사이좋게 지내기)
- 🍎 **활동자료:** 동시판, 동시그림판

활동방법	
도입	1. 소중한 친구에 대해 이야기 나눈다. – 여러분에게 소중한 것이 있다면 무엇인가요? – 왜 소중한 것일까요? – 그 소중한 것이 없다면 어떻게 될까요?
전개	2. 〈친구야 나는 너를 사랑해〉 동요 또는 〈그런 게 친구야〉라는 동시를 읽고 이야기를 나눈다. 예시 그런 게 친구야 친구 때문에 재미있고 친구 때문에 심심하고

	그런 게 친구야 친구 때문에 깔깔 웃고 친구 때문에 앙앙 울고 그런 게 친구야 친구니까 싸우고 친구니까 용서하고 그래서 친구야, 그런 게 친구야 – 다 같이 읽어 볼까요? – 남자, 여자 번갈아 가면서 읽어 볼까요? – 친구랑 다툰 적이 있나요? 다투고 나면 어떤 기분이 드나요? – 친구랑 재미있게 놀았던 기억도 있나요? – 친구에게 고마울 때는 언제인가요?
마무리	3. 동시를 다시 읽고 친구의 소중함에 대해 다시 생각해 본다. – 동시를 읽고 어떤 느낌이 들었나요? – 동시에서 어떤 부분이 가장 기억에 남나요? – 나는 어떤 친구가 되어야겠다는 생각이 드나요?
참고사항	• 동시를 듣고 자신의 느낌과 생각을 표현하는지 평가한다. • 친구에게 관심을 가지고 소중히 여기는 마음을 갖는지 평가한다.
확장활동	• 친구와 마주보며 동시를 읽어 주고, 서로 좋은 친구가 되자고 약속한다.

활동 **8**

화산폭발

● **관련 주제**: 환경과 생활

● **연령**: 5세

● **누리과정 활동영역**: 자연탐구

● **활동목표**:

  • 화산폭발로 마그마가 분출하는 모습을 살펴볼 수 있다.

  • 땅속에 숨어 있는 마그마에 대해 관심을 가진다.

  • 이산화탄소가 만들어질 수 있음을 안다.

    (자연탐구〉탐구하는 태도 기르기〉호기심을 유지하고 확장하기〉환경과 자연에 관심 가지기)

● **활동자료**: 요구르트 병, 찰흙, 식초, 물감, 세제, 소다, 쟁반

활동방법	
도입	1. 사진자료를 보며 화산활동에 대해 이야기 나눈다. 　– 화산폭발을 본 적이 있나요? 　– 언제 화산이 폭발할까요?
전개	2. 준비물을 올려 두고 다 같이 잘 볼 수 있도록 실험을 준비한다. 　* 쟁반에 요구르트 병을 올려놓고 찰흙으로 산을 만든다.

	* 컵의 파란 줄까지 식초, 빨간 줄까지 주방용 세제를 넣고 빨간색 물감을 넣고 섞는다. 
	* 요구르트 병 안에 식초, 주방용 세제, 빨간색 물감을 섞은 액체를 넣는다. 
	* 소다 3스푼을 넣는다. 
	– 빨간 거품이 찰흙으로 만든 산 위로 솟아오르는데, 실제로 화산폭발이라 면 이것을 무엇이라고 할까요? – 어떻게 이런 폭발이 생길까요? – 지금도 이런 화산폭발이 일어나고 있을까요?
마무리	3. 이산화탄소가 만들어지는 과정을 말해 준다. – 우리 주변에서 이렇게 기포가 발생하는 것이 있다면 무엇일까요? – 이산화탄소를 만들지 않고서 기포를 생기게 할 방법이 또 있을까요? – 이런 활동을 할 때 주의해야 할 점은 무엇일까요?
참고사항	• 유아가 활동을 하면서 땅속 환경과 자연의 변화에 관심을 가질 수 있도록 한다. • 화산 분출물이 흘러나오므로 반드시 쟁반에 올려놓고 한다.
확장활동	• 식초(산성)와 소다(염기성)를 이용한 다양한 활동을 준비하여 자연탐구영역 에 비치하고 직접 산성과 염기성이 만나면 생기게 되는 중화반응을 알아보 게 한다.

 **활동 9** 동물원에 가요

● **관련 주제:** 동식물과 자연

● **연령:** 5세

● **누리과정 활동영역:** 신체운동 · 건강

● **활동목표:**

• 동물들의 특징과 생활에 대해 관심을 가진다.

• 신체를 이용하여 동물의 움직임을 자유롭게 표현한다.

• 동물의 특징과 생활에 관심을 갖고, 움직임을 자유롭게 표현할 수 있다.

(신체운동 · 건강〉신체 인식하기〉신체를 인식하고 움직이기)

● **활동자료:** 다양한 동물사진자료, 융판, 그림자 동물자료, 울타리, 동요음원

활동방법	
도입	1. 동물원에 대해 이야기 나눈다. – 동물원에 가 본 적이 있나요? – 어떤 동물을 보았나요? – 동물 생김새를 퀴즈로 내면 맞힐 수 있나요?
전개	2. 동물원 견학을 가기 전, 여러 동물의 특징과 생활, 움직임에 대해 이야기를 나눈다. – 울타리 안에 있는 동물 그림자를 보고 알아맞힐 수 있나요? – (여러 동물의 특징을 퀴즈로 낸다) 어흥 하고 무서운 소리를 내고, 몸에는 얼룩 모양의 줄무늬가 있으며, 얼룩말이나 다른 동물을 잡아먹는 숲 속의 왕은 누구일까요?

	− 호랑이가 걸어가면서 무서운 소리를 내는 모습을 표현해 볼 수 있나요? − 동물원에 사는 동물들은 원래 어디서 살다가 온 것일까요? − 음악에 맞춰서 좋아하는 동물의 움직임을 재미있게 표현해 볼 수 있나요?
마무리	3. 동물들이 먹이를 먹는 모습을 표현해 본다. 　− 호랑이가 얼룩말을 먹을 때는 어떤 모습일까요? 　− 사슴이 풀이나 열매를 먹을 때는 어떤 모습일까요? 　− 다양한 동물의 울음소리와 먹이 먹는 모습을 짝을 지어 표현해 보도록 합시다.
참고사항	• 동물의 모습과 특징을 몸으로 표현할 때 자유롭게 움직일 수 있도록 공간을 충분히 확보한다. • 신체를 이용하여 동물의 움직임을 자유롭게 표현하는지 평가한다.
확장활동	• 동물가면이나 머리띠 등을 준비하면 더욱 활발한 활동이 전개될 수 있다. • 미술영역에서 동물머리띠를 만들어 볼 수 있도록 재료를 비치해 놓는다.

꿀꿀이네 아이스크림 가게

● **관련 주제:** 환경과 생활

● **연령:** 5세

● **누리과정 활동영역:** 예술경험

● **활동목표:**

　• 동화를 듣고 건강한 식습관에 대해 생각한다.

　• 동극활동에 적극 참여한다.

　• 역할에 어울리는 말과 행동을 해 본다.

　• 역할에 맞게 말과 행동을 하며, 예술적으로 표현하는 방법을 알 수 있다.

　　(예술경험〉예술적 표현하기〉동화 듣고 이해하기〉극놀이로 표현하기)

● **활동자료:** 머리띠(곰돌이, 토끼, 코끼리, 꿀꿀이, 고양이), 병원 간판, 아이스크림 가게 배경 그림

활동방법	
도입	1. 동화 『꿀꿀이네 아이스크림 가게』의 표지를 보고 동화 내용을 예상해 본다. 　– 어떤 동화일 것 같아요? 　– 동화에 누가 나올까요?
전개	2. 동화를 듣고, 등장인물을 정하여 동극을 준비한다. 　– 아주 무더운 여름날이었습니다. 꿀꿀이는 소나무 숲속 마을에 맛있는 아이스크림 가게를 차렸어요. 　꿀꿀이: 히히 아이스크림 사세요! 아이스크림 사세요! 시원하고 맛있는 아이스크림 있습니다.

– 꿀꿀이가 아이스크림 가게를 차렸다는 소식을 듣고, 맨 처음 곰돌이가 찾아
왔습니다.

꿀꿀이: 안녕하세요? 무엇을 드릴까요?

곰돌이: 안녕하세요? 음…… 저는 수박맛으로 주세요.

꿀꿀이: 네. 여기 있습니다.

– 수박맛 아이스크림을 먹으며 곰돌이는 말했습니다.

곰돌이: 움냐움냐 이야! 시원하고 정말 맛있다.

– 곰돌이는 아이스크림을 다 먹고 집으로 돌아갔어요.

꿀꿀이: 으음? 시원하고 맛있다고? 그럼 나도 한 개 먹어 볼까?

– 곰돌이가 먹는 것을 본 꿀꿀이는 자기도 수박맛 아이스크림을 한 개 먹었습
니다.

꿀꿀이: 으히히히 정말 시원하고 맛있잖아?

– 두 번째 손님으로는 야옹이가 왔어요.

꿀꿀이: 안녕하세요? 무엇을 드릴까요?

야옹이: 안녕하세요? 이 오렌지 아이스크림으로 주세요.

– 오렌지맛 아이스크림을 먹으며 야옹이는 말했습니다.

야옹이: 아! 달콤하다. 이렇게 맛있는 오렌지 아이스크림은 처음이야!

– 그렇게 야옹이는 아이스크림을 맛있게 다 먹고 집으로 돌아갔어요.

꿀꿀이: 뭐, 달콤하다고? 얼마나 달콤하길래 야옹이가 저렇게 좋아하지? 나
도 한 개 먹어 봐야겠다.

– 야옹이가 맛있게 먹는 것을 본 꿀꿀이는 자기도 오렌지맛 아이스크림을 한
개 먹었습니다.

꿀꿀이: 우와! 정말 달콤하네? 역시 먹어 보길 잘했어.

– 꿀꿀이가 다 먹고 나자, 이번에는 세 번째 손님인 토순이가 왔습니다.

꿀꿀이: 안녕하세요? 무엇을 드릴까요?

토순이: 안녕하세요? 저는 상큼한 딸기맛 아이스크림 주세요.

– 딸기맛 아이스크림을 먹으며 토순이는 말했습니다.

토순이: 역시 아이스크림은 딸기맛 아이스크림이지. 너무너무 상큼하고 맛
있어!

– 토순이는 아이스크림을 다 먹고 집으로 돌아갔어요.

꿀꿀이: 딸기맛 아이스크림이 상큼하다 이거지? 나도 한 개만 맛을 볼까?

- 토순이가 맛있게 먹는 것을 본 꿀꿀이는 자기도 딸기맛 아이스크림을 한 개 먹었습니다.
- 꿀꿀이가 딸기맛 아이스크림을 다 먹고 나자, 이번에는 네 번째로 숲속 나라 의사 선생님인 코끼리 아저씨가 오셨습니다.

꿀꿀이: 코끼리 의사 선생님, 안녕하세요? 무엇을 드릴까요?

코끼리: 안녕하세요? 저는 아주 달콤한 초콜릿맛 아이스크림으로 주세요.

- 초콜릿맛 아이스크림을 먹으며 코끼리 의사 선생님은 말했습니다.

코끼리: 달콤한 초콜릿맛 아이스크림이 최고야.

- 코끼리 의사 선생님은 아이스크림을 다 먹은 후 집으로 돌아갔어요.

꿀꿀이: 그러고 보니 달콤한 초콜릿맛 아이스크림만 못 먹어 봤잖아?

- 꿀꿀이는 자기도 초콜릿맛 아이스크림 한 개를 정신없이 먹었습니다. 그런데 갑자기 꿀꿀이가 얼굴을 찡그리는 게 아니겠어요? 꿀꿀이는 배가 아픈 것 같았어요.

꿀꿀이: (배를 움켜잡으며) 아이고, 배야! 배가 너무 아파요.

- 꿀꿀이는 커다랗게 소리쳤어요. 그러자 코끼리 의사 선생님께서 달려오셨습니다.

코끼리: 이런, 아이스크림을 너무 많이 먹어서 배탈이 났군. 꿀꿀아…… 꿀꿀…… 음…… 어……

코끼리: 아야! 이런, 아이스크림을 너무 많이 먹어서 배탈이 났군. 꿀꿀아, 아이스크림은 조금만 먹어야 해요. 오늘은 주사를 한 대 맞고 가세요.

꿀꿀이: 으앙! 너무 아파요.

- 그러고 나서 코끼리 의사 선생님은 꿀꿀이의 아픈 배를 다 낫게 고쳐 주셨습니다.

꿀꿀이: 고맙습니다. 의사 선생님! 이제부터 찬 음식은 조금만 먹을게요.

- 다음 날 소나무 숲 꿀꿀이의 아이스크림 가게에 어제 왔던 야옹이가 다시 찾아 왔어요.

꿀꿀이: 안녕하세요? 또 오셨네요. 무엇을 드릴까요?

야옹이: 어제 먹었던 오렌지 아이스크림 하나 또 주세요.

꿀꿀이: 네, 여기 있습니다. 그런데 아이스크림은 하루에 한 번만 먹어야 하는 거 알지요? 너무 많이 먹으면 배가 아프거든요~

야옹이: 네 알겠어요. 고맙습니다~

	– 어떤 역할을 하고 싶은가요?
	– 동극을 할 때 지켜야 할 약속이 있을까요?
마무리	3. 동극을 한 후 평가를 한다.
	– 동극을 볼 때 약속을 잘 지켰나요?
	– 어떤 부분을 바꾸면 동극이 더 재미있을까요?
	– 역할을 바꿔서 하고 싶은 친구가 있나요?
참고사항	• 동화를 듣고 동극을 위한 소품을 유아들과 함께 준비한다.
	• 동극 대본을 유아들과 함께 각색한다.
	• 다양한 소품을 활용하여 창의적인 활동이 되도록 유도한다.
확장활동	• 동화의 뒷이야기를 꾸며 보고 발표하게 한다.

활동 11 **마음대로 운동해요**

- 🍎 **관련 주제**: 기계와 생활
- 🍎 **연령**: 5세
- 🍎 **누리과정 활동영역**: 신체운동 · 건강
- 🍎 **활동목표**: 주변의 생활도구를 탐색하고, 조작운동을 할 수 있다.

  (신체운동 · 건강)신체조절과 기본운동하기)신체조절하기)도구를 활용하여 여러 가지 조작운동

  을 한다)
- 🍎 **활동자료**: 다양한 운동도구(줄넘기, 훌라후프 등)

활동방법	
도입	1. 우리 주변 생활도구에 대해 이야기를 나눈다. – 우리 주변에는 다양한 도구가 많이 있어요. – 운동할 때 사용하는 도구들은 어떤 것이 있나요? – 도구를 활용해 운동을 한 적이 있나요?
전개	2. 도구의 이름과 사용방법에 대해 알아본다. – 이 도구의 이름은 무엇일까요? – 어떻게 사용하는 것일까요? – 이 도구를 활용해 친구들과 함께 놀이하는 방법은 없을까요? 3. 다양한 도구를 활용해 자유롭게 운동한다. – 바깥에 나가 도구를 활용해 자유롭게 운동해 볼까요? – 이번에는 훌라후프를 가지고 2명씩 짝지어 운동해 볼까요? – 줄넘기를 이으면 어떤 운동을 할 수 있을까요?

마무리	4. 활동에 대해 이야기를 나눈다. 　– 도구를 활용해 운동을 하니 어땠나요? 　– 도구는 왜 필요한 걸까요? 　– 도구 없이 어떻게 운동할 수 있을까요?
참고사항	친구들과 협력하여 운동할 수 있도록 격려한다.
확장활동	다양한 생활기계를 탐색하고, 기계의 움직임을 몸으로 표현해 본다.

 활동 **12**   감정을 나눠요

● **관련 주제:** 유치원(어린이집)과 친구

● **연령:** 5세

● **누리과정 활동영역:** 의사소통

● **활동목표:**

• 감정에 대해 알 수 있다.

• 다른 사람의 이야기를 듣고 다른 사람의 감정을 이해한다.

   (의사소통>듣기>이야기 듣고 이해하기>다른 사람의 이야기를 듣고 이해하기)

● **활동자료:** 브레인스토밍 활동지, 전지, 필기도구, 풀, 메모지

활동방법	
도입	1. 새로운 친구들에 대해 이야기한다. 　– 새로운 반이 되었어요. 　– 새로운 반이 되어 친구가 많이 생겼어요. 　– 친구들은 많이 생겼지만, 친구들의 속마음은 아직 잘 몰라요. 　– 모두 감정이 다르기 때문이에요.
전개	2. 감정에 대해 이야기한다. 　– 우리 친구들은 모두 '감정'이란 것이 있어요. 　– 감정이란 무엇일까요? 　– 감정은 우리 친구들이 속상하거나 화나거나 기쁘거나 할 때 느끼는 기분을 말해요. 　– 우리 친구들은 감정 하면 어떤 것이 가장 먼저 떠오르나요? 　– 친구들의 감정은 어떨까요?

	3. 감정에 대해 생각나는 것을 정리하고, 유목화한다.
	– 친구들과 감정 하면 생각나는 것들을 적어 보세요.
	– 친구들이 적은 감정에 대한 단어는 어떤 단어와 묶일까요?
	– 비슷하다고 생각되는 것들을 모아 볼까요?
마무리	4. 나와 친구의 감정이 다를 수 있음을 안다.
	– 오늘은 감정에 대해 이야기를 나눠 봤어요.
	– 나의 감정과 친구들의 감정들은 어땠나요?
	– 감정과 관련된 것으로는 무엇이 있었나요?
	– 슬픔은 나쁜 감정인가요?
	– 감정은 오랫동안 지속될까요?
참고사항	• 다양한 감정을 느낄 수 있는 상황을 제시해 사고를 확장할 수 있도록 격려한다.
	• 슬픔, 질투, 화남 등이 나쁜 감정이라고만 생각하지 않도록 주의한다.
확장활동	• 다양한 감정의 표정을 짓고 감정 맞히기 게임을 해 본다.
	• 갈등상황을 제시해 효과적으로 감정을 표현하는 방법에 대해 이야기를 나눈다.

 활동 **13**   물 그림을 그려요

● **관련 주제:** 건강과 안전
● **연령:** 5세
● **누리과정 활동영역:** 사회관계
● **활동목표:** 친구들과 협동하여 물그림을 그릴 수 있다.

  (사회관계〉다른 사람과 더불어 생활하기〉친구와 사이좋게 지내기〉친구와 협동하며 놀이한다)

● **활동자료:** 물총

활동방법	

도입	1. 날씨 변화에 대해 이야기한다.
	  – 여름에는 바깥에서 활동을 많이 해요.
	  – 여름이 되면 어떤 변화가 있나요?
	  – 여름이 되면 많이 하는 놀이로는 무엇이 있을까요?
	  – 친구들이 가장 좋아하는 놀이는 무엇인가요?

전개	2. 여름 날씨의 특징을 이해한다.
	  – 여름에 바깥에 얼음을 놓아두면 어떻게 될까요?
	  – 아이스크림을 놓아두면 어떻게 변할까요?
	  – 왜 이런 변화들이 일어나는 것일까요?
	
	3. 물그림을 그린다.
	  – 물을 이용하여 그림을 그린 적이 있나요?

	– 바깥에서 물로 그림을 그린다면 어떻게 될까요? – 종이에 물그림을 그린다면 어떻게 될까요? – 친구들과 협동하여 벽에 물그림을 그리고 변화과정을 살펴볼까요?
마무리	4. 활동에 대해 이야기를 나눈다. 　– 물그림을 그려 보니 어땠나요? 　– 물그림은 시간이 지나니 어떻게 변했나요? 　– 어떤 부분이 가장 재미있었나요? 　– 어떤 부분이 가장 어려웠나요?
참고사항	다양한 색을 활용하여 물그림을 그릴 수 있다.
확장활동	얼음을 실내와 실외에 두고 변화하는 과정을 비교해 볼 수 있다.

 미술관에 가면

● **관련 주제:** 우리나라

● **연령:** 5세

● **누리과정 활동영역:** 예술경험

● **활동목표:** 미술관에 대해 탐구하고, 다양한 역할을 나눠 참여한다.

  (예술경험〉예술적 표현하기〉미술활동으로 표현하기〉협동적인 미술활동에 참여하여 즐긴다)

● **활동자료:** 도화지, 필기도구, 그림, 화폐

활동방법	
도입	1. 미술관에 대해 이야기를 나눈다. – 친구들은 미술관을 가 본 경험이 있나요? – 미술관에는 무엇무엇이 있나요? – 미술관에 있는 사람들은 어떤 일을 하나요?
전개	2. 미술관 만들기 – 우리 반을 미술관으로 바꿔 볼까요? – 미술관으로 바꾸기 위해서는 무엇을 준비해야 할까요? – 역할을 나눠 볼까요? 3. 미술관 놀이하기 * 큐레이터, 화가, 미술관장, 화상의 역할을 해 본다. * 일정 시간이 지나면 역할을 바꿔 해 보도록 한다.

	* 활동이 끝나기 전 종료시간을 미리 알려 주어 활동을 조절할 수 있도록 한다. * 자유선택활동으로 진행하되 혼자놀이하고 있는 친구들은 함께 참여할 수 있도록 격려한다.
마무리	4. 활동에 대해 이야기를 나눈다. – 미술관 활동을 해 보니 어땠나요? – 어떤 역할이 가장 재미있었나요? – 미술관에서는 그림 외에도 조각, 공예품들도 볼 수 있어요. – 자신의 작품 중 어느 작품이 가장 인기가 있었나요?
참고사항	역할이 중첩되지 않도록 격려한다.
확장활동	그린 그림을 전시하고 누구를 그린 그림인지 예측하도록 해 본다.

무게와 길이를 재요

● **관련 주제:** 우리 동네

● **연령:** 5세

● **누리과정 활동영역:** 자연탐구

● **활동목표:** 일상생활 속 다양한 물건의 무게를 비교할 수 있다.

(자연탐구>수학적 탐구하기>기초적인 측정하기>일상생활에서 길이, 크기, 무게, 들이, 시간 등의

속성에 따라 비교하고 순서를 지어 본다)

● **활동자료:** 저울, 자, 다양한 물건

활동방법	
도입	1. 우리 동네에 대해 이야기를 나눈다. – 우리 동네에는 어떤 어떤 곳이 있나요? – 우리 동네에는 시장, 소방서, 경찰서, 은행, 아파트 등 많은 곳이 있어요. – 동네 이름도 모두 다르고, 장소마다 하는 일도 모두 달라요.
전개	2. 시장 경험에 대해 이야기한다. – 시장에 가 본 경험이 있나요? – 시장은 무엇을 하는 곳인가요? – 물건을 사고팔 때 무엇이 필요한가요? – 저울은 어떻게 사용하는 것일까요? – 숫자가 크면 무엇을 의미하는 것일까요? – 물건의 무게를 재거나 길이를 잴 때는 단위라는 것이 있어요. 단위는 물건의 길이, 넓이, 무게 등을 숫자로 표현할 때 기준이 돼요.

	3. 우리 반 다양한 물건의 무게와 길이를 잰다. 　* 무게조와 길이조를 나눈다. 　* 각자 재고 싶은 물건 두 개를 정해 비교할 수 있도록 격려한다. 　* 막대그래프를 칠판에 제시하고, 빈칸에 숫자를 기입할 수 있도록 준비한다. 　– 막대그래프를 활용해 우리 반 물건의 무게와 길이를 비교해 보세요.
마무리	4. 활동에 대해 이야기를 나눈다. 　– 우리 반의 어떤 물건이 가장 무거운가요? 　– 가장 가벼운 물건은 어떤 것인가요? 　– 가장 긴 물건은 무엇인가요? 　– 무게와 길이 단위는 같았나요?
참고사항	저울, 자를 활용하여 무게와 길이를 잴 수도 있지만 친구들의 손, 발을 활용해 무게와 길이를 재어 보도록 격려한다.
확장활동	부등호를 활용하여 비교할 수 있도록 한다.

우리 몸의 구멍

활동 16

● **관련 주제:** 나와 우리

● **연령:** 3~5세

● **누리과정 활동영역:** 신체운동 · 건강

● **활동목표:**

• 자신의 신체를 인식하고 움직인다.

• 신체의 역할과 특성을 이해한다.

• 자신의 신체를 인식하고 하는 역할과 기능에 대해 이야기할 수 있다.

  (신체운동 · 건강〉신체인식하고 움직이기〉자신의 신체를 긍정적으로 인식하고 움직인다〉신체

  각 부분의 특성을 이해하고 활용하여 움직인다)

● **활동자료:** 그림책, 우리 주변의 구멍 난 물건들, 필기도구(연필, 색연필 등)

활동방법	
도입	1. 구멍을 나타내는 사진을 보며 어떤 구멍을 나타내는지 이야기를 나눈다. 　– 우리 몸의 구멍을 찾아볼까요? 　– 이 구멍은 어디에 있을까요? 2. 우리 주변의 구멍 난 물건들을 살펴보고 구멍이 왜 필요한지 이야기를 나눈다. 　– 구멍은 왜 필요할까요? 　– 구멍이 없으면 어떻게 될까요? 

전개	3. 『우리 몸의 구멍』 그림책의 표지를 보면서 유아들과 함께 어떤 내용의 그림책일지 이야기 나눈다. – 표지에 무슨 그림이 있나요? – 어떤 내용이 펼쳐질까요? 4. 그림책을 감상한다. – 그림을 보니 어떤 일이 일어나고 있나요? – 구멍에서 무슨 일이 있었을까요? 5. 유아들이 소그룹으로 그림책을 보면서 우리 몸에 어떤 구멍들이 있는지 알아본다. – 우리 몸의 구멍은 어디에 있을까요? – 우리 몸의 구멍이 몇 개인지 세어 봅시다.  제목: 우리 몸의 구멍 글: 허은미 그림: 이혜리 출판사: 길벗어린이
마무리	6. 우리 몸에는 많은 구멍이 있으며 구멍마다 크기, 모양, 역할이 모두 다르지만 모두 중요한 것임을 이야기 나눈다.
참고사항	아이들이 활동을 하면서 주변에 있는 다양한 도구와 역할에 관심을 가질 수 있도록 한다.
확장활동	• 우리 몸의 땀구멍을 돋보기를 이용하여 관찰한다. • 우리 주변의 다른 구멍을 찾아본다.

활동 17

검피 아저씨의 드라이브

🍎 **관련 주제:** 교통기관

🍎 **연령:** 5세

🍎 **누리과정 활동영역:** 예술경험

🍎 **활동목표:**

• 교통기관에 대하여 안다.

• 교통기관의 종류와 기능을 이야기한다.

• 역할극으로 표현해 본다.

• 읽은 그림책을 극놀이로 표현할 수 있다.

　(예술경험〉예술적 표현하기〉극놀이로 표현하기〉경험이나 이야기를 극놀이로 표현한다)

🍎 **활동자료:** 교통기관 그림책, 역할극 도구

활동방법	
도입	1. 『검피 아저씨의 드라이브』 그림책을 읽어 준다. 　– 드라이브가 무슨 뜻인지 알고 있나요? 　– 자동차를 타 본 적이 있나요? 　– 누가 운전하는 차를 타 본 적 있나요? 　– 자동차 운전을 해 보고 싶은가요? 　　　　　　　　　제목: 검피 아저씨의 드라이브 　　　　　　　　　글: 존 버닝햄 　　　　　　　　　옮김: 이주령 　　　　　　　　　출판사: 시공주니어 

전개	2. 각자 등장인물을 뽑아 역할극 가면을 나누어 준다. 　- 검피 아저씨가 운전하는 차를 같이 타 보지 않을래요? 　- 검피 아저씨를 해 보고 싶은 친구는 손을 들어 봅시다. 　- 동네 꼬마를 할 친구는 누구인가요? 
마무리	3. 자동차 운전에 관한 내용을 다시 짚어 보면서 교통기관에 대한 사고를 확장한다. 　- 검피 아저씨가 드라이브를 가기 전에 기름통에 기름을 부었어요. 왜 그럴까요? 　- 기름은 차를 움직이게 하는 연료라는 것을 알고 있나요? 　- 차는 무엇을 이용하여 달려가는지 이야기해 볼까요? 　- 자동차 바퀴는 몇 개인가요?
참고사항	아이들이 활동을 하면서 주변에 있는 다양한 교통기관에 관심을 가질 수 있도록 한다.
확장활동	교통기관 그림책을 준비하여 볼 수 있도록 한다.

우리 동네 가게 책 만들기

🍎 **관련 주제:** 우리 동네, 우리나라

🍎 **연령:** 5세

🍎 **누리과정 활동영역:** 사회관계, 의사소통

🍎 **활동목표:**

• 동네에 관심을 가지고 사랑하는 마음을 갖는다.

• 우리 동네에 어떤 가게들이 있는지 안다.

• 우리 동네 가게 그림책을 만들어 본다.

• 우리 동네에 관심을 갖고 어떤 가게가 있는지에 대해 알 수 있다.

  (사회관계>사회에 관심 갖기>지역사회에 관심 갖고 이해하기>우리 동네에 대해 알아본다)

  (의사소통>쓰기>쓰기에 관심 가지기>자신의 이름과 주변의 친숙한 글자를 써 본다)

🍎 **활동자료:** 우리 동네 가게 사진, 도화지, 필기도구(연필, 색연필 등)

활동방법	
도입	1. 우리 동네에는 어떤 가게들이 있는지 이야기를 나눈다. 　– 우리 동네에는 어떤 가게들이 있을까요? 　– 우리 동네에서 어떤 가게에 가 보았나요? 　– 어떤 가게에서 무엇을 샀나요? 

전개	2. 유아들과 함께 우리 동네를 돌아본다. ＊우리 동네에 있는 가게들을 순서로 표시해 본다. – 우리 어린이집 옆에는 어떤 가게가 있었나요? ＊또 어떤 가게가 있었나요? 또 무엇을 파는 가게가 있었나요?
마무리	3. 우리 동네 책을 보면서 어떤 물건을 파는 가게가 있는지에 대해서 이야기를 나눈다. ＊친구가 만든 책을 함께 감상한다.  제목: 이야기하며 우리 동네 만들기 글: 올챙이 그림: 정승 출판사: 아이즐
참고사항	아이들이 활동을 하면서 우리 동네에 관심을 가질 수 있도록 한다.
확장활동	• 경찰서, 우체국, 병원, 미용실, 은행, 목욕탕 등 기관의 표시에 대해서 알아본다(실외활동). • 유아들이 만든 우리 동네 책으로 우리 어린이집 주변 지도를 만들어 본다(조형활동).

 **활동 19   엄마비 아빠비**

● 관련 주제: 가족

● 연령: 3~5세

● 누리과정 활동영역: 예술경험

● 활동목표:

  • 행위미술에 대하여 이해한다.

  • 우연을 가장한 창의적 표현력을 기른다.

  • 스스로 작품해설을 하는 이해력을 갖는다.

  • 창의적으로 표현할 수 있다.

   (예술경험>예술적 표현하기>미술활동으로 표현하기>다양한 미술활동으로 자신의 생각과 느낌

   을 표현한다)

● 활동자료: 잭슨 폴락의 작품, 붓, 물감, 도화지, 전지, 유아용 앞치마

활동방법	
도입	1. 잭슨 폴락의 그림을 보여 준다. – 이런 그림들을 본 적 있나요? – 잭슨 폴락이라는 화가가 그린 거예요. – 잭슨 폴락은 물감을 바닥에 붓고, 　떨어뜨려 그렸어요. 

전개	2. 교사의 시연을 통하여 오늘의 작업을 이해한다. – 붓으로 쓰윽 그려서 그림을 그리지요? – 붓에 묻은 물감을 탁탁 털고, 떨어뜨릴 거예요. – 한 명씩 붓에 물감을 묻혀 도화지에 떨어뜨리고 뿌린다. 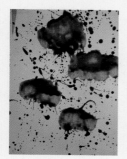
마무리	3. 모두에게 잘했다는 칭찬과 함께 자신의 그림을 공유한다. – 자, 그림이 모두 다르게 그려졌어요. – 무엇을 그렸는지 어떤 느낌이 나는지 이야기 나누기를 해 보아요.
참고사항	아이들이 활동을 하면서 주변에 있는 다양한 표현방법에 관심을 가질 수 있도록 한다.
확장활동	행위미술에 관련된 그림책을 소개하고 읽어 준다.

색깔상자와 온도 변화

● **관련 주제**: 다양한 생활도구

● **연령**: 5세

● **누리과정 활동영역**: 자연탐구

● **활동목표**:

• 온도계를 사용하여 기온을 재 보는 경험을 할 수 있다.

• 색깔에 따라 온도가 변함을 알 수 있다.

• 실험을 통해 색깔과 온도 변화에 대해 알 수 있다.

　(자연탐구〉과학적 탐구하기〉자연현상 알아보기〉날씨와 기후변화 등에 관심을 갖는다)

● **활동자료**: 여러 가지 색깔상자, 온도계, 관찰지, 연필 등

활동방법	
도입	1. 방학 동안 경험했던 날씨에 대해 이야기 나눈다. 　– 어떤 날씨가 가장 인상 깊었나요? 　– 방학 동안 날씨가 어떠했나요? 　* 폭염주의 관련 뉴스 동영상을 함께 본다.
전개	2. 해마다 날씨가 점점 더워지는 이유에 대해서 이야기 나눈다. 　– 더위를 피하는 방법에는 어떤 것이 있을까요? 　– 환경을 오염시키지 않고 더위를 피할 수 있는 방법에는 어떤 것이 있을 　　까요? 3. 다양한 색깔의 상자를 유아들에게 보여 주고 실험을 전개한다.

	4. 측정결과를 기록지에 작성한다. 〈 실험 전개 〉
전개	① 색깔상자에 온도계를 꽂는다. ② 온도계가 꽂힌 색깔상자들을 동일한 장소에 배치한다. ③ 실험장소에 배치하자마자 각 상자들의 온도를 측정해 본다. ④ 시간이 지난 후 각 상자의 온도계를 체크해 본다.
마무리	5. 실험을 마친 후 느낌에 대해 이야기 나눈다. 6. 오늘의 실험을 어떻게 적용해 볼 수 있는지 이야기를 나눈다.
참고사항	아이들이 활동을 하면서 환경과 날씨에 관심을 가질 수 있도록 한다.
확장활동	환경오염을 막을 수 있는 방법에 대해 아이들이 더 자세하게 알아볼 수 있도록 한다.

활동 21   우리나라 사람들의 생활

● 관련 주제: 옛날에는 어떤 옷을 입었을까?

● 연령: 5세

● 누리과정 활동영역: 사회관계

● 활동목표:

- 우리나라의 옷 한복에 대해 관심을 가지고, 한복에 대한 자신의 생각을 말할 수 있다.
- 우리나라를 상징하는 것을 알고 예절을 지킨다.

    (사회관계〉사회에 관심 갖기〉우리나라에 관심 갖고 이해하기〉우리나라를 상징하는 것을 알고
    예절을 지킨다)

● 활동자료:

- 다양한 한복을 입은 사진자료(곤룡포, 혼례복, 남자와 여자 한복, 어린이 한복)
- 우리나라의 전통, 역사, 문화에 관한 사진
- 우리나라 예절에 관한 사진이나 비디오

활동방법	

도입	1. 한복을 입어 본 경험에 대해 이야기 나눈다.
	  – 옛날 사람들은 어떤 옷을 입었을까요?
	  – 한복을 입어 본 적이 있나요?
	  – 언제 입어 보았나요?

전개	2. 그림자료를 보며 다양한 한복의 모양에 대해 이야기 나눈다. – 이런 한복을 본 적이 있나요? – 우리가 입어 보았던 한복과 어떤 점이 다른가요? – 누가 입었던 한복일까요? – 무엇을 할 때 입는 한복일까요? – 이 한복을 입을 때는 머리에 무엇을 썼을까요? (각 한복을 입을 때 쓰는 모자를 찾아 붙여 가며 이야기 나눈다.)
마무리	3. 한복을 감상한 느낌에 대해 이야기 나눈다. – 어떤 한복이 가장 마음에 드나요? 왜 그렇게 생각했나요? – 요즘 우리가 입는 옷과 어떤 점이 다른가요? 4. 우리나라를 상징하는 것을 알고 예절에 대해 알아본다. ＊우리나라의 전통, 역사, 문화에 관심을 갖는다. ＊우리나라에 대해 자부심을 갖는다.
참고사항	유아들이 한복을 입고 찍은 사진을 미리 준비해 오도록 하여 활동하면 좋다.
확장활동	실외놀이(전통놀이) – 한복을 입고 대문놀이 활동을 해도 좋다.

활동 **22** 겨울철 놀이

● 관련 주제: 썰매 타기

● 연령: 5세

● 누리과정 활동영역: 신체운동 · 건강

● 활동목표:

• 겨울철 놀이에 대해 알아보고 썰매를 타 볼 수 있다.

（신체운동 · 건강〉신체활동에 참여하기〉바깥에서 신체활동하기〉규칙적으로 바깥에서 신체활동을 한다）

● 활동자료: 썰매(원에서 준비), 외투, 장갑 등 가정에서 가져오기

활동방법	
도입	1. 겨울에 할 수 있는 놀이에 대해 이야기 나눈다. 　- 겨울에 할 수 있는 놀이는 무엇인가요? 2. 겨울철 놀이 도구를 활용하여 여러 가지 조작운동에 대한 경험을 나눈다. 　- 썰매, 팽이, 스케이트, 연놀이
전개	3. 썰매(스케이트)를 제시한다. 　- 이것은 무엇인가요? 　- 겨울에 할 수 있는 놀이는 무엇인가요? 　- 썰매(스케이트)를 타 본 적이 있나요? 　- 언제 타 보았나요? 　- 썰매(스케이트)는 어디서 타는 것일까요? 　- 우리 원 주변에 어느 곳에서 타면 좋을까요?

	4. 썰매를 타러 바깥으로 나간다.
	5. 주의사항에 대해 이야기 나눈다.
	6. 썰매를 타 보고 자신의 신체능력 알아보기 * 다른 사람의 운동능력의 차이를 이해한다.

마무리	7. 활동을 평가하고 마무리한다.
	   * 겨울놀이 도구 사용에 있어 개인 차이를 서로 인정할 수 있도록 각각의 유
	   아가 잘 할 수 있는 다양한 활동을 준비하여 제시한다.

참고사항	썰매 탈 곳이 없다면 근처 썰매장을 가도 좋다.
확장활동	지그재그 달리기(신체를 조절하며 달리기를 해 볼 수 있다.)

 **활동 23** **자전거 클랙슨 소리**

● **관련 주제:** 자전거 클랙슨 소리

● **연령:** 5세

● **누리과정 활동영역:** 예술경험

● **활동목표:**

  • 자전거 클랙슨 소리를 이용하여 음악에 맞춰 즐겁게 연주한다.

    (예술경험〉예술적 표현하기〉음악으로 표현하기〉리듬악기를 연주해 본다)

  • 리듬과 노래 등을 즉흥적으로 만들어 본다.

● **활동자료:**

  • 리듬악기로는 탬버린, 트라이앵글, 우드블록, 캐스터네츠, 리듬 막대, 장구, 북, 소고

  • 음표 카드, 자전거 클랙슨

활동방법	

도입	1. 클랙슨을 탐색한다.
	  – 이것을 본 적이 있나요? 어떤 때 쓰는 것일까요?
	  – 이것의 이름이 무엇인가요?
	  – 어떤 소리가 나나요?
	  – 클랙슨으로 연주를 한다면 어떨까요?

전개	2. 클랙슨 소리를 듣고 리듬악기로 표현해 본다.
	  * 리듬악기로 자신의 느낌을 표현해 본다.
	  * 리듬과 노래 등을 즉흥적으로 만들어 본다.

마무리	3. 음표 카드를 보며 박자를 맞춰 본다.
	  – 어떤 음표가 가장 많이 보이나요?
	  – 연주하기 어려운 음표가 있나요?
	
	4. 기차여행에 맞추어 연주해 본다.
	
	5. 클랙슨으로 연주해 본 느낌에 대해 이야기를 나누고 마무리한다.
	
	6. 창의적인 표현을 위해 간단한 노래형식으로 인사하기, 다양한 선이나 색의 대비가 뚜렷한 그림을 보고 멜로디로 표현하기로 마무리한다.

참고사항	음표 카드를 이용해 다양한 패턴을 만들어 연주할 수 있도록 한다.
확장활동	자신의 경험을 그림으로 표현해 보고, 자전거에 대한 지식을 이해할 수 있도록 한다.

고마운 교통기관

● **관련 주제:** 대중교통

● **연령:** 5세

● **누리과정 활동영역:** 의사소통

● **활동목표:**

- 대중교통의 종류와 좋은 점에 대해 알아보고 자신의 경험을 이야기해 볼 수 있다.

  (의사소통〉말하기〉느낌, 생각, 경험 말하기〉주제를 정하여 함께 이야기를 나눈다)

- 다양한 낱말과 문장을 듣고 뜻을 이해한다.

- 다른 사람의 이야기를 주의 깊게 듣는다.

● **활동자료:** 대중교통 사진

활동방법	
도입	1. 교통기관의 종류에 대해 이야기 나눈다. – 교통기관의 종류로는 어떤 것이 있나요? 2. 교통기관을 타 본 경험에 대해 이야기를 나눈다.

전개	3. 대중교통에 대해 이야기 나눈다.
	  – 대중교통은 무엇일까요?
	  – 교통기관을 이용해 본 적이 있나요?
	  – 어느 곳을 갈 때 이용해 보았나요?
	  – 어떤 역에서 탔나요?
	  – 탈 때 어떻게 해서 탈 수 있었나요?
	  – 어느 역에서 내렸나요?

마무리	– 지하철을 타 본 느낌은 어땠나요?
	    – 버스를 타 본 느낌은 어땠나요?
	
	4. 대중교통의 좋은 점에 대해 이야기 나눈다.
	    – 대중교통에서 볼 수 있던 사람들은 누가 있었나요?
	    – 대중교통의 좋은 점은 무엇일까요?
	
	5. 다른 사람의 이야기를 주의 깊게 들었는지 평가해 본다.
	    ＊나의 경험 이외에 친구의 경험으로부터 간접적으로 들은 다양한 낱말이나
	      문장을 이해 및 평가해 본다.

참고사항	환경보호 등의 좋은 점에 대해서도 이야기하며 관심을 가질 수 있도록 한다.
확장활동	실외놀이(자동차 길 놀이)를 할 수 있도록 자동차 길을 만들어 보고 놀이에 참여 해 봄으로써 더 자세하게 알아볼 수 있도록 한다.

무게 재기

● **관련 주제:** 곡식, 야채 무게 재기

● **연령:** 5세

● **누리과정 활동영역:** 자연탐구

● **활동목표:**

 • 생활 속에서 수에 관심을 갖는다.

 • 생활 속에서 사용되는 수의 여러 가지 의미를 안다.

 • 임의 측정 단위를 사용하여 길이, 면적, 들이, 무게 등을 재 본다.

   (자연탐구〉탐구하는 태도 기르기〉탐구과정 즐기기〉궁금한 점을 알기 위해 비교하기, 예측하기

   등 다양한 방법을 활용한다)

● **활동자료:**

 • 곡식, 야채 등 실제 물체 가져오기

 • 저울, 종이컵, 기타 물건을 잴 수 있는 도구

활동방법	

도입	1. 가정에서 먹는 잡곡에 이야기 나눈다.
	  – 오늘 아침밥을 먹고 왔나요?
	  – 가정에서 쌀에 무슨 곡식을 함께 섞어 먹나요?
	2. 쌀과 곡식들의 차이에 대해 이야기 나눈다.
	  – 두 곡식의 크기, 색깔, 모양은 어떤 차이가 있나요?

전개	3. 다양한 곡식의 무게를 재 본다. – 곡식의 길이, 크기뿐만 아니라 무게를 기준으로 두 물체를 비교해 본다.

마무리	4. 다양한 방법으로 곡식 재어 보기 – 저울로 재기 전에 임의 측정 단위를 사용하여 길이, 면적, 들이, 무게 등을 재어 본다. 5. 가정에서 주변에 있는 물건들을 재어 온다(자료수집). – 집에서 재 보고 싶은 물건이 있나요? – 어떤 물건의 길이가 가장 길까요? – 누구의 물건이 가장 무거운가요? 6. 활동을 평가하고 마무리한다.
참고사항	• 다양한 측정도구를 준비한다. • 사용방법 등 측정하는 방법들을 알려 준다.
확장활동	시장이나 마트에서 실제 물건 한 근(600g)을 재서 개수가 몇 개가 되는지 무게를 재 보고 개수를 세서 기록해 본다(보고서 쓰기).

부록

NCS 강의계획서

강의계획서(NCS)

교과목명	국문	영유아발달			
	영문	Infant and toddler development			
학년-분반		이수구분	전공선택	학점	3
담당교수		이론/실습	3/0	시수	3

교과목 개요 및 특징	−영유아발달의 주요 이론 및 과학적 연구방법을 소개하며 영유아기의 신체, 인지, 언어, 사회성 및 정서 등 각 발달영역에서의 특징을 알아보고 이를 기초로 보육현장에서 영유아의 전인적 발달을 지원하는 방법을 알아보기 위한 교과목
교과목표 (학습목표)	−보육현장에서 영유아의 전인적인 발달을 지원하는 능력을 기르기 위해 NCS의 수행준거에 준하는 영유아기의 전반적 지식과 신체, 인지, 언어, 사회성, 및 정서 등 각 발달영역의 특징을 이해한다.

교수학습방법	이론강의	실습	발표	토론	팀 프로젝트	캡스톤 디자인	포트 폴리오	기타
	○		○	○	○			
	기타							

교육장소(시설)	

교재 (NCS 학습모듈)	주교재	전정민, 진경희, 강순미, 이찬숙, 공수연(2017). 영유아발달. 학지사.
	부교재	NCS 학습모듈
	참고 교재	EBS(2013). 다큐프라임: 퍼펙트베이비:1−5영상자료

평가방법	A	B	C	D	E	F	G	H	I	J	K	L	M
			○								○		
	기타												
	A. 포트폴리오 B. 문제해결 시나리오 C. 서술형시험 D. 논술형시험 E. 사례연구 F. 평가자 질문 G. 평가자 체크 리스트 H. 피평가자 체크리스트 I. 일지/저널 J. 역할연기 K. 구두발표 L. 작업장평가 M. 기타												

주차별 학습내용			
주차	관련 능력단위요소	수업내용	과제 및 자료
1	영유아 생활 지도하기 진단평가	수업 오리엔테이션 -영유아의 전반적인 기본생활 (발달개념, 원리) 진단평가 실시	
2	영유아 생활 지도하기	영유아발달이론의 이해 -각 이론에 따른 영유아 개인별 일상생활에 대한 관찰 및 평가기준	
3	영유아 생활 지도하기	기본생활관련 활동지도1_영유아기 신체발달 -연령별 신체성장 -뇌발달, 운동발달	
4	영유아 생활 지도하기	기본생활관련 활동지도2_감각 및 지각의 발달 -영아기 감각 -영아기 지각	
5	영유아 생활 지도하기	기본생활관련 활동지도3_영유아기 인지발달 -피아제, 비고츠키의 인지발달 -정보처리이론, 기억발달	
6	영유아 생활 지도하기	기본생활관련 활동지도4_유아기 언어발달 -언어습득이론 -언어발달의 영향요인	과제: 영유아 기본생활 관련활동 사례별 보고
7	직무수행능력평가 직무수행능력평가피드백	1차 직무수행능력평가(지필평가) 1차 직무수행능력평가 해설과 풀이	
8	영유아 생활 지도하기	1차 직무수행능력평가 피드백 확인 기본생활관련 활동지도5_유아기 정서발달 -정서발달의 특징(만족지연, 감정이입, 정서 조절) -정서발달을 위한 교사, 부모의 역할	
9	영유아 생활 지도하기	기본생활관련 활동지도6_유아기 사회성발달 -사회성발달의 영역, 지도법 -사회성발달을 위한 교사, 부모의 역할	

주차별 학습내용			
주차	관련 능력단위요소	수업내용	과제 및 자료
10	영유아 생활 지도하기	기본생활관련 활동지도7_유아기 창의성발달 －창의성 개념 －영유아기 지능과 창의성	
11	사례별 발달 지원하기	문제행동과 이상발달 －발달지원 선별, 계획수립 －관찰기록, 부모협의, 사례별 지도	
12	영유아 생활 지도	가족, 또래와 대중매체 －다양한 가족, 부모양육태도, 형제관계 －또래특성, 또래수용, 대중매체 영향 －모델링, 의사소통, 긍정적 행동제안, 모니터링 등의 생활지도	
13	보육현장 연구하기	표준보육과정과 누리과정 및 실제 －표준보육과정, 누리과정 개념, 목적, 기본방향, 영역 －보육현장에서 발달의 논쟁점, 연구법 (자료수집, 분석, 현장연구계획서 작성, 결과보고서 작성 및 발표) －실제편	
14	직무수행능력평가 직무수행능력평가 피드백	2차 직무수행능력평가(지필평가) 2차 직무수행능력평가 해설과 풀이	
15	직무수행능력평가 확인 향상/심화과정	2차 직무수행능력평가 피드백 확인 향상/심화과정 및 재평가 교과내용 총정리	

직무 및 능력단위		
직무	능력단위	능력단위코드
보육	보육연구	0703010112_13v1
	보육활동 운영	0703010103_13v1
	영유아 발달지원	0703010109_13v1

능력단위요소/수행준거/지식 · 기술 · 태도				
능력단위요소 /작업명	수행준거	지식	기술	태도
영유아 생활 지도하기 0703010103_13v1.2	2.1 영유아의 기본생활관련 활동과 사회관계증진 활동을 지원하는 보육환경을 조성할 수 있다. 2.2 하루일과 중 영유아의 기본생활관련 활동을 계획하여 지도할 수 있다. 2.3 개별 영유아의 사회정서발달 특성에 따라 사회관계증진 활동을 계획하여 지도할 수 있다. 2.4 모델링, 의사소통, 긍정적 행동제안, 모니터링 등 영유아 생활지도를 위한 적합한 교수방법을 선택하여 적용할 수 있다.	• 영유아 기본생활 관련활동 세부내용 • 영유아 사회관계 증진활동 세부내용 • 영유아의 개인별 일상생활에 대한 관찰 및 평가기준	• 영유아 생활지도를 위한 보육환경 구성능력 • 영유아 행동 관찰 능력 • 영유아 기본생활관련 활동지도 능력 • 영유아 사회관계증진 활동지도 능력	• 영유아들에 대한 배려의 자세 • 개별 영유아의 사회정서 발달 특성을 존중하는 태도
사례별 발달 지원하기 0703010109_13v1.1	1.1 영유아 관찰일지, 활동결과물, 부모면담, 발달검사 등의 자료를 토대로 발달지원 대상을 선별할 수 있다. 1.6 문제가 소멸되면 지도를 종료하고 지도보고서를 작성할 수 있다. 1.5 협의된 발달지원 방법에 따라 사례별로 지도할 수 있다. 1.2 해당 영유아 사례별로 발달지원 계획을 수립할 수 있다. 1.3 발달지원 계획에 따라 문제를 지속적으로 관찰하여 기록할 수 있다. 1.4 발달지원 방법과 기간에 대해 부모와 협의할 수 있다.	• 영유아의 발달적 문제 • 사례별 발달지원 방법 • 문제행동 지도 방법 • 영유아 생활지도 방법 • 발달 검사의 종류 • 발달 검사의 실시 방법	• 사례별 발달적 문제의 분석 및 진단 능력 • 영유아 관찰 및 평가능력 • 문제행동 지도 능력 • 부모와의 협의 및 개선지도능력 • 지도보고서 작성 능력	• 발달 지원에 대한 세밀한 검토와 적극적 수용 • 온정적 태도와 진실성 • 주의 깊은 관찰하려는 태도 • 정서적으로 지지하는 태도 • 발달지원 윤리 준수 • 문제를 적극적으로 지도하려는 태도 • 영유아의 인격과 권리를 존중하려는 태도

능력단위요소/수행준거/지식 · 기술 · 태도				
능력단위요소 /작업명	수행준거	지식	기술	태도
보육현장 연구하기 0703010112_13v1.1	1.1 연구주제와 관련된 보육관련 도서 및 자료를 수집하고 검토하여 보육현장연구 계획서를 작성할 수 있다. 1.5 연구결과물을 전문분야에 발표할 수 있다. 1.4 보육현장연구 결과보고서를 작성할 수 있다. 1.2 계획안에 따라 연구수행에 필요한 자료를 수집할 수 있다. 1.3 수집한 자료를 연구목적에 맞게 분석할 수 있다.	• 연구방법론 • 자료분석방법 • 연구계획서 작성방법 • 연구윤리	• 자료 수집 · 정리기술 • 다양한 매체(카메라, 녹음기 등) 사용 및 활용 • 보고서 작성 능력 • 프리젠테이션 기술	• 현장문제를 탐구하려는 적극적 태도 • 다양한 연구방법을 모색하는 태도 • 타 기관과의 협력 및 원활한 정보교환 태도 • 외부 전문가와 적극적으로 교류하는 태도

참고문헌

강인언, 이한우, 정정란(2009). 최신아동발달. 서울: 학지사.

강재현(2006). 소리 없이 아이를 망치는 질병 소아비만. 서울: 웅진지식하우스.

교육부(2000). 총론, 유치원 교육 활동자료 1. 서울: 대한교과서주식회사.

권민균, 문혁준, 권희경, 성미영, 신유림, 안선희, 안효진, 이경옥, 천희영, 한유미, 한유진, 황혜
　　신(2012). 아동발달. 서울: 창지사.

김미영(2014). 유아발달. 경기: 정민사.

김상희, 김지신, 박응임, 한세영(2014). 유아발달. 경기: 파워북.

김양선(2009). 5세 유아의 지적 능력과 만족지연능력 간의 관계. 한국교원대학교 교육대학원 석
　　사학위논문.

김영채(1998). 사고력: 이론, 개발과 수업. 서울: 교육과학사.

김재은(1991). 피아제의 아동심리학. 서울: 교육과학사.

김진이(1999). 포괄적 보육프로그램 개발을 위한 보육욕구에 관한 연구. 연세대학교 대학원 박
　　사학위논문.

김청자, 선우현, 유경훈(2012). 발달심리학의 이해. 서울: 동문사.

김태련, 조혜자, 이선자, 방희정, 조숙자, 조성원, 김현정, 홍주연, 이계원, 설인자, 손원숙, 홍순
　　정, 박영신, 손영숙, 김명소, 성은현(2004). 발달심리학. 서울: 학지사.

미래창조과학부, 한국정보화진흥원(2014). 인터넷중독 실태조사.

박경자, 김송이, 권연희, 김지현 역(2011). 영유아의 사회정서발달과 교육[Guiding children's *social development and learning*]. Kostelnik, M. J., Whiren, A, P., Soderman, A. K., & Gregory, K. 저. 경기: 교문사. (원저는 2008년에 출판).

박성연(2006). 아동발달. 경기: 교문사.

박성연, 이영 공역(1997). 영아기발달[Infancy]. Field, T. 저. 서울: 이화여자대학교출판부. (원저는 1990년에 출판).

박찬옥, 김영중, 황혜경, 엄정례, 조경서(2001). 유아사회교육. 서울: 정민사.

박찬옥, 서동미, 엄은나(2010). 유아사회교육. 서울: 정민사.

법제처(2014). 찾기 쉬운 생활법령정보.

보건복지부(2007). 소아 청소년 성장곡선 신체발육 표준치.

보건복지부, 교육과학기술부(2013). 3−5세 연령별 누리과정 해설서.

보건복지부, 육아정책연구소(2013). 3−5세 연령별 누리과정 ebook.

보건복지부, 중앙보육정보센터(2013). 어린이집 표준보육과정 및 0−2세 영아보육프로그램의 이해.

서울대학교 교육연구소(1995). 교육학용어사전. 서울: 하우동설.

송길연, 장유경, 이지연, 정윤경 공역(2006). 발달심리학[*An introduction to developmental psychology*]. Slater, A. & Bremner, G. 저. 서울: 시그마프레스.

송명자(1995). 발달심리학. 서울: 학지사.

신숙재, 정문자(1998). 어머니의 양육 스트레스, 사회적 지원과 부모효능감이 양육행동에 미치는 영향. 아동학회지, 19(1), 27-42.

심성경, 김경의, 이효숙, 변길희, 박유미, 박주희(2010). 아동발달. 서울: 학지사.

심숙영(2013). 영유아 사회정서행동 1. 서울: 파란마음.

아기성장 보고서(2009). EBS 특별기획 다큐멘터리−EBS 아기성장보고서 제작팀. 서울: 예담.

안전행정부(2014). 외국인주민현황조사결과.

여성가족부(2013). 2012년 전국 다문화가족 실태조사.

여성가족부(2014). 2014년 한부모가족지원사업 안내.

우남희, 백혜정, 김현신(2005). 조기 사교육이 유아의 인지적, 정서적, 사회적 발달에 미치는 영향 분석. 한국유아교육학회, 25(1), 5-24.

유효순, 원혜경, 김정희, 문명희(2014). 유아발달. 서울: 창지사.

윤복희, 김은영, 박혜경, 최일선(2013). 영유아언어교육. 경기: 공동체.

윤애희, 김온기, 이혜경(2002). 사고과정을 중심으로 한 유아 수 · 과학교육. 서울: 창지사.

이명조(2006). 영유아발달과 교육. 경기: 양서원.

이소희(2005). 아동복지론. 경기: 학현사.

이영, 이미란, 홍희영, 한성희, 민성혜, 박신진, 유영미, 신혜원, 민현숙, 정지나, 문영경(2015). 영아발달. 서울: 학지사.

이영, 전혜정, 강민주(2009). 부모-자녀관계. 아동학회지, 3(6), 29-41.

이영석(1997). 유아교육론. 서울: 형설출판사.

이영자(2009). 유아언어발달과 지도. 경기: 양서원.

이영훈, 주연희, 김성수(2007). 유아문제행동의 이해 및 지도. 서울. 태영.

이차숙(2005). 유아언어교육의 이론과 실제. 서울: 학지사.

이찬숙(2008). 유아의 문제행동에 영향을 미치는 유아 개인, 가정환경 및 지역사회 변인 분석. 성균관대학교 대학원 박사학위논문.

이태순(2015). 사회성측정 유형과 유아의 사회성 발달 간의 관계. 부산교육대학교 대학원 석사학위논문.

이희정, 위영희, 이유진, 윤갑정, 홍희영(2014). 유아발달. 경기: 양서원.

이희정, 윤갑정, 전태숙, 문현주(2015). 영아발달. 경기: 양서원.

임지영, 류혜원, 문영경, 배기조, 송혜영(2014). 영아발달. 경기: 공동체.

장옥남(2004). 글 없는 그림책을 통한 극화활동이 유아의 그리기 표상능력 및 감정이입에 미치는 효과. 전남대학교 교육대학원 석사학위논문.

장휘숙(2010). 아동심리학. 서울: 박영사.

전경원(2014). 창의성 교육의 이론과 실제. 서울: 창지사.

정남미(2014). 유아언어교육. 서울: 창지사.

정옥분(2004). 발달심리학: 전생애 인간발달. 서울: 학지사.

정옥분(2012). 영아발달. 서울: 학지사.

정옥분(2014). 아동발달의 이해. 서울: 학지사.

정옥분(2016). 영아발달. 서울: 학지사.

정찬섭 외 공역(1999). 감각과 지각[Sensation and Perception]. Goldstein, E. B. 저. 서울: 시그마프레스. (원저는 1996년에 출판).

정희영, 이성복, 김성원, 윤선화, 김정희, 김선아, 방승미(2014). 유아발달. 경기: 파워북.

조복희(1996). 유아발달. 서울: 교육과학사.

조선희, 유연옥(1999). 유아사고교육의 이론과 실제: 철학적 탐구공동체 접근법. 서울: 창지사.

조성연, 이정희, 천희영, 심미영, 황혜정, 나종혜(2005). 아동발달의 이해. 서울: 신정.

조형숙, 박은주, 강현경, 김태인, 배정호(2013). 유아발달. 서울: 학지사.

조형숙, 한종화, 박은주, 이수민(2016). 영아발달. 서울: 학지사.

최경숙, 송하나(2010). 발달심리학. 경기: 교문사.

최순영, 김수정(1997). 인간의 사회적, 성격적 발달. 서울: 학지사.

최자영, 박유영(2012). 유아의 놀이특성과 또래 유능성 및 자아존중감 간의 관계. 유아교육학논집, 16(3), 229-244.

최혜순(2012). 유아사회교육. 서울: 동문사.

KT경제경영연구소(2015). 2015년 상반기 모바일 트렌드.

통계청(2013). 우리나라의 이혼 · 재혼현황-지난 30년간 이혼 · 재혼자료 분석-.

통계청(2014a). 인구동향조사.

통계청(2014b). 2014년 사회조사.

통계청(2015). 2014년 혼인 · 이혼통계.

표미정(1997). 유아의 기질과 양육태도 및 유치원 문제행동과의 관계. 계명대학교 대학원 석사학위논문.

한국어린이집총연합회(2014). 2014 전국 우수보육프로그램 자료집.

한국정보화진흥원(2015). 영유아(보호자) 스마트폰 중독예방 프로그램.

한순미, 김선, 박숙희, 이경화, 성은현(2005). 창의성. 서울: 학지사.

한은숙(2003). 영유아발달과 교육. 서울: 정민사.

행정자치부(2015). 외국인주민현황조사결과.

Ainsworth, M. D. S. (1979). Attachment as related to mother-infant interaction. In J. S. Rosenblatt, R. A. Hinde, C. Beer, & M. Busnel (Eds.), *Advances in the study of behavior* (vol. 9). Orlando, FL: Academic Press.

Aldridge, M. A., Stillman, R. D., & Bower, T. G. R. (2001). Newborn categorization of vowel-like sounds. *Developmental Science, 4,* 220-232.

Amabile, T. (1989). *Growing up creative.* New York: Crown.

Anderson, J. L., Morgan, J. L., & White, K. S. (2003). A statistical basis for speech sound discrimination. *Language and Speech, 46,* 155-182.

Anderson, J. L., James, L. M., & Katherine, S. W. (2003). A statistical basis for speech sound discrimination. *Language and Speech, 46,* 155-182.

Anglin, J. M. (1993). Vocabulary development: A morphological analysis. *Monographs of the Society for Research in Child Development, 58*(10, Serial No. 238).

Aslin, R. N. (1977). Development of binocular fixaton in human infants. *Journal of Experimental Child Psychology, 23,* 133-150.

Baer, J. (1997). *Creative teachers, creative students.* Needham Heights, MA: Allyn &

Bacon.

Bahrick, L. E. (2010). Intermodal perception and selective attention to intersensory redundancy: Implications for typical social development and autism. In G. Bremner & T. D. Wachs (Eds.), *Blackwell handbook of infant development* (2nd ed., pp. 120-166). Oxford, England: Blackwell.

Bahrick, L., Netto, D. S., & Hernandez-Reif, M. (1998). Intermodal Perception of Adult and Child Faces and Voices by Infants. *Child Development, 69*, 1263-1275.

Bandura, A. (1977). *Social leaning theory.* Englewood Cliffs, NJ: Prentice-Hall.

Baron, R. A. & Byrne, D. E. (1994). *Social psychology: Understanding human interaction* (7th ed.). Boston, MA: Allyn & Bacon.

Baruch, C., & Drake, C. (1997). Tempo discrimination in infants. *Infant Behavior & Development, 20*, 573-577.

Bauer, P. J., & Mandler, J. M. (1989). Taxonomies and triads: conceptual organization in one-to two-year-olds. *Cognitive Psychology. 21*, 156-184.

Baumrind, D. (1975). *Early socialization and the discipline controversy.* Morristown, NJ: General Learning.

Baumrind, D. (1991). Parenting styles and adolescent development. In R. M. Lerner, A. C. Petersen, & J. Brooks-Gunn (Eds.), *Encyclopedia of adolescence* (Vol. 2, pp. 746–758). New York: Garland Publishing.

Berk, L. E. (2013). *Child development* (9th ed.). Boston: Pearson Education, Inc.

Bertenthal, B. I. (1993). Perception of biomechanical motions by infants: Intrinsic image and knowledge-based constraints. In C. Granrud (Ed.), *Carnegie Symposium on Cognition: Visual perception and cognition in infancy* (pp. 175-214). Hillsdale, NJ: Erlbaum.

Bornstein, M. H., & Arterberry, M. E. (2003). Recognition, discrimination, and categorization of smiling by 5-month-old infants. *Developmental Science, 6*, 585-599.

Bornstein, M. H. (1975). Qualities of color vision in infancy. *Journal of Experimental Social Psychology, 19*(3), 401-419.

Bower, J. M., & Broughton, M. K. (1970). Moore Infant responses to approaching objects: *An indicator of response to distal variables Perception & Psychophysics, 9*, 193-196.

Brennan, W., Ames, E. W., & Moore, R. W. (1966). Age differences in infants' attention to patterns of different complexities. *Science, 151,* 354-356.

Bruner, J. S. (1975). The ontogenesis of speech acts. *Journal of Child Language, 2,* 1-19.

Cassia, V. M., Turati, C., & Simion, F. (2004). Can a nonspecific bias toward top-heavy patterns explain newborn' face preference? *Psychological Science, 15,* 379-383.

Cernoch, J. M., & Porter, R. H. (1985). Recognition if maternal auxiliary odors by infants. *Child Development, 56,* 1593-1598.

Clarke, A. M., & Clarke, A. D. (1989). The later cognitive effect of early intervention. *Intelligence, 13,* 289-297.

Cole, M., & Cole, S. (1989). *The developmente of children.* New York: W. H. Freeman.

Condon, W., & Sander, L. (1974). Neonate movement is synchronized with adult speech: Interactional participation and language acquisition. *Science, 183,* 99-101.

Csikszentmihalyi, M., & Larson, R. (1987). Validity and reliability of the experience sampling method. *J Nerv Ment Dis, 175,* 526-536.

Dacey, D. M. (1989). Axon-bearing amacrine cells of the Macaque monkey retina. *J Comp Neurol, 284,* 275-293.

Damon, W. & Hart, D. (1982). The developmente of self-understanding from infancy through adolescence. *Child Development, 53,* 841–864.

Day, R. H. (1987). Visual size constancy in the infancy. In B. E. McKenzie & R. H. Day (Eds.), *Perceptual development in early infancy: problems and issues.* Hillsdale, NJ: Erlbaum.

DeCasper, A. J., & Fifer, W. P. (2008). Of Human bonding: New infants prefer their mothers' voices. *Science, 2008,* 1174-1176.

Denham, S. A., Zoller, D. & Couchoud, E. (1994). Socialization of preschooler's emotion understanding. *Developmental Psychology, 30,* 928–936.

Doty, R, L,, & Shah, M. (2008). Taste and smell. In M. M. Haith & J. B. Benson (Eds.), *Encyclopedia of infant and early childhood development.* Oxford. UK: Elsevier.

Dudek, S. J., & Hall, W. B. (1991). Personality Consistency: Eminent architects 25 years later. *Creativity Research Journal, 4,* 213-231.

Eder, R. A. (1990). Uncovering young children' s Psychological selves: Individual and developmental difference. *Child Development, 61,* 849–863.

Ekman, P., Davidson, R. J., & Friesen, W. V. (1990). The Duchenne smile; Emotional expression and brain physiology II. *Journal of Personality and Social Psychology,*

58, 342-353.

Fantz, R. L. (1961). The origin of form perception. *Scientific American, 204*, 66-72.

Farroni, T., Massaccesi, S., Menon, E., & Johnson, M. H. (2007). Direct gaze modulates face recognition in young infants. *Cognition, 102*, 396-404.

Feinman, S. (1992). *Social referencing and the social construction of reality in infancy.* New York: Plenum.

Field, T. M., Woodson, R., Greenberg, R., & Cohen, D. (1982). Discrimination and imitation of facial expressions by neonates. *Science, 218*, 179-181.

Fox, R., Aslin, R. N., Shea, S. L., & Dumais, S. T. (1980). Stereopsis in human infants. *Science, 207*, 323-324.

Franklin, A., Bevis, L., Ling, Y., & Hulber, A. (2010). Biological component of color preference in infancy. *Developmental Science, 13*, 346-354.

Frijda, N. (2000). The psychologist's point of view. In M. Haviland Jones (Ed.), *Handbook of emotions* (pp. 59-74). New York: Guildford.

Garber, K. (1984). The effects of political violence on Palestinian children's behavior problems: A risk accumulation model. *Child Development, 67*, 33-45.

Gazzaniga, M. S., & Heatherton, T. F. (2003). *Psychological science: Mind, brain, and behavior.* New York: Norton.

Ghim H. R. (1990). Evidence for perceptual organization in infants: Perception of subjective contours by young infants Infants. *Behavior and Development, 13*, 221-248.

Gibson, E. J. (1992). How to think about perceptual learning: Twenty-five years later. In H. L. Pick., P. Van debBrock., & D. C. Knoll (Eds.), *Cognitive Psychology: Conceptual and methodological issue.* Washington, DC: American Psychology Association.

Gibson, E. J., & Walker, R. D. (1960). The visual cliff. *Scientific american, 202*, 64-71.

Gross, A. L. & Ballif, B. (1991). Children's understanding emotion from facial expressions and situations: A review. *Developmental Review, 11*, 368-398.

Guilford, J. P. *The nature of human intelligence.* New York: McGraw-Hill.

Gwiazda, J. & Birch, E. E. (2001). Perceptual development: Vision. In E. B. Goldstein (Ed.), *Blackwell Handbook of Perception* (pp. 636-668). Oxford: Blackwell.

Gzesh, S. M., & Surber, C. F. (1985). *Child Development, 56*(5), 1204-1213.

Hannon, E. E., & Johnson, S. P. (2004). Infants use meter to categorize rhythms and melodies: Implications for Musical structure learning. *Cognitive Psychology, 50*, 354-377.

Hardy-Brown, K., & Plomin, R. (1985). Infant communicative development: Evidence from adoptive and biological families for genetic and environmental influences on rate difference. *Development Psychology, 21*(2), 378-385.

Harlow, H. F. (1958). The nature of love. *American Psychologist, 13*, 673-685.

Hartup, W. W. (1974). Aggression in childhood: Developmental perspectives. *American psychologist, 29*, 336-341.

Hayden, A., Bhatt, R. S., Reed, A., Cordly, C. R., & Joseph, J. E. (2007). The development of expert face processing: Are infants sensitive to normal differences in second-order relational information? *Journal of Experimental Child psychology, 97*, 85-98.

Hetherington, D. M., & Parke, R. D. (2003). *Child Psychology.* New York: McGraw-Hill.

Hoff-Ginsberg, E., & Shatz, M. (1928). Linguistic input and the child's acquisition of language. *Psychological Bulletin, 92*(1), 3-26.

Hoffman, M. L. (1971). Identification and conscience development. *Child Development, 42*, 1071-1082.

Hoffman, M. L. (1984). Interaction of affect and cognition in empathy. In C. Izard, J. Kagan, & R. Zajonc (Eds.), *Emotions, cognition, and behavior* (pp. 103-131). New york: Cambridge University Press.

Horne, A. M., & Sayger, T. V. (1990). *Treating conduct and oppositional defiant disorders.* New York: Pergamon.

Hunnius, S., & Geuze, R. H. (2004a). Gaze shifting in infancy: A longitudinal study using dynamic faces and abstract stimuli. *Infant Behavior and Development, 27*, 397-416.

Hunnius, S., & Geuze, R. H. (2004b). Developmental changes in visual scanning of dynamic faces and abstract stimuli in infants: A longitudinal study. *Infancy, 6*, 231-255.

Izard, C. E. (1991). *The psychology of emotions.* New York: Plenum.

Jusczyk, P. W., & Luce, P. A. (2002). Speech perception and spoken word recognition: Past and present. *Ear and Hearing, 23*(1), 2-40.

Kagan, I. J., & Zajonc, R. B. (Eds.). *Emotion, cognition, and behavior.* Cambridge, MA: Cambridge University Press.

Kauffman, A. M. (1981). *Characteristics of children's behavior disorders* (2nd ed., pp. 14-22). OH: A Bell & Howell Company.

Kavsek, M., Granrud, C. E., & Yonas, A. (2009). Infants' responsiveness to pictorial depth cues in preferential-reaching studies: A meta-analysis. *Infant Behavior and*

Development, 32, 245-253.

Kazdin, A. E. (1987). *Conduct disorders in chilhood and adolescence.* Newbury Park, CA: Sage.

Kellman, P. J., & Arterberry, M. E. (2006). Infant visual Perception. In D. Kuhn, & R. Siegler (Eds.), *Cognition, perception, and language: Vol. 2, The handbook of child psychology* (6th ed., pp. 109-160). Hoboken, NJ: Wiley.

Kellman, P. J., & Banks, M. S. (1998). Infant visual perception. In D. Kuhn & R. S. Siegler (Eds.), *Cognition, perception, and language: Vol. 2, The Handbook of child psychology* (pp. 103-146). New York: Wiley.

Kelly, J. P., Borchert, K., & Teller, D. Y. (1997). The development of chromatic and achromatic contrast sensitivity in infancy as tested with the sweep VEP. *Vision Research, 37*(15), 2057-2072.

Kolata, G. (1987). What babies know, and noises parents make, *Science, 237*, 726.

LaBarbera, J. D., Izard, C. E., Vietze, P., & Parisi, S. A. (1976). The induced affect response: 10-week-old infants' responses to three emotion expressions. *Developmental Psychology, 23*(1).

Lehr, V. T., Zeskind, P. S., Ofenstein, J. P., Cepeda, E., Warrier, I., & Aranda, J. V. (2007). Neonatal facial coding score and spectral characteristics of infant crying during newborn circumcision. *Clinical Journal of pain, 23, 417-424.*

Lipman, B. L. (1995). Information Processing and Bounded Rationality: A Survey, Canadian Journal of Economics. *Canadian Economics Association, 28(1),* 42-67.

Ludemann, P. M. (1991). Generalized discrimination of positive facial expressions by seven-and ten-month-old infants. *Child Development, 62*, 55-67.

Mandler, J. M. (1988). *Cognitive Development, 3*, 113-136.

Matheny, A. P., Jr. (1989). Temperament and cognition: Relations between temperament and mental test scores. In G. A. Kohnstamm, J. E. Bates, & M. K. Rothbart (Eds.), *Temperament in childhood* (pp. 263–282). New York: Wiley.

McKenzie, B. E., Tootell, H. & Day, R. H. (1980). Development of visual size constancy during the first year of human infancy. *Developmental Psychology, 16*, 163-174.

Meltzoff, A. N., & Borton, R. W. (1979). Intermodal matching by human neonates. *Nature, 282*, 403-404.

Mennella, J. A., Beauchamp, G. K. (1998). Early flavor experiences: Research update.

Nutrition Reviews, 56, 205-211.

Mercer, J. (1998). *Infant development: A multidisciplinary introduction.* Belmont, CA: Brooks/Cole.

Middlebrooks, J. C., & Green, D. M. (1991). Sound localization by human listeners. *Annu Rev Psychol, 42,* 135-159.

Mitchell, A., & Boss, B. J. (2002). Adverse effects of pain on the nervous systems of newborns and young children: A review of the literature. *Journal of Neuroscience Nursing. 34,* 228-236.

Muir, D. W., Clifton, R. K., & Clarkson, M. G. (1989). The development of a human auditory localization response: A U-shaped function. *Canadian Journal of Psychology, 43,* 199-216.

N 2nez., J., & Yonas, A. (1994). Effects of Iuminance and texture motion on infant defensive reaction to optical collision. *Infant Behavior and Development, 17,* 165-174.

Newcombe, N., & Lie, E. (1995). Overt and covert recognition of faces in children and adults. *Psychological Science, 6,* 241-245.

Nishitani, S., Miyamura, T., Tagawa, M., Takase, R., & Doi, H., et al. (2009). The calming effect of a maternal breast milk odor on the human newborn infant. *Neuroscience Research, 63,* 66-71.

Papalia, D. E., Gross, D., & Feldman, R. D. (2003). *Child development: A topical approach.* New York: McGraw-Hill.

Parten, M. (1932). Social participation among preschool children. *Journal of Abnormal and Social Psychology, 27,* 243–269.

Phillips-Silver, J. & Trainor, L. J. (2005). Feeling the beat: Movement influences infant rhythm perception. *Science, 308,* 1430.

Piaget, J. (1954). *The construction of reality in the child.* New York: Basic Books.

Polka, L., & Werker, J. F. (1994). Developmental changes in perception of nonnative vowel contrasts. *Journal of Experimental Psychology: Human Perception and Performance, 20,* 421-435.

Polka, L., & Werker, J. F. (1994). Developmental changes in perception of nonnative vowel contrasts. *Journal of Experimental Psychology: Human Perception and Performance, 20,* 421-435.

Ramey, C. T., & Ramey, S. L. (1990). Intensive educational intervention for children of poverty. *Intelligence, 14*, 1-9.

Richards, D. D., & Siegler, R. S. (1986). Children's understandings of the attributes of life. *Journal of Experimental Child Psychology, 42*, 1-22.

Rubin, K. H., & Krasnor, L. R. (1980). Changes in the play behaviors of preschoolers: A short-term longitudinal investigation. *Canadian Joural of Behavioural Science, 12*, 278-282.

Ruff, H. A. (1982). Infants' exploration of objects, *Infant Behavior and Development, 5*, 207.

Ruff, H. A. (1985). Dectection of information specifying the motion of objects by 3-and 5-month-old infant. *Development psychology, 21*, 295-305.

Saffran, J. R., Werker, J. F., & Werner, L. A. (2006). The infant's auditory world: Hearing, speech, and the beginning of language. In D. Kuhn & Siegler (Eds.), *Handbook of child psychology: Vol. 2, Cognition, perception, and language* (6th ed., pp. 58-108). Hoken, NJ: Wiley.

Salapatek, P. & Kessen, W. (1966). Visual scanning of triangles by the human newborn. *Journal of Experimental Child Psychology, 3*, 155-167.

Schaal, B., Marlier, L., & Soussignan, R. (2000). Human foetuses learn odours from their pregnant mother's diet. *Chemical Senses, 25*, 729-737.

Seifert, K. L. & Hoffnung, R. J. (1991). *Child and adolescent development* (2nd ed.). Boston: Houghton Mifflin.

Slater, A., Johnson, S. P. (1999). Visual sensory and perceptual abilities of the newborn: Beyond the blooming, buzzing confusion. In A. Slater & S. P. Johnson (Eds.), *the development of sensory, motor and cognitive capacities in early infancy* (pp. 121-141). Hove, UK: Sussex Press.

Slater, A., Mattock, A., & Brown, E. (1990). Size constancy at birth: Newborn infants' responses to retinal and real size. *Journal of Experimental Child Psychology, 49*, 314-322.

Slater, A., Riddell, P., Quinn, P, C., Pascalis, O., Lee, K., & Kelly, D. J. (2010). Visual perception. In J. G. Bremner & T. D. Wachs (Eds.), *Wily-Blackwell handbook of infant development: Vol. 1. Basicm reseach* (2nd ed., pp. 40-80). Chichester, UK: Wiley-Blackwell.

Smilansky, S. (1968). *The effects of socio-dramatic play on disadvantaged preschool children.* New York: Wiley.

Steiner, J. E. (1979). Human facial expression in response to taste and smell stimulation. H. W., Reese & L. P. Lipsitt (Eds.), *Advances in Child Development and Behavior* (Vol. 13, pp. 257-295). New York: Academic Press.

Sternberg, R. J., & Lubart, T. I. (1999). The concept of creativity: Prospects and paradigms. In R. J. Sternberg (Ed.), *Handbook of creativity* (pp. 3-15). New York: Cambridge University Press.

Sudhalter, V., & Braine, M. D. S. (1985). How does comprehension of passives development? A comprehension of actional and experiential verbs. *Journal of Child Language, 12,* 455-470.

Sugita, Y, (2004). Experience in early infancy is indispensable for color perception. *Current Biology, 14,* 1267-1271.

Tharpe, A. M., Ashmead, D. H. (2001). A longitudinal investigation of infant auditory sensitivity. *American Journal of Audiology, 10,* 104-112.

Tomasello, M., & Farrar, M. J. (1986). Joint attention and carly language. *Child Development, 57,* 1454-1463.

Trehub, S. E. (2001). Musical predispositions in infancy. *Annals of the New York Academy of science, 930*(1), 1-16.

Weber, C., Hahne, A., Friedrich, M., & Friederici, A. (2004). Discrimination of word stress in early infant perception: Electrophysiological evidence. *Cognitive Brain Research, 18,* 149-161.

Wellman, H. M., & Woolley, J. (1990). From simple desires to ordinary beliefs: The early development of everyday psychology. *Cognition, 35,* 245-275.

Werthdmer, M. (1961). Psychomoter coordination of auditory and visual space at birth. *Science, 134,* 1692.

Windle, W. F. (1940). *The Physiology of the human fetus.* Philadelphia: W. B. Saunders.

Winkler I., H den G. P., Ladinig O., Sziller I., & Honing H. (2009). Newborn infants detect the beat in music. *Preceeding of the National Academy of science, 106,* 2468-2471.

Yonas, A., Cleaves, W., & Pettersen, L. (1978). Development of sensitivity to pictorial depth. *Science, 200,* 77-79.

Young-Brown. G., Rosenfield, H. M., & Horowitz, F. D. (1977). Infant discrimination of facial expression, *Child Development, 48*, 555-562.

Zahavi, S., & Asher, S. R. (1978). The effects of verbal instruction on preschool children's aggressive behavior. *Journal of School Psychology, 16*, 146-153.

국립국어원 http://www.korean.go.kr/

스마트쉼센터 http://www.iapc.or.kr/

한국정보화진흥원 스마트쉼센터 http://www.iapc.or.kr/

찾아보기

저자 소개

전정민(Jun Jungmin)
한국복지사이버대학교 아동복지학과 교수

진경희(Jin Kyunghee)
군장대학교 사회복지계열 교수

강순미(Kang Soonmee)
백석예술대학교 유아교육과 교수

이찬숙(Lee Chansuk)
경민대학교 아동보육과 교수

공수연(Kong Suyoun)
한국아동교육연구소 수석연구원

영유아발달

Infant and toddler development

2017년 3월 15일 1판 1쇄 발행
2019년 8월 30일 1판 2쇄 발행

지은이 • 전정민 · 진경희 · 강순미 · 이찬숙 · 공수연
펴낸이 • 김진환
펴낸곳 • (주) **학지사**

04031 서울특별시 마포구 양화로 15길 20 마인드월드빌딩
대표전화 • 02-330-5114   팩스 • 02-324-2345
등록번호 • 제313-2006-000265호

홈페이지 • http://www.hakjisa.co.kr
페이스북 • https://www.facebook.com/hakjisa

ISBN 978-89-997-1179-4 93370

정가 20,000원

이 도서의 국립중앙도서관 출판시도서목록(CIP)은 서지정보유통지원
시스템 홈페이지(http://seoji.nl.go.kr)와 국가자료공동목록시스템
(http://www.nl.go.kr/kolisnet)에서 이용하실 수 있습니다.
(CIP 제어번호: CIP2017003941)

출판 · 교육 · 미디어기업 **학지사**

간호보건의학출판 **학지사메디컬** www.hakjisamd.co.kr
심리검사연구소 **인싸이트** www.inpsyt.co.kr
학술논문서비스 **뉴논문** www.newnonmun.com
원격교육연수원 **카운피아** www.counpia.com